Jahrhundertflut im Elbtal

Jahrhundertflut im Elbtal

zwischen Schmilka und Pirna, Mühlbach und Heidenau

EINE CHRONIK DER HOCHWASSERKATASTROPHE 2002
UND DER ZEIT DANACH
IM LANDKREIS SÄCHSISCHE SCHWEIZ

Dresdner Druck- und Verlagshaus

Inhaltsverzeichnis

Editorial 5
Vorworte 6

Chronik des Schreckens

11.8. – Parkplätze gesperrt 10

12.8. – **Überblick:** Katastrophenalarm 12
12.8. – Der erste Schrei 22

13.8. – Überblick: Katastrophe ungeahnten Ausmaßes 24
13.8. – Flug mit kalkuliertem Risiko 34

14.8. – **Überblick:** Helfer kämpfen unermüdlich 36
14.8. – Bad Schandau vor der Flut 49
14.8. – Rettungsleitstelle arbeitet fieberhaft 55
14.8. – Per pedes auf der Müglitztalstraße 58
14.8. – Eindrücke aus Heidenau und Dohna 60

15.8. – **Überblick:** Oberes Elbtal wird evakuiert 66
15.8. – Brot wird knapp 76
15.8. – Pratzschwitz: Sandsäcke kommen zu spät 78
15.8. – 1 000 Evakuierte im BSZ Copitz 80
15.8. – Rathen: Zuletzt noch die Perserkatze 82
15.8. – Schandau: Machtlos gegen die Flut 86

16.8. – **Überblick:** Zeltlager auf dem Sonnenstein 94
16.8. – Die Idylle in Weesenstein ist hin 106
16.8. – Oberes Elbtal kämpft gegen die Flut 118

17./18.8. – **Überblick:** Unbekannte wollen Panik 126
17./18.8. – Hilfe von Remscheider Partnern 136
17./18.8. – Copitzer Pumpenfirma 138
17./18.8. – Hoteliers steht Wasser bis zum Hals 139

19.8. – **Überblick:** Kampf gegen den Schlamm 144
19.8. – Bad Schandau räumt auf 158
19.8. – Esag-Monteur in Rathen unterwegs 166
19.8. – Dohnaer Paket-Männer 168

20.8. – **Überblick:** Russische Hilfe 170

21.8. – **Überblick:** Geschäftsleute packen an 180
21.8. – Rathen auf dem Weg zur Normalität 184
21.8. – Königstein: Milch aus der Turnhalle 186

22.8. – **Überblick:** Pirna wird auf Hochglanz poliert 188
22.8. – Feuerwehr Heidenau 190

23.8. – **Überblick:** Krippener unterstützen einander 192

Schicksal der Sächsischen Zeitung 194
Das Fazit: Katastrophenchef Geisler 200

Nach der Flut – der Blick nach vorn

Schadensbericht über den Kreis 208

Lichtblick hilft Dohnaer Familie 220
Weesensteiner wollen klagen 222
Abschied von einem Pirnaer Helden 224
Hilfe für Zuschendorf 227
Aufräumen in Königstein 228
Neue Fluten im Landkreis 230
Unheimliche Ruhe in Schmilka 232
Geldautomaten funktionieren wieder 234
Elbfähren auf Grund 236
Druckguss Heidenau 240
Abfallberäumung 242
Schienenersatzverkehr 244
Schäden in Bad Schandau 246
Schäden in Wehlen 248
Straßenschäden im Müglitztal 250
Kirchenschäden 252
Schäden im Stadtmuseum Pirna 254
Abriss in Königstein 255
Schäden in Rosenthal-Bielatal 258
Aufbaubeschluss Kreistag 260
Schäden in Sportstätten 264
Schandauer wagen Neuanfang 266
Elbe-Bagger räumen Kies weg 268
Spende für Dohnaer Kita 270

Rau, Weizsäcker, Biedenkopf in Bad Schandau 271

Spendenübersicht 274

Elbpegel während des Hochwassers 282
betroffene Orte im Landkreis 283

Flaschenpost 284

Historisches

Hochwasserchronik 286
Frühjahrsflut 1784 288
Hochwasser 1822 290
Hochwasser 1845 292
Hochwasser 1897 294
Hochwasser 1927 296
Hochwasser 1957 298

Impressum 302
Bildnachweis 303
Dank an 304

Editorial

14. August. Zwei Polizisten werden ungeduldig und laut. Sie stehen bei der Redaktion der Sächsischen Zeitung in Pirna in der Tür und haben den Auftrag, darauf zu achten, dass alle Leute der Evakuierung der Altstadt Folge leisten. Voller Zweifel schauen sich die Zeitungsmacher noch einmal um. Haben sie alles? Notizblocks, Telefonlisten, Laptops, Fotoapparate? Die Flut hat auch das feinrädrige Gefüge der Redaktionsarbeit aus dem Takt gebracht.

Wie informiert man seine Leser, wenn die eigenen Arbeitsräume nicht genutzt werden können, die Zentrale in Dresden unter Wasser steht, die Telefone nicht funktionieren und Straßen sowie Brücken unpassierbar sind? Das Ergebnis finden Sie hier in diesem Buch. Wir haben die Texte und Bilder, die in dieser dramatischen Zeit entstanden sind, zusammengefasst. Es sind Dokumente über Menschen, die um ihr Leben fürchten, ihre Habe verlieren und innerhalb von Stunden ihre Aufbauarbeit von zwölf oder mehr Jahren vernichtet sehen. Aber es sind auch eindrucksvolle Zeichen der Widerstandskraft und des Mutes – und vor allem der Solidarität. Von Nachbar zu Nachbar, von West zu Ost.

Der Blick nach vorn. Die Erfahrungen mit der Flutwelle bieten die große Chance, bürokratische Verkrustungen aufzubrechen, so etwas wie Pioniergeist zu fördern. Das gilt bei der Verwendung der finanziellen Mittel ebenso wie für das Kreditverhalten der Banken und Sparkassen. Für die Zukunft müssen Flutgräben, Überlaufbecken und Dämme angelegt werden. Es müssen Notstandspläne und Überflutungskarten her. Gefragt ist eine gemeinsame Anstrengung von Wasserämtern, Landkreisen, Straßenbauämtern, Feuerwehren und Vermessern. Konsequenzen werden für den Katastrophenschutz und die Ökologie zu ziehen sein.

Die Flutwelle, die als Jahrhunderthochwasser gilt, wird nicht die letzte bleiben. Die öffentlich und durch Spenden geförderten Aufbaumaßnahmen können nur ein Anstoß sein, sich gegen mögliche künftige Überschwemmungen besser als bisher zu schützen oder sie durch mehr Vernunft beim Umgang mit der Natur gar zu verhindern. Wir können die gewaltigen Kräfte der Natur kaum dämmen. Wir können die Wolken nicht lenken. Aber wir können wenigstens versuchen, es nicht noch schlimmer zu machen.

Peter Hilbert
Kreisredakteur der Sächsischen Zeitung Pirna/Sebnitz

Vorworte

Die Überschwemmungen haben gewaltige Zerstörungen angerichtet. Unserer Region wurde eine schwere Prüfung auferlegt. Doch schon in den ersten Stunden der Gefahr war selbstlose und aufopferungsvolle Hilfe zu erleben. Diese Hilfe wuchs zu einer beeindruckenden Welle der Solidarität an. Allen Helfern, ob freiwillig oder von Amts wegen, sei hierfür herzlich gedankt.

Die geschätzten Gesamtschäden im Freistaat belaufen sich auf bis zu 15 Milliarden Euro. Dies entspricht in etwa dem Volumen eines Jahreshaushaltes des Freistaates. Allein im Landkreis Sächsische Schweiz werden die Schäden gegenwärtig auf 650 Millionen Euro geschätzt. Schon am 15. August 2002, also noch vor dem Höhepunkt der Elbeflut, unterzeichnete ich einen Erlass über 35 Millionen Euro Soforthilfe für die Wiederherstellung der Infrastruktur sächsischer Kommunen. Sechs Wochen nach der Flut standen bereits insgesamt 854 Millionen Euro zur Verfügung. In dieser Summe sind auch vom Bund bisher bereitgestellte Mittel enthalten. Der vom Bund und den Ländern einschließlich ihrer Gemeinden zu errichtende Solidaritätsfonds „Aufbauhilfe“ dient der Leistung von Hilfen in den vom Hochwasser betroffenen Ländern. Er soll 7,1 Milliarden Euro umfassen.

Selbstverständlich muss es eine Aufarbeitung der Erfahrungen aus den Tagen des Hochwassers geben, um künftig noch besser gewappnet zu sein. Die wahrhaft große Herausforderung steckt jedoch in der Bewältigung der Flutfolgen.

Wenn der Wiederaufbau mit Mut und Zuversicht erfolgt, dann wird der Landkreis Sächsische Schweiz bald wieder seinen Bewohnern ein schönes Zuhause und den Gästen ein attraktives Urlaubsgebiet sein. Gemeinsam schaffen wir das!

Dr. Horst Metz
Sächsischer Staatsminister der Finanzen

Als am 12. August 2002 die Fluten der Müglitz, Seidewitz und Gottleuba alles in ihrem Wege Stehende mit sich rissen, wurde die Existenzgrundlage vieler Menschen innerhalb von Stunden zerstört. Die folgenden Wassermassen der Elbe überfluteten weite Teile des Landkreises und veränderten das normale Leben auf dramatische Weise. Der entstandene materielle Schaden ist groß, der Aufbau der Infrastruktur wurde um Jahre zurückgeworfen.

Mit der Flut erreichte uns aber auch eine in unserer Gesellschaft nicht mehr für möglich gehaltene Welle der Solidarität und Unterstützung. Helfer aus allen Regionen Deutschlands und darüber hinaus ließen uns spüren, dass wir mit unseren Sorgen und Problemen nicht allein gelassen werden. Diesen Menschen, die ihres Berufes wegen oder aber weil sie einfach ihrem Gewissen folgten Hilfe leisteten, sei an dieser Stelle herzlich Dank gesagt. Vielfach über die psychische und physische Grenze hinaus wurde alles getan, die Hochwasserschäden schnellstmöglich zu beseitigen.

Dank aber auch den Einwohnerinnen und Einwohnern des Landkreises, die in diesen schweren Tagen zusammenstanden und Kraft und Stärke bewiesen.

Mit Zuversicht und Optimismus werden wir gemeinsam das von der Natur Zerstörte aufbauen, damit unser Landkreis in seiner alten Schönheit erstrahlen kann und das Leben hier wieder lebenswert wird.

Michael Geisler
Landrat des Landkreises Sächsische Schweiz

30
ZONE

Der Elbeparkplatz und der Radweg in Pirna am Abend des 11. August: für Pkw-Fahrer und Ausflügler unpassierbar. Lediglich ein Mädchen hat seinen Spaß, dem Spiel der Möwen auf der „großen Pfütze“ zuzusehen. Ein Pegelstand – so die Feuerwehr –, der bei einem Elbe-Hochwasser normal und keineswegs beunruhigend ist.

Chronik des Schreckens

Sonntag 11. August

Parkplätze entlang der Elbe gesperrt

Am Sonntag, dem 11. August, einen Tag vor den Fluten, herrscht Ruhe an der Hochwasserfront. Die Sächsische Zeitung Pirna berichtet am Montag:

Das Hochwasser der Elbe ist gestern allmählich zurückgegangen. „In Pirna ist die Tendenz seit Sonntag früh langsam fallend", sagte Heinz Kretzschmar von der Feuerwehr-Hauptwache Pirna am Abend. Den Höchststand erreichte der Fluss gestern 6 Uhr mit 5,96 Metern in Pirna und 6,16 Metern in Schöna. Zwölf Stunden später waren es in der Kreisstadt 20 Zentimeter weniger. Normal ist für diese Jahreszeit ein Pegel von rund 2 Metern. In Trockenperioden ist er häufig sogar noch niedriger. Die Lage im Landkreis war bisher nicht dramatisch, schätzen sowohl das Lagezentrum der Polizei als auch die Rettungsleitstelle ein. „Hochwasser sind an den Flussorten nichts Ungewöhnliches", so Kretzschmar. „Abnorm ist nur, dass es mitten im Sommer ist." Schuld an dem plötzlichen Hochwasser sind starke Regenfälle im Gebiet der Flusszuläufe im Riesengebirge. Diese ließen die Elbe am Wochenende rasant anschwellen. Einen derart schnellen Anstieg der Elbe wie in den vergangenen Tagen gab es laut Landesamt für Umwelt und Geologie letztmalig vor 21 Jahren. Bereits am Freitag waren die Elbeparkplätze in Pirna, Königstein, Stadt Wehlen und Bad Schandau geräumt worden. Teile des Elberadweges und die Brückenschleife in Copitz waren unpassierbar. In Pirna mussten Feuerwehrleute am Carolabad und in Posta Stege bauen. Die Brandschützer kontrollierten vorsorglich regelmäßig die Ufer. Einige Elbfähren stellten vorübergehend den Betrieb ein. Experten im tschechischen Prag kündigen für den 12. August erneut einen leichten Wasseranstieg am Pegel Usti an. Wetterdienste beginnen am Abend vor Unwettern mit ergiebigen Niederschlägen zu warnen. DANIEL FÖRSTER

Ein Radfahrer trotzt der Hochwasser führenden Elbe. Er radelt, wo sonst Autos parken, durch den Fluss – bis an die Knie im Wasser.

Ohne nasse Füße zu bekommen, geht es in Rathen nicht mehr. Schuhe ausgezogen und Hosen hochgekrempelt. Nur so gelangen Touristen ins Zentrum.

Eine rot-weiß-farbene Bake kündigt vom Elbehochwasser, dass bereits den Weg am Grünbach im Kurort Rathen überschwemmt hat. Um trockenen Fusses zur Fähre zu gelangen, müssen Passanten über den höhergelegenen Hochwasserweg ausweichen.

Montag 12. August

Die Ereignisse des Tages

Die entscheidende Unwetterwarnung gibt es um **11.49 Uhr:** 20 bis 40 Millimeter Regen pro Quadratmeter werden für den Nachmittag vorhergesagt. Wenige Stunden später ist im Osterzgebirge die Hölle los. Rinnsale verwandeln sich in reißende Ströme, die Wassermassen suchen ihren Weg in Richtung Elbtal.

Spätestens **14 Uhr** ist der Leitung des Pirnaer Landratsamtes klar, dass im Müglitztal Überschwemmungen drohen.

Um **15 Uhr** wird Katastrophenalarm für das Müglitztal ausgelöst. Nachdem die Talsperren binnen Stunden voll gelaufen sind, bricht **16.30 Uhr** ein Rückhaltebecken im Tal der Prießnitz bei Glashütte. Damit ist das Schicksal des Müglitztals besiegelt. Binnen Minuten melden sämtliche Orte entlang des Flusses Land unter. Während die Menschen vielerorts vergebens auf die Rettungskräfte warten, zerstört die Flutwelle am Nachmittag und am Abend Straßen und Dutzende von Häusern.

Auch die Seidewitz und die Gottleuba schwillen bedrohlich an. Gegen **16.30 Uhr** schwappen die sonst ruhigen Flüsschen über die Ufer. Innerhalb kürzester Zeit stehen Teile von Pirna unter Wasser. **17 Uhr** löst der Landrat Katastrophenalarm für Pirna und Umgebung aus. In Zuschendorf wird ein Feuerwehrmann von einem angeschwemmten Auto erfasst und getötet.

19.30 Uhr brechen in Pirna die Stromversorgung und das Telefonnetz zusammen. Der Nahverkehr kommt zum Erliegen. Ab **22 Uhr** gilt Katastrophenalarm für den gesamten Landkreis.

Katastrophenalarm im Kreis

Bisher waren die Überschwemmungsmeldungen im Fernsehen „weit weg“. Doch jetzt bekommt die Sächsische Schweiz die Wetterkapriolen in vollem Ausmaß zu spüren. Sintflutartige Regenfälle sorgen am Vormittag zunächst für überflutete Keller und Straßen. Am Nachmittag spitzt sich die Situation teilweise dramatisch zu. Flüsse treten über ihre Ufer, Wohngebiete, unter anderem in der Pirnaer Innenstadt und im Müglitztal, werden völlig überflutet. Die Rettungskräfte arbeiten die ganze Nacht auf Hochtouren, um der Situation Herr zu werden.

„So schlimm war zuletzt das Hochwasser vor 75 Jahren“, sagt ein Mann kopfschüttelnd. Die Seidewitz in Zuschendorf tritt bedrohlich übers Ufer, ganze Landstriche werden hier binnen kurzem überflutet. In Pirna verwandelt sich die Gottleuba am Nachmittag ebenfalls in einen reißenden Strom. An den Gottleubabrücken stauen sich die Fluten, verfangen sich dicke Baumstämme und weggerissener Unrat. Die Hoffnung des Pirnaer Feuerwehrchefs Peter Kammel erfüllt sich nicht. Der hatte noch am Morgen gesagt: „Wir bekommen die Lage bestimmt in den Griff.“ Immer wieder ertönen die Martinshörner. Von halb acht an rückt durchschnittlich alle vier Minuten ein Trupp aus. Müssen die Feuerwehrleute bis nachmittags lediglich voll gelaufene Keller auspumpen, so mobilisieren sie ab den Abendstunden bei wesentlich größeren Einsätzen alle Kräfte. Die Pirnaer Innenstadt steht teilweise weit über einen Meter unter Wasser.

Voll im Einsatz sind auch die Heidenauer Feuerwehr und das Technische Hilfswerk. Sie helfen anfangs noch beim städtischen Abwasserpumpwerk an der Elbe aus. Die Pumpen dort reichen bei den gewaltigen Regenmengen nicht mehr aus, um mit dem angestauten, überschüssigen Wasser fertig zu werden. Gegen Nachmittag eskaliert auch dort die Situation. Die sonst friedliche Müglitz tritt über die Ufer, nachdem der Damm in Glashütte gebrochen ist. Durch eine Flutwelle wird der Fluss zum reißenden Strom. Besonders betroffen sind Mühlbach, Burkhardswalde, Weesenstein, Köttewitz, Dohna und Heidenau.

Es kommt zu Erdrutschen, die Hochwasserwarnstufe 3 wird ausgerufen. Gegen 15 Uhr löst das Landratsamt Katastrophenalarm für diese Region aus. Menschen müssen hilflos mit ansehen, wie die ansteigenden Fluten Gärten und Häuser überschwemmen. Selbst eilig aufgetürmte Sandsäcke können die Fluten nicht eindämmen. Im Müglitztal bangen die Einwohner um ihr Leben, da Häuser einzustürzen drohen. In Weesenstein flüchten Menschen in panischer Angst auf Dächer. Wie durch ein Wunder überlebt eine 4-köpfige Familie auf dem Mauerrest ihrer zusammengefallenen Wohnung.

Auf den Straßen geht fast nichts mehr. Sämtliche Bahnunterführungen stehen in Heidenau unter Wasser. Hunderte Fahrzeuge irren auf der Suche nach einem Schlupfloch ziellos durch die Stadt. Heidenau gleicht genauso wie die Kreisstadt Pirna einer Seenlandschaft. In Pirna und anderen Orten müssen Bewohner von bedrohten Häusern evakuiert werden. In der Kreisstadt bietet die neue Turnhalle auf dem Sonnenstein eine schützende Zuflucht. Hinzu kommt, dass in der Pirnaer Innenstadt und in anderen Wohngebieten der Strom total ausfällt. Bereits zu diesem Zeitpunkt sind Hunderte Helfer im Einsatz.

Die Situation spitzt sich zuletzt so zu, dass sogar Feuerwehrkräfte aus Sebnitz, Stolpen und Neustadt an die Müglitz abgezogen werden. Schließlich sind alle Feuerwehrmänner im Dauereinsatz. Klaus Lüttjohann vom Katastrophenschutz pessimistisch: „Die Flusspegel steigen, und es soll die Nacht weiter regnen, da kommt alles zusammen!" In der Rettungsleitstelle des Kreises ist Hektik angesagt. Die Telefonleitungen laufen heiß.

Ein ähnliches Bild auch im Lagezentrum der Polizei. Der Diensthabende beurteilt die Lage in der Nacht als „katastrophal". Selbst die Einsatzfahrzeuge der Polizei kommen nicht mehr ans Ziel, weil alle Straßen dicht sind. Für medizinische Rettungskräfte wird es nahezu unmöglich, in von der Umwelt abgeschnittene Ortschaften zu eilen. Auch die Elbe schwillt immer mehr an. Für Dienstag wird ein Pegel von 6,20 Metern prognostiziert. Schuld daran sind vor allem die enormen Regenmengen im Riesengebirge, dem Elbe-Einzugsgebiet. DANIEL FÖRSTER, OLIVER NOWAK, PETER HILBERT

Für einen Schnappschuss der stark anschwellenden Müglitz steigen die Feuerwehrleute, Bernd Wölfling (l.) und Tino Guder am Nachmittag des 12. August in Burkhardswalde in die Fluten. Das Wasser hat inzwischen die Talstraße überschwemmt. Noch ahnt niemand, dass der sonst friedlich plätschernde Bach binnen kurzem ganze Häuser verschlingen wird.

In Burkhardswalde bringt die Feuerwehr am Nachmittag Bewohner in Sicherheit. Um das Hab und Gut zu retten, bleibt jedoch keine Zeit. Nur der Hund darf mit. Ihn nimmt Feuerwehrmann David Wölfling kurzerhand auf den Arm. Zwei Familien aus dem Tal kommen im Verwaltungsgebäude von Margon-Brunnen unter.

In Alt-Rottwerndorf springt die Gottleuba aus ihrem Flussbett, schießt auf der Straße entlang, bevor sie wenige hundert Meter weiter wieder ihren normalen Lauf nimmt.

Auf der Bundesstraße 172 in Heidenau ist kein Durchkommen mehr. Die Gischt spritzt an Ampel- und Lichtmasten an der Gabelsbergerstraße mit unbändiger Wucht. Eine Schlammflut wälzt sich durch das Wohngebiet Hartmut-Fiedler-Ring, Ernst-Schneller-Straße zur Werner-Seelenbinder-Straße in Richtung Müglitzmündung in die Elbe.

Zwei Jugendliche versuchen, in Pirnas Innenstadt einen Container zu halten, damit er nicht von den Wassermassen fortgerissen wird.

In Zehista und Zuschendorf bekommen Autofahrer das Grausen. Ihnen schwimmen Mülltonnen und Geröll entgegen. Kaum einer der Pkws kommt gegen die Seidewitz an.

Tosend sucht sich die Seidewitz in Zehista ihren Weg. Im Nu sind Grundstücke überschwemmt, Keller bis zum Rand voll gelaufen und Kleingärten unter Wasser gesetzt.

Rasend schnell hat die Flut die Pirnaer Innenstadt erreicht. Auf den Straßen ist schon längst Schluss. Nur die S-Bahnen fahren noch bis zum nächsten Tag.

Die Gottleuba kommt. Kurz nach 17 Uhr läuft Pirnas Innenstadt voll. Fußgänger und Autofahrer versuchen, dem schnell steigenden Wasser zu entkommen.

Passanten und Anwohner in Pirnas Zentrum werden von dem plötzlichen Hochwasser überrascht. Fluchtartig bemühen sie sich, ins Trockene zu kommen. Dabei müssen sie wohl oder übel durch die Fluten waten. Das ist nicht ganz ungefährlich: Fahrradständer, Blumenkübel und Bänke sind unter der Wasseroberfläche verschwunden.

Die Bahn-Unterführung am Heidenauer Nordbahnhof wird zum riesigen See. Aus der Kanalisation drücken die Wassermassen die Gullydeckel heraus.

An Gebirgshängen, wie hier in Mühlbach, bilden sich Wasserfälle, wo es sie noch nie gab. Die Müglitz holte sich streckenweise mit großer Wucht ihr altes Flussbett zurück.

Das ist erst der Anfang. Gnadenlos steigt die Müglitz am Abzweig Burkhardswalde. In der Nacht zum 13. August überspült die braune Schlammflut die Brücke komplett.

Der erste Schrei ist die Erlösung

Franziska Bobe aus Berthelsdorf bei Liebstadt muss in der Flutnacht zu Hause entbinden.

Karli liegt friedlich im Kinderwagen und schläft. Als wäre nichts geschehen. Erst wenige Tage ist der jüngste Berthelsdorfer alt. Aber er hat schon so viel mitgemacht wie manch Erwachsener in seinem ganzen Leben nicht. Franziska „Franzi" Bobe, die junge Mutter hat sich die Geburt ihres ersten Kindes ganz genau vorgestellt. „Im Krankenhaus, umsorgt von Hebamme und Ärzten", sagt die 26-jährige Betriebswirtin. Plötzlich kam die Flut. Karli kündigte sich just in jenen Stunden an, als ein Seitenarm der Seidewitz den 90-Seelen-Ort bei Liebstadt heimsuchte.

Weder auf vier Rädern noch per Hubschrauber ist Berthelsdorf am Abend vor Karls Geburt erreichbar. Für den Notarzt ist schon in Pirna Schluss.

„Die ersten Wehen setzten in der Nacht zum 13. August ein, als das Dorf bereits von der Außenwelt abgeschnitten war. Es gab keinen Strom, weder Telefon noch Handy gingen. Und Frank, mein Freund, der unbedingt bei der Geburt dabei sein wollte, kam von Arbeit nicht mehr durch." Er musste die Nacht im Auto auf dem Heidenauer Wal Mart-Parkplatz campieren.

Weder Hebamme noch Arzt waren zu erreichen. Sie hatte Angst. Oma Gretel wuchs mit ihren 80 Jahren über sich hinaus, wusste Rat und schlug im Ort Alarm. Eine Welle der Hilfsbereitschaft setzte ein. „Im strömenden Regen mobilisierte Gretel mit Nachbarin Steffi Maidel die Dorfbewohner." Maidels hatten zum Glück ein Notstromtelefon, informierten die Rettungsleitstelle und den Hausarzt Frank Hertting aus Liebstadt. Der Allgemeinmediziner, noch nie mit einer Entbindung betraut, kämpfte sich im Dunkeln zu Fuß bis Berthelsdorf durch. Die Straße war überspült und nicht mehr befahrbar. Der Arzt hatte nur sein Stethoskop dabei, sonst keine Instrumente. Das Warten auf den zugesagten Hubschrauber begann.

Von dem aber war weit und breit nichts zu vernehmen. „Als schließlich ein Dröhnen zu hören war, rannten alle auf den Platz hinterm Haus, schwenkten Fahnen. Der Helikopter verharrte eine Weile, drehte dann plötzlich wieder ab", erinnert sich Steffi Maidel. Später erfuhren sie, dass er zur Evakuierung nach Schlottwitz musste.

„Als die Maschine weiterflog, waren wir entmutigt und bereiteten uns mit Dr. Hertting auf eine Hausgeburt vor", berichtet Franzi mit stolzem Blick auf den Kinderwagen. Inzwischen war es ihrem Freund gelungen, sich nach Berthelsdorf durchzuschlagen. Mit dem Arzt und Nachbarin Steffi heizte er den Kaminofen an, bereitete warmes Wasser und in der Wohnküche ein Lager für die Schwangere. Plötzlich konnte Dr. Hertting die Herztöne des Kindes nicht mehr hören. „Ich hatte eine unbeschreibliche Angst, dass das Baby vielleicht nicht mehr lebt", sagt Franzi.

12.40 Uhr dann Aufatmen. Der kleine Erdenbürger Karl erblickte ohne Komplikationen das Licht der Welt. „Als ich seinen ersten Schrei vernahm, war ich überglücklich. Alle Helfer lagen sich in den Armen, Freudentränen flossen." Glücksmomente inmitten der zerstörerischen Wirklichkeit da draußen. Indessen war nun doch ein Helikopter gelandet. Frau Bobe wurde in die Uniklinik Dresden geflogen. Als die dann evakuiert werden musste, wurde sie nach Leipzig gebracht.

Dort blieb sie mit Karli eine Woche. Das Dorf, noch glimpflich in der Flut davongekommen, bereitete Mutter und Kind bei der Heimkehr am 20. August einen liebevollen, herzlichen Empfang. „Den Berthelsdorfern und Dr. Hertting verdanke ich viel", sagt Franziska. Sie hat begonnen, die dramatischen Erlebnisse aufzuschreiben. „Für Karl, zur Erinnerung." HANNELORE ANGERMANN

Glücklich und gesund nach einer Nacht der Ungewissheit und des Bangens: Franziska Bobe und ihr Söhnchen Karl. Just als die Flut kommt, erblickt er das Licht der Welt.

Dienstag 13. August

Katastrophe ungeahnten Ausmaßes

Die Ereignisse des Tages

In der Nacht laufen **Evakuierungen** an, am Morgen sind bereits weit über 1 000 Menschen in Notunterkünften untergebracht. Stets kommen weitere dazu.
Am Nachmittag entscheidet der Krisenstab im Landratsamt, die Evakuierung weiterer Gebiete an der Elbe vorzubereiten.
Denn **die Elbe schwillt** an – der Pegel liegt bereits bei sieben Metern –, und ein Ende ist nicht abzusehen. Befürchtet wird ein Höchststand von neun Metern, der rasch erreicht werden könnte.
Währenddessen gehen die Pegel von Gottleuba, Seidewitz und Müglitz kontinuierlich zurück.
Nach der Katastrophe werden immer noch 25 Menschen vermisst.
Am **Nachmittag** kommen Bundesinnenminister Otto Schily und Sachsens Ministerpräsident Georg Milbradt nach Pirna, um sich über das Ausmaß der Katastrophe zu informieren. Der Bund legt zunächst ein Kreditprogramm in Höhe von 100 Millionen Euro auf.
Teile der Pirnaer Innenstadt und von Heidenau bleiben den ganzen Tag überflutet.
Im **Müglitztal** ist man dabei, die Schäden zu dokumentieren.
Insgesamt stehen 300 zusätzliche Arbeitskräfte zur Verfügung, um mit **ersten Aufräumarbeiten** zu beginnen.

Die Katastrophe weitet sich am Dienstag weiter aus. Die Wassermassen haben die Täler der Gottleuba, der Seidewitz und der Müglitz noch immer im Griff. Vor allem die linkselbischen Gebiete des Landkreises Sächsische Schweiz sind betroffen. Hunderte Rettungskräfte versuchen, das Schlimmste zu verhindern.

Die Rettungskräfte im Landkreis kommen seit Montag kaum zum Luftholen. Die Unwetterwarnung vom Wochenende ließ zwar Schlimmes befürchten. Bis zum Montagvormittag jedoch müssen nur Keller ausgepumpt werden. Dann rast auf den Landkreis eine Flutwelle zu. Landrat Michael Geisler erhält am frühen Nachmittag Informationen aus dem Nachbarkreis, wo die Weißeritz bereits zum reißenden Strom geworden ist. In den frühen Abendstunden bietet sich an Müglitz, Seidewitz und Gottleuba ein ähnliches Bild. Ursache für das Hochwasser sind die starken Regenfälle, vor allem im Osterzgebirge. Dort fallen von Sonntag bis Dienstag 380 Liter pro Quadratmeter, ein Vielfaches des Normalen.
„Besonders dramatische Ausmaße hat die Katastrophe im Müglitztal angenommen“, schätzt Geisler ein. Allerdings spielt sich auch in vielen anderen linkselbischen Orten ein Kampf auf Leben und Tod ab. Ein tragisches Unglück ereignet sich am Montagabend in Pirna-Zuschendorf. Gegen 17 Uhr versuchen Pirnaer Einsatzkräfte, von den Fluten in ihren Häusern eingeschlossene Menschen zu retten. Plötzlich treibt die reißende Seidewitz ein Auto heran, das einen der mutigen Feuerwehrleute erfasst. Er ertrinkt. Ein weiterer Pirnaer Feuerwehrmann, den die Wassermassen mitgerissen haben, kann in letzter Sekunde gerettet werden. 25 Personen sind zudem vermisst.
Die Schäden nehmen gigantische Dimensionen an. Landrat Geisler macht sich während eines Rundfluges am Dienstag ein erstes Bild. Das aus der Luft und bereits zuvor im Katastrophengebiet Gesehene ist für ihn erschütternd. Hunderte Häuser sind schwer beschädigt oder gar ganz zerstört, zahlreiche Autos wurden Opfer der Fluten. Besonders hart hat es Weesenstein getroffen, wo die Müglitz ein Werk der Vernichtung hinterließ. Die erst 1997 sanierte Eisenbahnstrecke Heidenau–Altenberg ist nicht mehr befahrbar. Fast jede Brücke ist stark beschädigt. Auch die Müglitztalstraße ist teilweise zerstört.
Der Nahverkehr im Landkreis bricht zusammen. Die Oberelbische Verkehrsgesellschaft Pirna-Sebnitz (OVPS) hat es kalt erwischt. Der neue Betriebshof in Pirna steht unter Wasser. „13 Busse konnten wir nicht mehr rausholen“, sagt OVPS-Chef Roland Henkel. Doch nicht genug. In der neuen Halle sind die Leichtbauwände aufgeweicht und Computer überschwemmt. Hinzu kommt, dass mehrere Busse plötzlich regelrecht von der Umwelt abgeschnitten wurden. Bei Liebstadt kommt vor einem Fahrzeug der Hang herunter, dahinter bricht die Straße zusammen. Ähnlich ergeht es anderen. Mit den restlichen OVPS-Bussen und denen weiterer Verkehrsunternehmen werden Kinder aus Schulen und Bewohner aus ihren Häusern evakuiert.
Allein in Pirna müssen in der Nacht zum Dienstag über 700 Menschen ihre bedrohten Häuser verlassen. Vor allem werden Gebäude im Seidewitz- und Gottleubatal sowie in der Innenstadt geräumt. Im gesamten Kreis werden bis zum Morgen weit über 1 000 Menschen evakuiert. Dazu

werden auch Hubschrauber von BGS und Bundeswehr eingesetzt. Notunterkünfte werden in der Sporthalle auf dem Sonnenstein sowie in den dortigen Schulen eingerichtet. In Friedrichswalde-Ottendorf bietet der Kindergarten gefährdeten Menschen Zuflucht und in Berggießhübel die Kureinrichtungen. Landrat Geisler bewertet das Zusammenspiel der Rettungskräfte von BGS, Polizei, Feuerwehren und aus den Kommunen als „absolut professionell". Zahlreiche Schulen bleiben ab Dienstag geschlossen. Die Katastrophe hat drastische Auswirkungen auf vielen Gebieten. Das Telefonnetz bricht zu weiten Teilen zusammen. Auch in den Mobilfunknetzen ist kaum noch ein Durchkommen. Viele Geschäfte und Supermärkte im Katastrophengebiet bleiben am Dienstag geschlossen. In geöffneten Märkten gibt es auf Grund der Lieferprobleme bereits mittags kein Brot mehr. Entsprechend lang sind die Schlangen bei einigen Bäckern. Landrat Geisler befürchtet, dass bei anhaltendem Hochwasser die Versorgungsprobleme vor allem in abgeschnittenen Gebieten drastisch zunehmen werden.

Die Aussichten verheißen nichts Gutes. Angekündigt ist, dass die Elbe am Mittwoch einen Pegelstand von knapp zehn Metern erreicht. Am Dienstag liegt dieser bei knapp sieben Metern. Fast stündlich tagen die Krisenstäbe. Am Dienstagnachmittag wird entschieden, die Evakuierung weiterer Gebiete entlang der Elbe vorzubereiten. Betroffen sind vor allem Teile von Pirna-Copitz, Wehlen, Rathen, Königstein und Bad Schandau.

Noch am Dienstag machen sich Bundesinnenminister Otto Schily und Sachsens Ministerpräsident Georg Milbradt in Pirna ein Bild von der Lage. Schily stellt gegenüber der Sächsischen Zeitung zusätzliche Mittel zur Beseitigung der Katastrophenschäden in Aussicht. Unter anderem will er dazu EU-Töpfe anzapfen. PETER HILBERT

Erschöpfte Menschen finden nach der Evakuierung im Copitzer Berufsschulzentrum Zuflucht. Dort kümmern sich Helfer, vorwiegend des Arbeiter-Samariter-Bundes, Ärzte, Pädagogen und Pfleger um sie.

In Pirna machen sich Bundesinnenminister Otto Schily (3. v. l.) und Sachsens Ministerpräsident Georg Milbradt (l.) am zweiten Tag der Flutkatastrophe ein Bild von der Lage. Beide Politiker versprechen Betroffenen unbürokratische finanzielle Hilfe, um die Folgen der Jahrhundertflut schnell zu bewältigen.

Pirnas Einkaufsmeile auf der Dohnaischen Straße ist am 13. August noch ein reißender Fluss. Die Seidewitz und die Gottleuba sind am Vortag nach starken Regenfällen über die Ufer getreten und haben weite Teile von Pirnas Zentrum unter Wasser gesetzt. Der Gottleubapegel in Neundorf ist von 40 Zentimetern am Vormittag des 12. August auf zwei Meter am Nachmittag angewachsen.

Wasser, Wasser, Wasser ... Gegenüber dem Vortag steigt die Müglitz in Burkhardswalde um fast zwei Meter. Am 13. August ist das ganze Tal ein einziger Strom. Straßen, Gleise und Firmengelände sind versunken. Auch die Lieferanteneinfahrt von Margonbrunnen wird umspült.

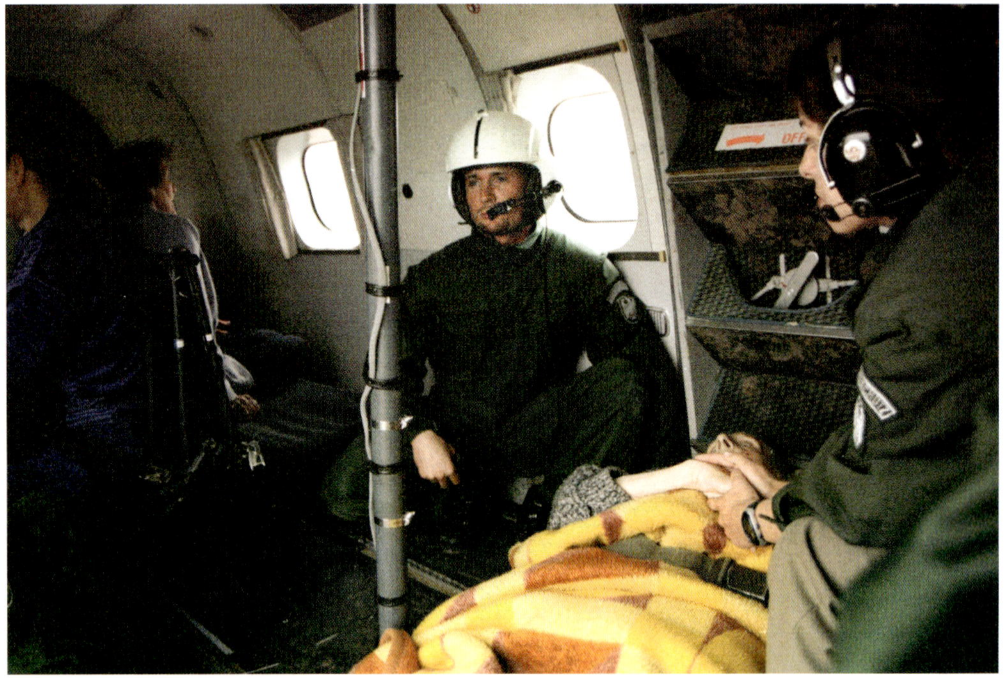

Eine Grenzschützerin hält in einem Helikopter die Hand einer älteren Frau aus Weesenstein. Bei der Evakuierung muss sie auf einer Trage transportiert werden. Im Zehn-Minuten-Takt starten die Hubschrauber. Der Bundesgrenzschutz fliegt pausenlos Eingeschlossene aus.

Umgestürzte Tonnen, ein herumliegender Autoreifen, Unrat. In Dohna hat die Müglitz alles, was nicht niet- und nagelfest war, mitgerissen. Es wird Tage dauern, bis Einwohner und die zahlreichen Helfer die Müllberge beseitigt haben.

Unvorstellbar ist die Kraft der Müglitz. Der Fluss hebt in Dohna abgestellte Pkws aus, trägt sie meterweit mit sich. Selbst den Robur der Meusegaster Feuerwehr verschlingen die reißenden Fluten. Den Brandschützern bleibt nur noch die Flucht ans Ufer.

Die neue Müglitzbrücke in Köttewitz wird zum Fangnetz für Treibgut. Alles, was die Flut mitführt, staut sich am Überbau.

Die Müglitz überschwemmt die Bahnhofstraße und den Platz der Freiheit vor dem Heidenauer Nordbahnhof. Für Fahrzeuge ist bereits in den späten Nachmittagsstunden des 12. August in der Stadt kein Durchkommen mehr.

Ein Polizist hilft einer Frau beim Aussteigen. Sie wird, wie viele andere in Pirna, mit einem Boot evakuiert und zunächst in die Turnhalle auf dem Sonnenstein gebracht.

In der Turnhalle Sonnenstein wird ein großes Evakuierungszentrum vor allem für Pflegebedürftige und Senioren eingerichtet. Bis zu 2 400 Betroffene kommen hier und in der angrenzenden Gauß-Mittelschule vorübergehend unter. Rund um die Uhr betreuen Helfer vom Katastrophenschutz und den Hilfsorganisationen die Evakuierten.

Auch in der Nacht evakuieren Feuerwehrleute Eingeschlossene in Pirna mit Booten. Meist können die Bewohner nur das Nötigste mitnehmen und wollen ihre Bekannten und Verwandten informieren. Doch der Versuch scheitert sehr oft. Sämtliche Telefonnetze kommen zeitweise völlig zum Erliegen.

Flug mit kalkuliertem Risiko

BGS-Chefpilot Karl-Heinz Schenk ist mit seiner Staffel im Hochwasser-Katastrophengebiet eingesetzt.

Katastrophen-Nacht im BGS-Lagezentrum auf der Rottwerndorfer Straße in Pirna. Hier laufen auch die Fäden für den Hubschraubereinsatz in der Hochwasser-Region Pirna/Dresden zusammen. Karl-Heinz Schenk, Leiter der Grenzschutzfliegerstaffel Ost, gibt den vom Einsatz zurückgekehrten Piloten den Auftrag für den nächsten Tag. „Vier Uhr, vorm ersten Büchsenlicht, machen wir uns mit Wärmebildkameras ein Bild von der Lage. Es wird mit kalkuliertem Risiko geflogen", weist der 44-Jährige seine Besatzungen an. Gegen 5.45 Uhr erwarte er den ersten Lagebericht. „Damit die Prioritäten für die kommenden Stunden gesetzt werden können", ergänzt der Chefpilot knapp. Er fordert Flieger, Flugtechniker und Operator vor dem Kurzschlaf auf, ihre Telefonnummern im Lagezentrum zu hinterlassen. Falls sie noch eher gebraucht werden.

Karl-Heinz Schenk, Chef der Fliegerstaffel Ost beim BGS, hat für die Hubschrauberrettungen in der Hochwasserregion Pirna/Dresden den Hut auf.

Der braungebrannte gebürtige Hesse kommt von der Grenzschutzabteilung Blumberg bei Berlin. Zwischenstationen seiner Laufbahn zum höheren Dienst waren Kassel, Bonn und die Küstenregion. Die Ausbildung zum Hubschrauberführer selbst dauert zwar nur 18 Monate. „Aber da ist man praktisch am Anfang." Erfahrung erwirbt man erst durch Einsätze auch unter erschwerten Bedingungen und bei jedem Wetter. Bei starkem Wind, Regen oder besonderen Anforderungen wie hier im sächsischen Pirna. Dazu muss ein Pilot Risiken genau einschätzen können. Als Chef wird Schenk zudem psychologisches Gespür in der jeweiligen Situation und der richtige Umgang mit der Mannschaft abverlangt.

Im Pirnaer Krisenstab leitet der durchtrainierte BGS-Mann ein Team von 55 Grenzschützern, davon 20 Piloten, die im Wechsel Einsätze fliegen. Zuerst mit sieben, später mit zehn Maschinen ist die Fliegerstaffel hier vor Ort. Die Hubschrauber sind mit Rettungswinden für die Evakuierung von Menschen oder Lasthaken für die Versorgung mit Verpflegung, Sandsäcken, Decken oder Verbandszeug ausgestattet.

„Der Einsatz fordert viel von den Piloten. Aber wir sind auf kritische Situationen vorbereitet", sagt Schenk, der sich wie die anderen durch Sport fit hält. „Denn wenn Hochwasseropfer in kürzester Zeit von Dächern gerettet, Dialysepatienten aus oberen Stockwerken im Schwebflug geborgen werden müssen, sind Reaktionsschnelligkeit und Körperbeherrschung notwendig." Einige Schwerkranke konnten zudem nur liegend transportiert werden, sagt Schenk. „Das erfordert vor allem bei Dunkelheit eine perfekte Beherrschung der Maschine." Das aber genügt nicht. Zur Rettung von Menschen werden in Pirna von den eiligst gebildeten Höhenrettungsteams auch Dächer aufgesägt oder Bootsführer an kritische Standorte beordert. „Da kommt es zusätzlich auf die Koordinierung an."

Auch die Überwindung von Skrupeln gehört zu einem Flieger. Schenk hat während seiner Ausbildung selbst erfahren, was Angst ist. „Als ich an der Winde hing und anfing zu rotieren, während die Maschine immer höher stieg, bin ich fast gestorben", gibt der heute routinierte Chefpilot zu. Zum Glück verlief der Einsatz in Pirna ohne größere Komplikationen. „Die Staffel hatte die Situation voll im Griff."

HANNELORE ANGERMANN

Auch nachts fliegen die Helikopter Evakuierte in Notunterkünfte und bringen Schwerkranke in Kliniken.

Polizeiobermeister Ullrich Hohwieler (l.) und Polizeioberkommissar Joachim Walter im Lagezentrum des BGS in Pirna. Die beiden gehören zum Führungsstab und koordinieren in der BGS-Zentrale Evakuierungen, Rettungen und Versorgungsfahrten. Auch in Katastrophensituationen gilt es, einen kühlen Kopf zu bewahren.

Mittwoch 14. August

Die Helfer kämpfen unermüdlich

Die Ereignisse des Tages

Im Müglitztal, Pirna und Heidenau beginnen die Aufräumarbeiten.

Vor dem **Pirnaer Bahnhof** haben die Gottleuba-Fluten Schlamm von fast einem halben Meter Höhe angespült.

Einen ähnlich trostlosen Anblick bietet die Bahnunterführung in Heidenau.

Der **Elbpegel** hat die Sieben-Meter-Marke gegen 15 Uhr bereits weit überschritten.

Teile von Bad Schandau, Königstein, Rathen und Wehlen stehen unter Wasser.

Am **Vormittag** wird die Hochwasser-Prognose nach oben korrigiert: Statt auf neun soll die Elbe nun auf knapp zehn Meter anschwellen. Am **Nachmittag** ist bereits von 11 Metern die Rede.

In der **Pirnaer Innenstadt** werden 80 000 Sandsäcke gefüllt. Sie kommen unter anderem entlang der Elbe von Copitz bis Pratzschwitz zum Einsatz.

Pirnas Partnerstadt **Remscheid** setzt ein Löschfahrzeug mit neun Feuerwehrleuten in Marsch.

Mittlerweile sind **mehrere tausend Hilfskräfte** aus ganz Deutschland im Einsatz.

Bundeskanzler **Gerhard Schröder** besucht das Katastrophengebiet. Aus Weesenstein eingeflogen, macht er sich auf dem Pirnaer Sonnenstein ein Bild von der Situation der Evakuierten.

Im Landkreis jagt eine Katastrophe die nächste. Zwar sind die Wasserstände von Gottleuba, Seidewitz und Müglitz zurückgegangen. Die Elbe schwillt jedoch trotz des äußerst hohen Pegelstandes weiter an.

Schwere Technik, Abschleppfahrzeuge und Hunderte Helfer prägen am Mittwoch das Bild in Pirna, Heidenau, Dohna und vielen anderen Orten entlang von Gottleuba, Seidewitz und Müglitz. Für seine kleine Stadt zieht Dohnas Bürgermeister Friedhelm Putzke schon jetzt eine düstere Bilanz: Zehn Häuser sind stark beschädigt, ein weiteres Gebäude auf der Pestalozzistraße steht kurz vor dem Einsturz. Im nahe gelegenen Weesenstein sind sechs Häuser eingestürzt, drei stehen nur noch zur Hälfte.

Nicht anders sieht es bei Brücken aus. Nachdem zwei Fußgängerbrücken weggerissen wurden, ist auch die Müglitzbrücke am Kuxberg in Köttewitz gefährdet.

Geröll- und Schlammmassen haben auch weite Teile von Heidenau verwüstet. Das Gebiet zwischen Bahnstrecke und Elbe musste fast vollständig evakuiert werden. Ein zeitweiliges Domizil finden die Menschen im Pestalozzi-Gymnasium, in der Grundschule Mügeln und in Kindergärten. Am Mittwoch beginnt die Beräumung von angespültem Schlamm und Unrat. Das Müglitztal wird mit schwerer Technik beräumt. Für die Einsatzkräfte wird eine Zentrale im besonders betroffenen Weesenstein eingerichtet. Von dort aus agieren Feuerwehrleute mit Spezialtechnik.

Das geschieht auch in Pirna. Vor dem Bahnhof haben die Gottleubafluten Schlamm bis zu einer Höhe von fast einem halben Meter angespült. Geht es am Vormittag noch ums Beräumen, so werden in den Nachmittagsstunden bereits Vorkehrungen für die nächste nahende Katastrophe getroffen. Gegen 15 Uhr überschreitet der Elbpegel bereits die Sieben-Meter-Marke. Für die Nacht zum Donnerstag werden sogar neun Meter angedroht. Noch nie gab es in den vergangenen Jahrzehnten eine derartige Situation, dass die Nebenflüsse Gottleuba, Seidewitz und Müglitz sowie die Elbe zeitgleich Hochwasser führen. Pirnas Stadtsprecher Klaus Hensel geht davon aus, dass die Elbfluten die Mitte des Marktes samt dem Erdgeschoss des Rathauses erreichen. Bereits bei der Neun-Meter-Marke würde das höchste registrierte Elbhochwasser von 1845 um 55 Zentimeter übertroffen. Landrat Geisler kalkuliert am späten Nachmittag, dass es noch dramatischer wird als angenommen. Der Elbpegel soll auf zehn bis elf Meter ansteigen. Im Verlaufe des Tages überschwemmt die Elbe bereits Teile von Bad Schandau, Königstein, Rathen und Wehlen. Dort müssen Bürger aus ihren Häusern evakuiert werden. In Rathen erreichen die Fluten das Hotel Elbschlösschen, das nunmehr geschlossen ist. In der benachbarten Destille steht das Wasser in den Abendstunden einen Meter unter der Terrasse. Restaurantchef Klaus Teutoburg-Weiß hofft, dass sein Haus verschont bleibt.

Kreischef Geisler hat alle Hände voll zu tun, die Rettungsaktionen zu koordinieren. Nunmehr wird damit gerechnet, dass durch die weiter anschwellende Elbe die Gottleuba und die Seidewitz zurückstauen und wiederum über die Ufer treten. In Pirna werden fieberhaft Vorkehrungen getroffen. Einsatzkräfte füllen mit Hilfe der Bevölkerung 80 000 Sandsäcke. Diese werden entlang der Elbe von Copitz bis Pratzschwitz als schützender Wall aufgestapelt. Ein letzter Versuch, das Schlimmste abzuwenden. Landrat

Geisler bietet den Bürgern von Copitz und Umgebung an, bei Gefahr ins Berufsschulzentrum an der Pillnitzer Straße zu kommen. Dort stehen sichere Pkw-Abstellplätze und genügend Räume zur Verfügung. Er geht davon aus, dass der Elbpegel erst am Freitag wieder sinkt.

Die Schulen im Landkreis bleiben weiter geschlossen. Frühestens ab Montag könnte in einigen Orten wieder mit dem Unterricht begonnen werden. In den großen Katastrophengebieten, vor allem im Müglitztal, wird das nach Einschätzung des Kreischefs jedoch noch nicht möglich sein. Jetzt wird nach Lösungen gesucht, wo die Kinder aus den dortigen Gemeinden in den nächsten Tagen lernen können. Das Problem fängt bereits mit den Schülertransporten an. Bei der Oberelbischen Verkehrsgesellschaft Pirna-Sebnitz (OVPS) sind nur sieben Busse einsatzbereit. Allein im neuen Pirnaer Busbetriebshof sind 13 Fahrzeuge in der Nacht zum Dienstag überflutet worden. Fieberhaft wird versucht, den OVPS-Fuhrpark wieder flott zu bekommen.

Ein Problem sind die Telefonverbindungen. Das Festnetz ist teilweise zusammengebrochen. Das Mobilfunknetz in den Katastrophengebieten ist ebenfalls hoffnungslos überlastet. Deshalb sollten nur die dringendsten Gespräche geführt werden. Die Einsatzkräfte benötigen jede freie Leitung. Allein vom BGS sind 1 200 Frauen und Männer im Einsatz. Hunderte Beamte aus Mecklenburg-Vorpommern, Brandenburg und Berlin unterstützen die Pirnaer Grenzschützer.

Auch aus Pirnas Partnerstadt Remscheid in Nordrhein-Westfalen naht Hilfe. Ein Löschfahrzeug mit neun Feuerwehrleuten ist in Marsch gesetzt worden. Die Bevölkerung wird dort auch zu Geldspenden aufgerufen.

Selbst der Wahlkampf gerät durch die Katastrophe ins Stocken. CDU-Bundestagsabgeordneter Klaus Brähmig verschiebt nach eigenen Aussagen die heiße Phase auf Anfang September. Der Papstdorfer will seine Kraft jetzt für die Unterstützung der Hilfsaktionen einsetzen. Brähmig fordert, schnellstens einen nationalen Katastrophenfonds zu schaffen. Bereits nach Unwettern in Bayern 1999 hatte er dies verlangt. Derweil verschafft sich Bundeskanzler Gerhard Schröder auf dem Pirnaer Sonnenstein ein Bild von der Lage der Evakuierten. Das Unwetter hat auch ganz direkte Auswirkungen auf Wahlkämpfer Brähmig. Sein Büro auf der Klosterstraße ist seit Montagabend von der Außenwelt abgeschnitten. Genauso wie die SZ-Redaktion in der Pirnaer Schössergasse. PETER HILBERT

Im Pirnaer Ortsteil Zuschendorf bietet sich ein Bild des Grauens. Zwei Häuser an der Liebstädter Straße sehen aus wie nach einem Erdbeben. Die sonst so friedliche Seidewitz hat zwei Familien innerhalb von Minuten ihr Obdach genommen.

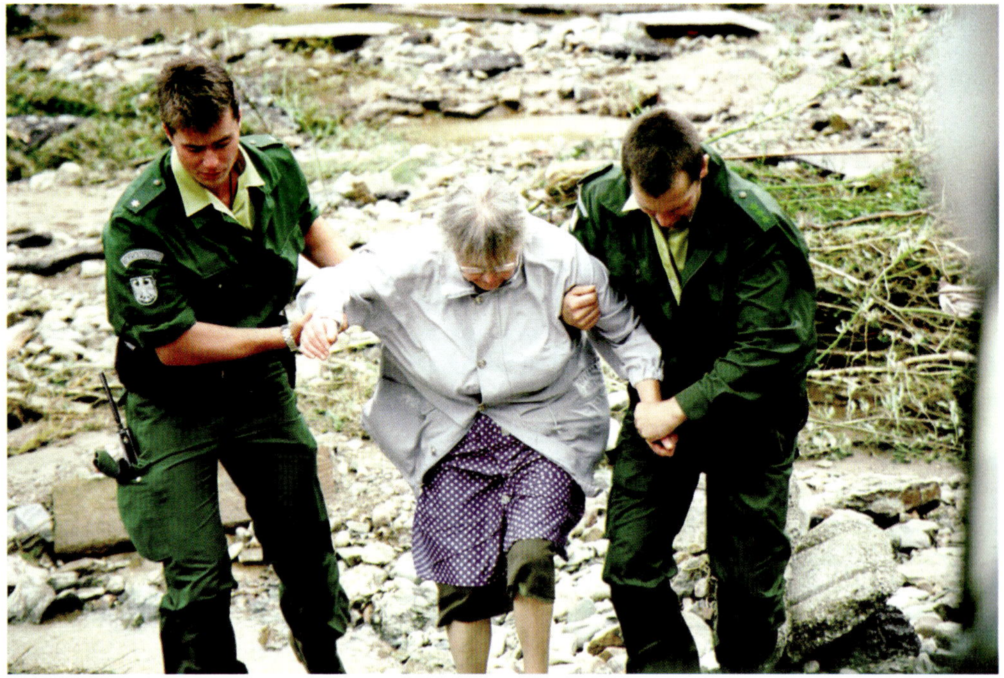

BGS-Beamte geleiten eine Frau aus Weesenstein zum Hubschrauber. Sie muss ihr Haus verlassen. Es gibt weder Strom noch Wasser, geschweige denn etwas zu essen.

Hilfe per Helikopter: Bundesgrenzschützer und Höhenretter sind im Müglitztal unentwegt im Einsatz, retten Eingeschlossene, die sich auf Dächer geflüchtet haben.

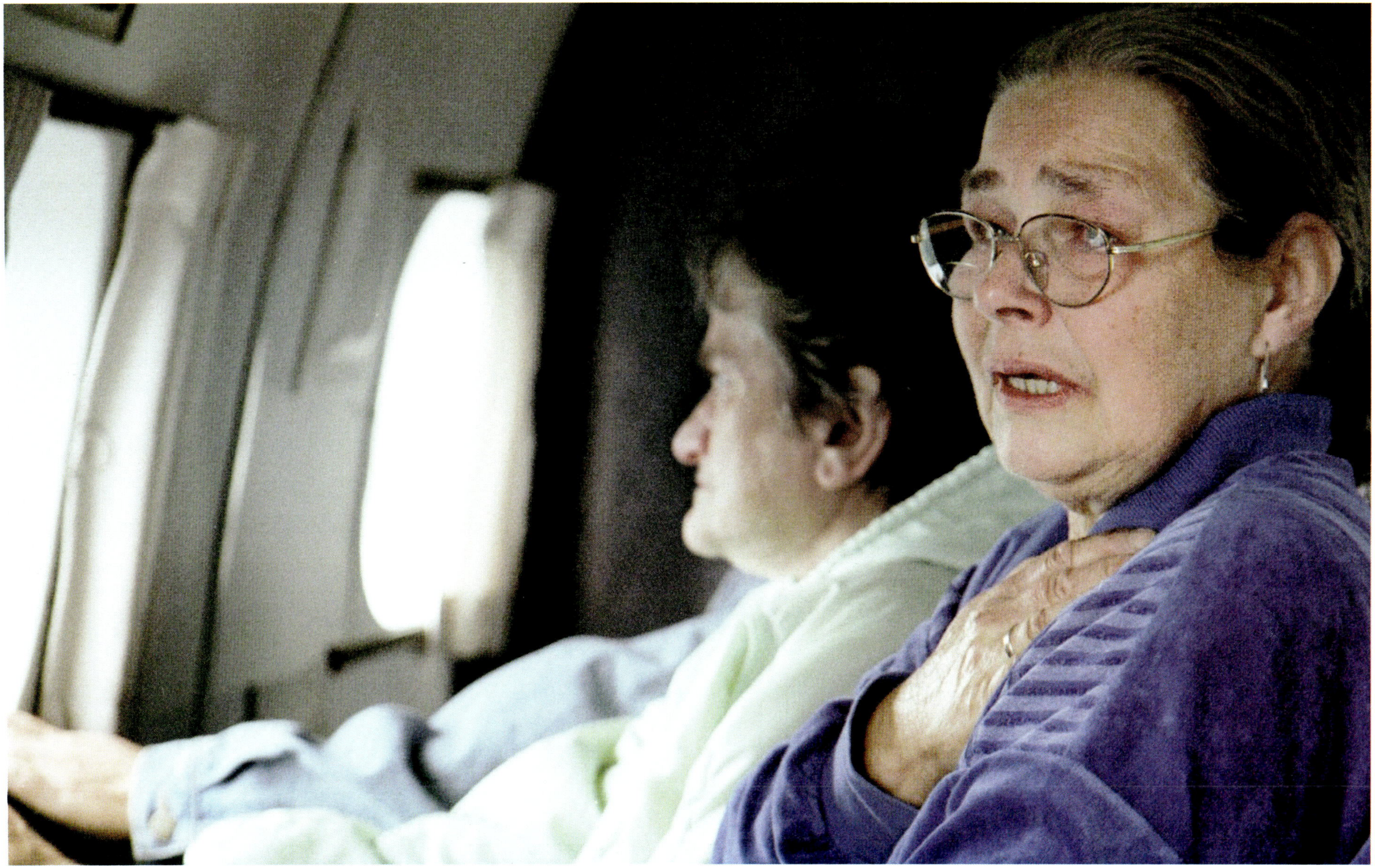

Augenblicke der Verzweiflung: Als der Hubschrauber über Weesenstein abhebt, kommen der Frau die Tränen. Sie schluchzt. Das Unheil, das die Müglitz ihrem Heimatort angetan hat, kann sie nicht fassen. Die nächsten Tage wird sie in einem Notquartier wohnen.

Die Seidewitz hat in Zuschendorf ein Loch tief wie ein Krater in die Brücke gerissen. Solche Hindernisse machen es den Helfern beim Aufräumen doppelt schwer.

Mit den bloßen Händen kratzt Siglinde Jentzsch den Schlamm von den Fenstersimsen auf der Dohnaischen Straße in Pirna. Die 75-Jährige hat schon mehrere Hochwasser erlebt.

Die Seidewitz hat riesige Bäume entwurzelt und mitgerissen. Mit einem Kran hieven Männer vom Technischen Hilfswerk in Zehista den tonnenschweren Stamm samt Wurzel aus dem Flussbett, damit die Brücke nicht durch die aufgestauten Wassermassen Schaden nimmt.

Ein Mädchen blickt in die Bahnsteigunterführung am Pirnaer Bahnhof. Der Durchgang ist bis zum Rand mit braunem Schlamm und Wasser gefüllt.

Nach der Gottleuba-Flut greifen die Anwohner der Gartenstraße in Pirna zur Schaufel, um den Schlamm vom Gehweg zu schippen. Niemand von ihnen ahnt, dass die Arbeit umsonst sein wird und die Elbe in wenigen Stunden die Straße erneut unter Wasser setzt.

Das Wasser geht, die Radlader kommen. Tonnenweise Schlamm wird nach der Flut von Gottleuba und Seidewitz von den Straßen gekarrt. Zunächst sind Hauptverkehrsadern wie die Pirnaer Bahnhofstraße an der Reihe. Die Stadt ist überraschend schnell wieder befahrbar. Einen Tag später wird hier jedoch die Elbe stehen.

Was Wasser für eine Kraft hat – unglaublich. Im Müglitztal verbiegt die Flut Gleisanlagen wie von Riesenhand.

Holzstämme und Geäst haben sich an einer Brücke in Weesenstein verfangen. Die Kraft des so angestauten Wassers droht manch ein Bauwerk zu zerstören.

Weesenstein am 14. August: Der Ort ist völlig verwüstet – ein Fragment. Die Flut aus dem Osterzgebirge hat sich ihr eigenes Flussbett gegraben, dabei acht Häuser geschluckt, Straßen fortgespült und den Schlosspark in eine Mondlandschaft verwandelt. Zwei Einwohner haben die Katastrophe mit dem Leben bezahlt.

In Dohna hat die Müglitz derart gewütet, dass Fußgängerbrücken einzustürzen drohen oder weggespült werden.

Beim Bundesgrenzschutz in Pirna stapeln sich die Sandsäcke. Die werden auch dringend gebraucht. Für die Elbe wird ein neuer Rekordhöchststand angekündigt.

Unaufhaltsam rückt die Elbeflut gen Pirna. Auf dem Marktplatz haben sich am Nachmittag Hunderte Freiwillige versammelt. Bis nach Mitternacht schaufeln sie, füllen und schleppen Sandsäcke, bauen Dämme. Sie wollen im historischen Stadtkern das Schlimmste verhindern.

Im Evakuierungslager auf dem Sonnenstein wird der Platz knapp. Weitere Notunterkünfte öffnen in Copitz, Lohmen und Struppen.

Oberbrandmeister Volkmar Schwarzelt von der Feuerwehr Pirna gibt Nachrichten an seine Zentrale weiter. Der steigende Elbpegel drückt auch den der Gottleuba Zentimeter um Zentimeter nach oben.

„Die Ungewissheit zerrt an den Nerven“

Die Anwohner der elbnahen Straßen in Bad Schandau verbarrikadieren ihre Hauseingänge mit Sandsäcken und Brettern. Dann verlassen sie die Stadt.

Während in einigen linkselbischen Gebieten das Wasser wieder langsam zurückfließt, steht den elbnahen Gemeinden noch einiges bevor. Unaufhörlich ergießen sich die Wassermassen der Moldau in die Elbe, und die steigt minütlich an. Die Bad Schandauer sind eigentlich hochwassererprobt. Doch was auf die Kurstadt zurollt, dürfte alles Bisherige weit übertreffen. Von insgesamt elf Metern Pegelstand wird unter den Einwohnern am Morgen gemunkelt. Trifft das ein, würde das für die Schandauer eine Katastrophe bedeuten.

Deshalb beginnen in der Nacht zum Mittwoch bereits erste Evakuierungen. Die Anwohner in den marktnahen Straßen verbarrikadieren ihre Häuser und Geschäfte mit Sandsäcken, umhüllen die Mauern mit blauen und schwarzen Folien zum Schutz.

Dann können sie nur noch abwarten und zusehen, wie der Elbepegel steigt. Polizei und Bundesgrenzschutz riegeln bereits vor dem Mittag die Zufahrtsstraßen ab. Rein kommt nur noch, wer in Bad Schandau wohnt. So sollen Schaulustige ferngehalten werden. Inzwischen werden die ersten wassernahen Straßen gesperrt. In einige kommt sowieso keiner mehr rein, da sie bereits voll gelaufen sind. Auf dem Elbeparkplatz verschwinden die Buswartehäuschen zusehends. Von den Verkehrsschildern ist nur noch ein kleines Stück zu sehen.

Am Feuerwehrgerätehaus postieren sich sechs Busse, um bei weiteren Evakuierungen schnell einsatzbereit zu sein. Der Basteiplatz steht gegen 13 Uhr völlig unter Wasser, auch die Bundesstraße 172 in diesem Abschnitt, die Kirnitzschtalstraße ebenfalls. Durch den Stadtpark strömt unaufhörlich neues Wasser. Leere Büchsen, verfaultes Obst, Pflanzen und Bretter schwappen über die Brücke am Basteiplatz.

Unterdessen sichern die Anwohner weiter ihr Hab und Gut, packen das Nötigste ins Auto. Die Anspannung steht ihnen ins Gesicht geschrieben.

„Das Schlimme ist eigentlich, keiner weiß, wie hoch das Wasser überhaupt noch kommen wird. Die Ungewissheit zerrt ganz gewaltig an den Nerven“, beschreibt ein Anwohner der Marktstraße die Situation. Schwere Holzschaltafeln werden an den Hauseingängen befestigt. Dann ist es so weit. Teile des Marktes sind überschwemmt. Grenzschützer sichern die Marktstraße mit dicken Wänden. Dahinter stapeln Anwohner Sandsäcke. An dieser Stelle droht das Wasser sich den Weg weiter in die Stadt zu bahnen.

Das gleiche Bild etwas entfernt. Im Schrammsteinbad laufen angestrengte Sicherungsarbeiten. Der Garten gegenüber ist bereits überflutet. Auf der Dampfschiffstraße paddeln Enten zwischen morschen Baumstämmen, einer Menge Abfällen und losgerissenen Bojen. Für die Bad Schandauer und einige Schaulustige bieten sich unterdessen an fast jeder elbnahen Stelle eine Menge Fotomotive fürs Familienalbum. „Im Frühjahr nach der Schneeschmelze ist ja immer etwas Hochwasser. Ich kann mich aber nicht erinnern, dass es schon mal so schlimm war“, sagt die Bad Schandauerin Traudel Müller. ANJA WEBER

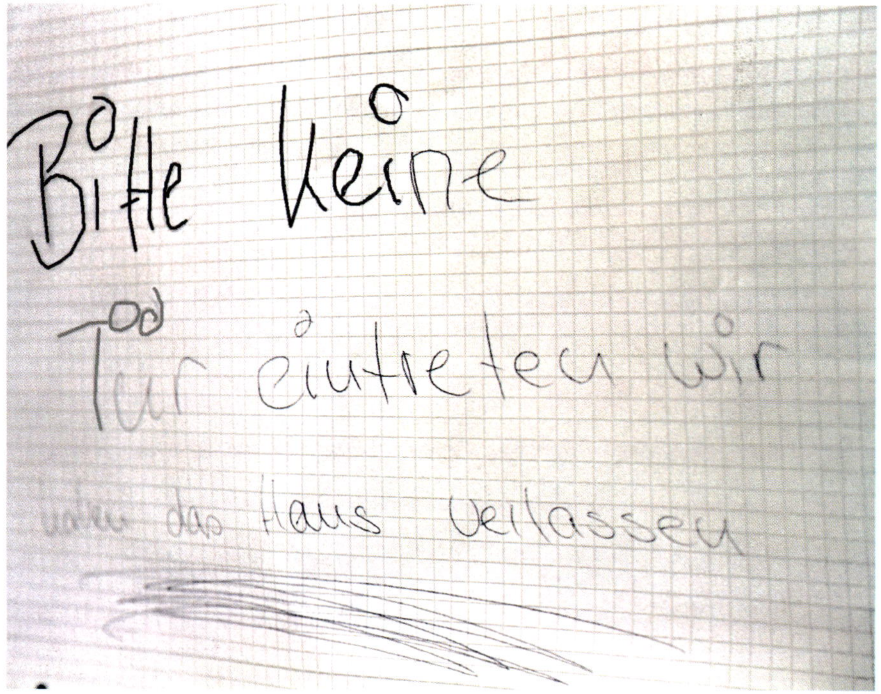

Vorbeugend hängen Bewohner eines Bad Schandauer Hauses diesen Zettel an ihre Haustür. Es gibt Fälle, in denen Polizei und Bundesgrenzschutz bei den Evakuierungen mit voller Härte vorgehen und Zerstörungen in Kauf nehmen.

Blaulichter, Martinshörner, Sirenen. Am Himmel kreisen Helikopter. Bad Schandau gleicht einer belagerten Stadt im Krieg. Nur dass es die Elbe ist, die über den Kurort herfällt. Aber auch die treibt die Menschen in die Flucht – wie im Krieg, werden sie sagen.

Staunen und Entsetzen steht dieser Schandauerin ins Gesicht geschrieben. Dabei ist das langsam steigende Wasser auf dem Markt nur ein Vorgeschmack darauf, was noch kommt.

Am 13. August klettert der Elbpegel in Bad Schandau immer höher, überschreitet in der Nacht zum 14. August die Sieben-Meter-Marke.

Retten, was zu retten ist, heißt die Devise in Bad Schandau. Während diese Schränke das Glück haben, rechtzeitig „ausgeflogen“ zu werden, säuft in unzähligen Wohnungen das komplette Mobiliar ab. Die Schäden von Privathaushalten belaufen sich allein im Elbestädtchen auf 87,5 Millionen Euro. Ohne Spenden oder Hilfen des Staates stehen viele Menschen vor dem Ruin ihrer Existenz.

Wenn es anders nicht geht, dann eben mit dem Fahrrad: Dieser Mann transportiert das schwere Gepäck, eine Propangas-Flasche, auf diese Weise nach Hause.

Bad Schandauer errichten einen schützenden Wall auf der Marktstraße. Was sie nicht ahnen: Das Wasser wird höher stehen als je zuvor und die künstliche Mauer überspülen. Stunden später fahren hier die Einsatzkräfte mit Schlachbooten entlang und schützen die leer stehenden Häuser vor Plünderern.

Die Telefone klingeln wie in einem Wettstreit

Nachdem sich am Abend des 12. August die Flüsschen Gottleuba und Müglitz zu reißenden Strömen entwickelten und Straßen und Häuser überschwemmten oder einfach wegrissen, brauchen viele Bürger im Landkreis Hilfe. Die Disponenten in der Rettungsleitstelle des Kreises haben kaum eine Minute Ruhe, um einmal Luft zu holen und zu entspannen. Für große Gespräche mit Journalisten ist erst recht keine Zeit. Aber beobachten können wir.

Es ist Mittwoch, der 14. August 2002, gegen 10.30 Uhr. Bei Petra Knöthig, Werner Kirsten und René Hanspach klingeln die Telefone wie in einem Wettstreit. Ruhig und sachlich geben die drei Auskunft oder organisieren die benötigte Hilfe. Ein Arzt wird verlangt. Kirsten fragt ab, welche Beschwerden vorliegen. In zwei Minuten muss er eine Entscheidung treffen. Glücklicherweise ist es hier nicht so dringend. Es geht um einen Hausbesuch, der mit der behandelnden Ärztin vereinbart worden war. Allerdings vor der Wasserflut. Und diese hat den Hausbesuchsplan der Ärzte einfach weggespült. Der Disponent nimmt Kontakt mit einem Einsatzwagen auf. Ein anderer Doktor wird auf dem Sonnenstein vorbeifahren, beruhigt Kirsten die aufgeregte Patientin. Es wird aber erst gegen 14 Uhr möglich sein. Für die Anruferin am anderen Ende der Telefonleitung ist ihr Problem damit geklärt. Dann muss eine Hochspannungsleitung in der Nähe von Liebstadt freigeschaltet werden. Es geht Schlag auf Schlag. Jemand erkundigt sich nach evakuierten Verwandten und bekommt die Telefonnummern von den beiden Lagern auf dem Sonnenstein oder dem in Pirna-Copitz. Zum Schluss noch der kleine Hinweis, etwas Geduld zu haben, denn diese Nummern würden sehr viel gewählt.

Um sechs Uhr hat für die drei Disponenten der Dienst begonnen. Die Frühstückspause ist schon im Telefonklingeln untergegangen. Jetzt muss es das Mineralwasser tun, damit der Hals nicht trocken wird. Die Tür zum Balkon ist etwas geöffnet und lässt ein wenig Luft herein. Von draußen tönen immer wieder die Sondersignale der Einsatzwagen, die in der Stadt unterwegs sind. Um 11.40 Uhr eine Schreckensmeldung. Nach den Fluten der kleinen Flüsse soll nun auch die Elbe weiter steigen. Auf elf Meter, so die Vorhersage für den kommenden Tag. Die Einsatzkräfte müssen alarmiert werden.

Dazwischen wieder Anrufe von Bürgern. Jemand möchte helfen und bietet Unterkunft für die Überschwemmungsopfer an. Dazwischen immer wieder empörte Anfragen, warum denn die Feuerwehr die Keller nicht auspumpt. Die Disponenten erklären, dass zuerst die Leute, deren Leben in Gefahr ist, an der Reihe sind. Außerdem muss erst der Elbepegel wieder sinken. Unmerklich schüttelt der eine oder andere Disponent bei solchen Anrufen den Kopf. „Wir müssen dem Einzelnen helfen, aber auch die Gesamtsituation im Auge behalten“, sagt später Kirsten. Obwohl die Disponenten Stress gewohnt sind und mit ihm umgehen können, sind diese Stunden und Tage auch für sie eine außergewöhnliche Belastung. „Das geht ganz schön an die Nerven“, sagen sie. „Wie komme ich ins Müglitztal?“, will einer der

Im Krisenstab des Landkreises laufen alle Fäden zusammen: Landrat Michael Geisler, BGS-Verbindungsmann Hans-Ulrich Wachter, Klaus Lüttjohann, Sachgebietsleiter Katastrophenschutz, Ordnungsamtschef Thomas Obst und dessen Mitarbeiter Mario Kusch (v. l.) beraten die nächsten Schritte.

nächsten Anrufer wissen. „Gegenwärtig nur über die Sachsenbrücke und dann sehen, wo und wie es weitergeht", so die Auskunft. Derweil ruft René Hanspach Einsatzkräfte. „Wie weit seid ihr?" seine Frage. Sie werden schon wieder an einer anderen Stelle gebraucht. Hausbehälter für Flüssiggas schwimmen auf der Müglitz zwischen Dohna und Köttewitz. 12.10 Uhr gibt es die aktuellen Pegelstände der Elbe. 7,87 Meter in Schöna, Tendenz steigend. Doch die drei haben keine Zeit, darüber nachzudenken oder sich gar auszutauschen. Die Telefone klingeln ununterbrochen. „Wo gibt es Sandsäcke?", möchte ein Bürger wissen. René Hanspach gibt Auskunft und fragt anschließend an der Stelle gleich noch nach, ob noch genügend vorhanden sind. 12.15 Uhr kommt ein Anruf, dessen Inhalt Werner Kirsten gleich an den Krisenstab weiterleitet. Die Talsperre Malter soll gebrochen sein. Wenig später stellt sich dies jedoch als Falschmeldung heraus. Aufatmen auch bei der Truppe in der Rettungsleitstelle. Gleichfalls können die Disponenten den Bürger beruhigen, der gehört haben will, dass die Galgenteiche im benachbarten Weißeritzkreis brechen. Es stimmt glücklicherweise nicht. „Immer wieder gibt es Trittbrettfahrer, die in solchen Situationen die Leute verunsichern müssen", ist der ruhige Kirsten aufgebracht. Die anderen können nur noch mit dem Kopf nicken.

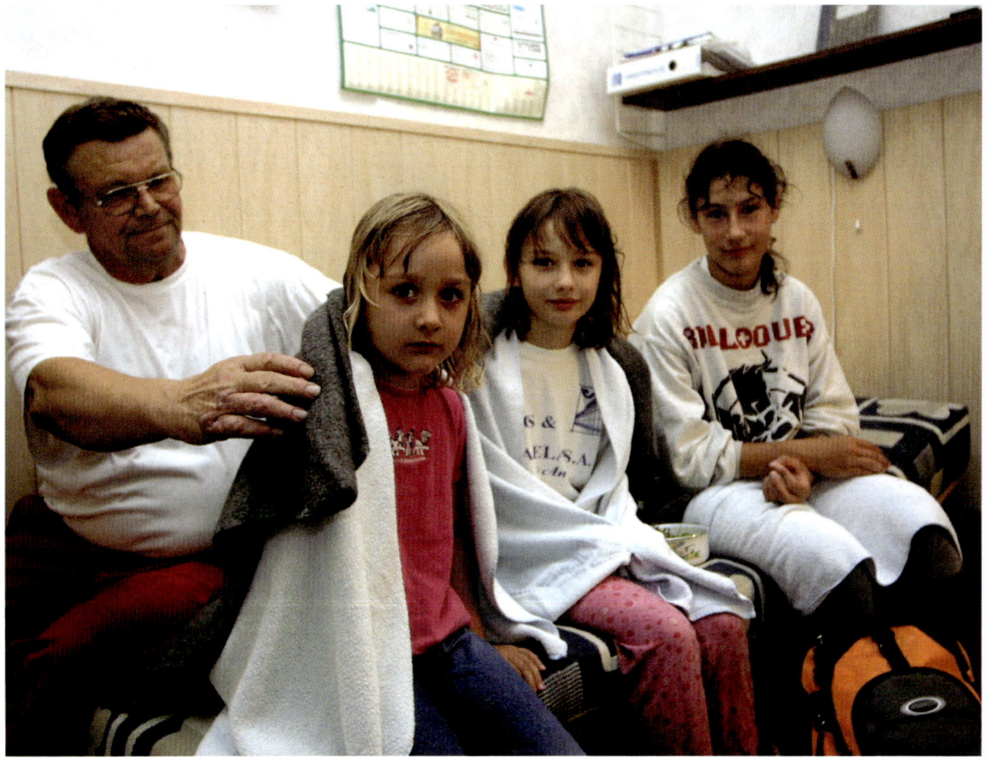

Notarzteinsatzwagenfahrer und Rettungssanitäter Rainer Voigtländer hüllt die Geschwister Nicole, Franziska und Melanie in eine Decke. Die drei aus Dohna wurden von der Feuerwehr aus dem elterlichen Haus gerettet und kamen zunächst auf der Rettungsleitstelle unter. Der Vater der Kinder sitzt im Rollstuhl, die Mutter ist im Krankenhaus.

Schon sind die nächsten Anrufer in der Leitung. Dann betätigt sich René als telefonischer Wegweiser, damit eine Krankenschwester durch die gesperrte Stadt in die Rettungsleitstelle kommt. Sie benötigt einen Jeep, mit dem sie einem Patienten in Pratzschwitz dringend benötigte Medikamente bringen kann.

Es ist 12.37 Uhr. Eine Frau in roter Hose und Jacke mit einem kleinen silberglänzenden Streifen am Hosenrand und der Aufschrift „Notarzt" auf der Jacke betritt die Rettungsleitstelle. „Um eure schon arg strapazierten Leitungen nicht noch mehr zu belasten, bringe ich die Unterlagen von meinen Einsätzen gleich rein", sagt Dr. Caroline Zibolowski und übergibt den Disponenten die Papiere. Seit Montagabend 20 Uhr ist sie im Dienst. Um zu den Patienten zu kommen, watet sie jetzt manchmal durch Wasser und Schlamm, erzählt sie. Behandeln musste sie vor allem Kreislaufschwäche oder gebrochene Knöchel. Um 12.45 Uhr ist sie wieder aus der Leitstelle raus zu einem neuen Einsatz.

13 Uhr gehen wieder Anfragen ein, wann endlich die Keller ausgepumpt werden. Dieses Mal ist es Petra Knöthig, die erklärt, warum das im Moment nicht machbar ist. Wo ein Glaser zu finden ist, möchte der Nächste wissen. Er soll doch mal in dem Buch mit den gelben Seiten nachschauen, so der Ratschlag. Eine solche Liste liege in der Rettungsleitstelle nicht parat. Die Anspannung ist den Disponenten anzusehen. Hin und wieder rückt der eine oder andere die Kopfhörer zurecht und versucht, sich etwas anders hinzusetzen. „Man muss sich disziplinieren, anders sind solche Situationen nicht durchzustehen", sagt Petra Knöthig kurz und bündig. So erklärt sie auch dem nächsten Anrufer sachlich die Verkehrslage in der Stadt Pirna, obwohl das wenig mit den Aufgaben einer Rettungsleitstelle zu tun hat.

13.13 Uhr kommt der leitende Notarzt Dr. Bodo Franke in die Leitstelle. Er ist seit 40 Stunden im Einsatz. Obwohl er seit vier Jahren keine Zigarette mehr angerührt hat, greift er zum Glimmstengel. Nach wenigen Zügen drückt er ihn aber wieder aus. Franke musste sich vielfach um Leute kümmern, die vom Wasser eingeschlossen waren. Bis jetzt gab es keine schwerwiegenden Unfälle, resümiert er erleichtert. „Hoffentlich bleibt es dabei." UTE HIMMER

Mit Schlauchbooten werden zahlreiche Menschen aus Pirnas Innenstadt evakuiert. Der Krisenstab des Landratsamtes hat für die Koordination der Einsätze den Hut auf.

Per pedes auf der Müglitztalstraße unterwegs

Wo es in Heidenau am schlimmsten ist? Die Einsatzkräfte zeigen die August-Bebel-Straße hinauf. „Bis dahin sind wir noch gar nicht vorgedrungen." Jetzt wird erst mal die B 172 für Versorgungsfahrzeuge frei gemacht. Denn es soll eine Flutwelle kommen. Die August-Bebel-Straße geht von der Heidenauer Hauptstraße ab und führt direkt an der Müglitz entlang. So heißt sie auch später: Müglitztalstraße. Unten an der B 172 beginnt der Weg hinauf, der immer steiniger wird.

Die sonst so friedliche Müglitz verwandelt sich in Heidenau in einen reißenden Strom. Wann sie über die Ufer tritt, ist nur noch eine Frage von Stunden.

Unten gibt es vor allem eines: „Schlamm, Schlamm, Schlamm", fasst Hausmeister Jens Günther zusammen. Im Hof der August-Bebel-Straße 12 geben Pumpe und über Beton kratzende Schaufeln den Ton an. Schlick bedeckt Straßen und Gärten, in denen es bis vor zwei Tagen noch blühte und summte. Jetzt erinnert alles an ein Wattenmeer bei Ebbe. Die sandige Fracht wurde von der vorangegangenen „Flut" hinterlassen, die jetzt so gut wie verschwunden ist.

Hausmeister Jens Günther kann sich an den Wasserstand vom Montag erinnern. Ein Tag, der hier als schwarzer Montag in die Geschichte eingehen könnte. „Morgens gegen acht Uhr stand das Wasser etwa einen halben Meter unter der Stützmauer. Fast noch im normalen Flussbett." Um Mittag herum fing es dann richtig an zu steigen. Trotzdem ahnte er noch lange nicht, was da für eine „Sintflut" hereinbrechen würde. Das letzte Hochwasser an der Müglitz erlebte er sechs Jahre zuvor.

„Aber das waren Peanuts. Ich hatte gerade mal 20 Zentimeter Wasser im Keller", sagt er. Die Garagen liegen auf der Rückseite des Hauses unterhalb der Wohnungen. Dort hat sich ein See gebildet. Die Tore sind zum Teil halb geöffnet. Ob Autos darin stehen – es wären nicht die ersten.

Im Aldi-Markt gegenüber sieht es aus wie nach einem Erdstoß. Alles liegt kreuz und quer. Aber statt ruckartiger Bewegungen der Erdkruste oder der Sprengkraft einer Bombe kroch Wasser an den Pappkartons hoch. Durchweichte sie und erzielte dieselbe Wirkung.

Bei Familie Kronberg findet ein Garagenverkauf statt, hätte man eine Woche zuvor geglaubt. Ein Sammelsurium an Schränken, Stühlen und vielem mehr steht im Vorgarten verstreut. Und auf einem Haufen türmt sich Zeug, das nicht mehr zu gebrauchen ist. Margit Kronberg wäscht gerade ein paar Skier ab. Ihre Familie hat Glück gehabt. Ein paar Stufen führen hinauf zu der Erdgeschosswohnung. So lief nur der Keller voll. So viel wie möglich wurde von dort bereits gerettet, bis die Wohnung überquoll. „Weiter oben gibt es Menschen, denen es viel schlechter geht." Sie will sich daher nicht beschweren. Auch in der Heinrich-Heine-Straße sind die Leute in ihren Vorgärten zugange.

Sie alle haben seit zwei Tagen kein Wasser und keinen Strom. Mit anderen Worten: Kein Kühlschrank, kein Licht, nichts Warmes im Bauch und kein Fernsehen – was bis heute gleichbedeutend war mit: ahnungslos. Von Wasser umgeben, wie auf einer einsamen Insel, ist Eva Klosa jetzt erstmals nach dem Unwetter auf der Straße. Vorher saß sie fest. „Das Wasser schoss die Straße runter, durch die Nebenstraßen, von allen Seiten kam es." Schockiert geht sie durch die Nachbarschaft. „Das war mal die Müglitztalstraße", sagt sie erschüttert. Die Pflastersteine liegen hier verstreut, wie nach dem Untergang von Legoland. Das Wasser hat sich hartnäckig in allen Ritzen und Löchern breit macht und dann quasi „von unten" angegriffen. Die ältere Dame wohnt gleich eine Parallelstraße weiter, in der Anna-Hirsch-Straße. „Dort, wo der weiße Sonnenschirm steht", zeigt sie auf ihren Balkon. Das klingt sonderbar, nach dem ganzen Wasser. Von der Flut überrascht, hatte sie wenigstens ein Brot und ein paar Semmeln im Haus. Sie vertrieb sich die Zeit mit Lesen von Illustrierten und alten Zeitungen. Und mit Wasserschöpfen im Keller. Aber das sickerte immer wieder nach, es hatte keinen Sinn. Sie ist froh darüber, dass noch andere Leute in ihrem Haus wohnen. Auch Margit Morgenstern freut sich über ihre tolle Nachbarschaft. Und die Schwiegermutter versorgt sie mit warmen Mahlzeiten.

Ein Stück weiter läuft eine junge Frau verzweifelt die Straße entlang. Ob wir etwas von einer Evakuierung wüssten? Sie sucht den Großvater. Seit drei Tagen ist er von der Bildfläche verschwunden. Er wohnt in Leuben und wollte hier in der Gegend eine Freundin besuchen. „Er ist über 80. Dass er so etwas noch erleben muss. Wenn er überhaupt ..." Große Angst liegt in ihrer Stimme. Bei Wal Mart war sie schon. Die junge Frau läuft zurück zur B 172, um die Einsatzkräfte zu fragen.

Inzwischen läuft wieder Wasser die Straße herunter. Leute haben vor ihrem Grundstück einen kleinen Damm gebaut, um es endlich von dem Wasser zu befreien. Eine ganze Hecke liegt entwurzelt waagerecht. Aber noch ist es ein Leichtes, mit Gummistiefeln auf der Straße entlangzuwaten. Doch kurz nicht aufgepasst: Die Löcher in der Straße werden tiefer. Wie tief? So, dass ein ganzes Auto hineinpasst. Nur der rechte Hinterreifen guckt noch raus. Die Bilder erinnern jetzt an einen Actionfilm: Überall Autos, die sich in- und aufeinander geschoben haben. So etwas macht vielleicht Hurrican „Andrew" in Florida. Aber dass so etwas die Müglitz schafft, ist unfassbar. Auf dem Dach eines silbernen Seat, der auf einem anderen hängt, prangt ein Schild: Jetzt die aktuellen Modelle Probe fahren. Beinahe zum Lachen, wenn es nicht so traurig wäre. Dem Seat-Händler fünfzig Meter weiter sind die Wagen „ausgebüxt". Ihn hat es richtig erwischt. Der sei gerade nicht da, sagt ein Angestellter. „Den haben sie gestern vom Dach geholt, jetzt versucht er sein Haus zu retten."

Und dann sagt jemand etwas wie: „Die Flutwelle kommt, es wird wieder evakuiert." Diesmal ist es die Elbe, die zu einem Schlag gegen die Menschen ausholt.

Beeindruckt von der zerstörten Gegenwart, stelle ich mir sofort einen reißenden Sturzbach vor, der mir mitten auf der Straße entgegenkommt. Doch ein Mann sagt: „Das Wasser kommt die Elbe runter." Ach ja, natürlich. Wie dumm von mir. Und obwohl ich es längst besser weiß, stell ich mir unter „Flutwelle" was Schnelles vor. Der Vorsicht halber haste ich zurück zu meinem Auto, das an der B 172 parkt. Doch da steht es noch unversehrt. Mit meinen fünf Nummern zu großen Gummistiefeln schaffe ich es nicht noch einmal die Straße hinauf, um an meinem Ausgangspunkt die Wanderung fortzusetzen. Erst später sehe ich die Bilder von den weggerissenen Häusern. Doch selbst wenn man blind wär wüsste man: Hier ist etwas Schlimmes geschehen. Pausenlos kreisen Hubschrauber. Von oben blicken Bundeskanzler, welche, die es werden wollen, und der Ministerpräsident auf Dutzende von „Müglitztalstraßen" hinab. KATJA SCHREIBER

Wie eine schmutzige Decke liegt Schlamm auf der B 172 in Heidenau. Doch auch wenn die Straße an mehreren Stellen unter Wasser stand, halten sich Schäden in Grenzen.

Jeder fragt jeden: Was haben Sie gehört?

Bis auf die Straße stehen die Leute früh beim Bäcker an der Friedensstraße. Im Konsum-Markt an der Rädelstraße gibt es keine Kartoffeln mehr. Im Rathaus helfen seit Stunden Leute, die Akten aus dem Archiv im Keller nach oben in den Ratssaal zu räumen. Das Wasser erobert sich Zentimeter um Zentimeter. Es steigt langsam. Aber es steigt stetig.

Bis zum Geschäft Näke auf der einen Seite und bis zur Drogenmühle auf der anderen Seite hat es sich schon vorgearbeitet. Beim Betreuten Wohnen fehlen nur noch ein paar Zentimeter, dann gehören die Balkons der ersten Etage den Fluten. Kurz vor der Drogenmühle sitzen ein paar Männer auf dem Geländer. „Wer holt das nächste Bier", lallt einer. Eine Frau kommt von der Wiesenstraße gelaufen. Sie weint. Schüttelt immer wieder den Kopf. Eine andere Frau war noch einkaufen. In der einen Hand hält sie ein paar Weintrauben. Der Weg nach Hause ist abgesperrt. Jetzt muss sie wie viele andere in die Mügelner Schule. Immer wieder machen sich Leute auf den Weg in die Schule, den WalMart oder zu Freunden und Verwandten. Rucksack, Beutel, Reisetasche. Viel mehr haben die meisten nicht. Sie müssen gehen und wollen so schnell wie möglich wiederkommen. Andere versuchen indes immer wieder, zu Fuß oder mit dem Fahrrad, so weit wie möglich ranzukommen. Weil sie keine Informationen bekommen, halten sie es drinnen nicht mehr aus und wollen sich selbst überzeugen. Sie glauben nicht an das, was prophezeit wird, weil es schon zu lange prophezeit wird. Jeder spricht jeden an. Wissen Sie was? Was haben Sie gehört? Und jeder hat irgendwas gehört. Aufregung wechselt mit Beruhigung. Mal ist die Welle schon vorbei, mal soll sie bald überschwappen. Die Stadt weiß sich nicht mehr anders zu helfen, als die Polizei zu rufen. Die spricht sofort von Platzverweis und droht mit dem Polizeigesetz. Ein Ehepaar aus Zschachwitz hat von den Eltern, beide über 80, einen Hilferuf bekommen. Sie sind noch auf der Dresdner Straße. Der Opa ist schwer krebskrank. Hauptamtsleiter Michael Jumel sagt etwas, das klingt vorwurfsvoll nach „Sehen Sie". Er versucht aber doch, Hilfe zu rufen. Die Nerven liegen bei allen blank. Dabei scheint die Sonne. Am Himmel ein paar friedliche Wolken. Ein warmer Wind weht. Doch die Idylle trügt. Das Dröhnen der kreisenden Hubschrauber wechselt sich mit den Martinshörnern der Rettungswagen ab. Da hinten naht leise, aber drohend das Wasser. Es ist eine gespenstische Stimmung. Zwischen Warten und Hoffen, zwischen Evakuieren und Zurückkehren. Schon den dritten Tag sind sie auf die Katastrophe gefasst, die nur ein paar hundert Meter weiter bereits stattgefunden hat. Die Bahnunterführung in Nord war randvoll. Dem Baby auf der Apothekenwerbung stand das Wasser bis zum Mund.

Schräg gegenüber am Platz der Freiheit 7, Parterre, wohnt Wolfgang Schöne. Aber nicht mehr lange. Für ihn steht fest: „Ich ziehe hier aus, in eine Wohnung im zweiten oder dritten Stock." Am Montagabend wurde er mit dem Schlauchboot rausgefahren. Untergekommen ist er bei seinem Bruder in Dresden. Am Dienstag wischen sich beide die Hände wund. Schlamm und Dreck haben sich in jede Ecke gequetscht, kommen immer wieder wie der süße Brei im Märchen. Nur dass das kein Märchen ist und die stinkende Pampe kein süßer Brei. Sie fühlen sich wie so viele allein gelassen. Kein Vermieter, niemand von der Stadt oder irgendeiner Hilfsorganisation lässt sich blicken. „Jetzt geht es in die Schlafstube", sagen die Schöne-Brüder und schnappen sich ihre Eimer. Angesichts des zentner-

Dieses Bild bietet sich nach dem Hochwasser an der Pirnaer Straße/Ecke Dohnaer Straße. Die Müglitz hat auch in Heidenau drastisch gezeigt, welche gewaltigen Kräfte die Wassermassen freisetzen können.

Die Betonpfeiler der künftigen Autobahnbrücke in Dohna haben ihren Härtetest bestanden. Bei dem Hochwasser nehmen lediglich die Baugerüste Schaden. Auf der Müglitztalstraße unterhalb der Brücke zeigt sich hingegen ein Trümmerfeld: Autowracks stehen verkeilt metertief in Schlamm und Geröll.

schweren Teppichs kommen sie damit nicht weit, wird ihnen schnell klar. Alles war neu, jetzt stinkt alles und muss raus.
Die Müglitz hat quer durch die Stadt ihre Spur der Verwüstung hinterlassen. Ein Foto einer lächelnden Mutti mit ihrem Kind hängt schief im Schaufenster von Foto-Leo. Gerade hatte der Sohn das traditionsreiche Fachgeschäft übernommen. Am Dienstag ragte gerade noch so der Namenszug des Ladens aus dem Wasser. Bei Schuh-Dübler passt kein Schuh mehr zum anderen. Die Fluten haben sie zum hilflosen Spielball gemacht.
Die Stadt ist ausgestorben. Evakuiert. Weg. Für bis zu 1 000 Menschen ist in diesen Tagen der Wal Mart zur Schlafstube geworden. Hier liegen sie zwischen den Windeln und Konserven oder sitzen an Plastetischen auf Plastestühlen, abgegrenzt durch ein rot-weißes Plasteband. Sie schauen auf die Menschen, die einkaufen. Und auch sie sind anders. Keiner will die Taschen und Schuhe im Sonderangebot am Eingang. Obwohl sich die Menschen beiderseits der Absperrung zum Greifen nah sind, liegen Welten zwischen ihnen. Horst Rumke ist erst vor zwei Monaten aus Celle zu seiner Tochter auf die Rathausstraße gezogen. Der Mann sitzt ruhig, aber müde auf seiner Liege. Er redet nur wenig, sein Blick geht irgendwohin weit weg. Margitta Ende redet sich ihre Fragen von der Seele. „Was kommt nun noch? Man sagt uns doch nichts." Dass ihr Keller überflutet ist, weiß sie. Doch die prekäre Lage zu verheimlichen, habe keinen Zweck. „So entstehen nur Gerüchte." Und die zehren an den ohnehin schon strapazierten Nerven. Aber der Mensch hält viel aus, sagt Margitta Ende.
„Bisher fanden die Katastrophen im Fernsehen statt, man hat hingeguckt und gespendet, aber es hat einen nicht betroffen." Jetzt sind sie selbst betroffen und wollen trotzdem spenden für die, die nicht mit einem hellblauen Auge davongekommen sind. Margitta Ende, Horst Rumke und die anderen finden auch anerkennende Worte. Zum Beispiel was die Versorgung im WalMart betrifft. „Essen und Trinken sind hier kein Problem", sind sie sich einig. Das Essen scheint sogar so gut, dass sich hin und wieder auch Nicht-Evakuierte an den Ausgaben anstellen. Auch die medizinische Versorgung ist gesichert. Viele Ältere und Kranke haben in der Aufregung der Evakuierung wichtige Medikamente zu Hause vergessen. Darum kümmern sich Dr. Erika Kreller und Johanniter-Rettungsassistent Sven Konrad mit vielen anderen Helfern. Erika Kreller kommt aus dem Weißeritzkreis. Ihr OP-Zentrum war schon am Montag nicht mehr nutzbar. In der Nacht zum Dienstag war sie eingeschlossen. Dann machte sie sich auf den Weg. Zuerst zu Bekannten nach Dohna. Ein Zurück gab es nicht mehr. Also meldete sie sich zum Dienst, erzählt die Frau mit leiser Stimme.
Jetzt sitzt sie auch an einem Plastetisch auf einem Plastestuhl und sieht müde aus. HEIKE SABEL

In Heidenau beginnt nach der Müglitzflut das Aufräumen. Mit Eimern schöpfen Anwohner überschwemmte Keller und Flure leer.

Die Fluten der Müglitz richteten – so wie in diesem Autoteilehandel in der Gabelsbergerstraße – große Schäden in Heidenauer Geschäften an.

In der ersten Katastrophennacht finden viele Menschen zunächst in Klassenzimmern im Heidenauer Pestalozzi-Gymnasium Unterschlupf. Vor allem Berufstätige sind es, denen die über die Ufer getretene Müglitz in Heidenau und die Gottleuba in Pirna den Heimweg unmöglich machen.

Rettungsassistent Christoph Mitschke (l.) von der Johanniter-Unfallhilfe und Lutz Noack, freiwilliger Katastrophenschutzhelfer vom Arbeiter-Samariter-Bund Neustadt (r.), mit einem Kollegen bei der Lagebesprechung im Heidenauer Pestalozzi-Gymnasium. Sie überlegen, welche Evakuierung im Stadtgebiet als Nächstes angeschoben werden muss.

Mit hochgekrempelten Hosen und mit aller Vorsicht passieren die beiden die verschlammten Straßen. Sie wollen so unbeschadet wie möglich dem braunen Matsch entkommen.

Donnerstag 15. August

Oberes Elbtal zu weiten Teilen evakuiert

Hochwasser und kein Ende. Das ist das Fazit der Lage-Einschätzung von Landrat Michael Geisler in den frühen Abendstunden des 15. August.

Bereits gegen 16 Uhr hatte der Pegel in Schöna die Elf-Meter-Marke erreicht. Tendenz steigend – Aussicht zwölf Meter. Zu diesem Zeitpunkt rollte die so genannte Moldauwelle noch auf das tschechische Usti zu. Sie soll in den Morgenstunden des 16. August den Landkreis erreichen. Der mittlerweile eingespielte Krisenstab trifft weitere drastische Entscheidungen. Große Teile des Landkreises müssen vollständig evakuiert werden, so Geisler – vor allem das Elbtal oberhalb von Pirna. Insbesondere geht es um kleine Orte und einzelne Gehöfte. Um die dort Wohnenden zu informieren, ist ein Hubschrauber mit Lautsprecher eingesetzt. Pirnas Altstadt steht zu weiten Teilen unter Wasser. Beide Elbbrücken sind gesperrt. Zur Räumung der Wohngebiete wurden in Pirna und Umgebung Fahrzeuge der Bundeswehr, des Rettungsdienstes sowie Busse eingesetzt. Dort werden die Bewohner mit Lautsprecherwagen aufgefordert, ihre Häuser zu verlassen. Evakuiert wird das Gebiet, das unter einer Höhe von 122 Metern über dem

Ein Bus steht vor der Einfahrt zum Pirnaer Pflegeheim in der Einsteinstraße. Davor eine Schlange Pflegebedürftiger in Rollstühlen. Bundeswehrsoldaten und Freiwillige organisieren, helfen ihnen beim Einsteigen, schleppen Matratzen, Tragen und Decken. Die Senioren werden am 15. August in Krankenhäuser evakuiert.

Die Ereignisse des Tages

In den **frühen Morgenstunden** wird die Evakuierung der Pirnaer Altstadt fortgesetzt. Als Nächstes steht Copitz auf dem Plan.

Ab **15 Uhr** werden weitere Teile von Heidenau evakuiert. Man rechnet damit, dass die Innenstadt zwischen Elbe und Bahndamm überschwemmt wird.

Um **15.25 Uhr** erreicht die Hochwasserprognose den Scheitelpunkt: Für Schöna wird ein Pegel von 13,6 Metern vorhergesagt.

Bereits gegen **16 Uhr** wird in Schöna die Elf-Meter-Marke überschritten.

Der Krisenstab entscheidet über **weitere Evakuierungen** im Oberen Elbtal.

Pirnas Altstadt steht zu weiten Teilen unter Wasser, die Eisenbahnunterführung in Heidenau ist am Nachmittag nicht mehr passierbar.

Beide **Elbbrücken in Pirna** werden gesperrt.

Derweil haben viele **Bad Schandauer** ihre Häuser schon längst verlassen. Vielfach erreicht das Wasser die zweite Etage der Gebäude.

Zwei **Motorfährschiffe** lösen sich in Bad Schandau aus der Verankerung und zerschellen an der Brücke.

In der Nacht zum Freitag werden in Prossen 21 von den Wassermassen eingeschlossene Menschen per Hubschrauber evakuiert.

„Hochwasseridylle“ in Pirna: Die Sonnenstrahlen blinzeln am Abendhimmel. Auf dem Dohnaischen Platz spiegeln sich Bäume und Häuser in der Wasserfläche. Allmählich steigt die Elbeflut. Die braune Brühe verschlingt Grünanlagen, Verkehrszeichen und Telefonzellen.

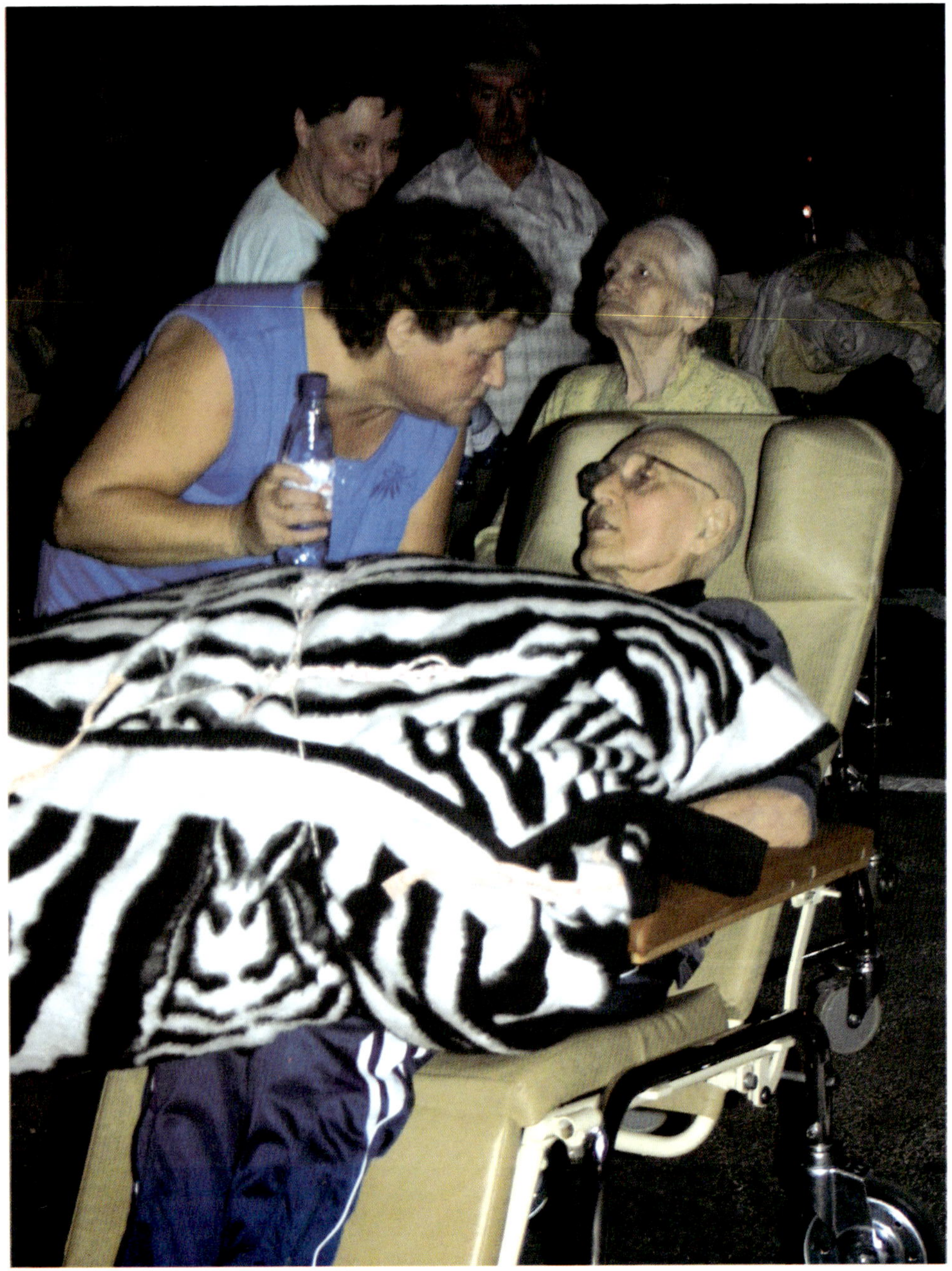

Meeresspiegel liegt. Im Normalfall liegt die Elbe bei 113 Metern. Die Menschen werden unter anderem in die Auffanglager auf dem Sonnenstein, ins Berufsschulzentrum Copitz und in die Mittelschulen Graupa, Lohmen und Dürrröhrsdorf gebracht. Bürger, die die Möglichkeit haben, sollten bei Freunden und Bekannten eine zeitweilige Unterkunft suchen. „Wir bitten alle Betroffenen, in Ruhe die wichtigsten persönlichen Gegenstände, eine Decke und ein Kopfkissen als Handgepäck mitzunehmen", so Geisler. Den Anweisungen der Rettungskräfte sei unbedingt zu folgen.

Ab 15 Uhr müssen auch weitere Teile von Heidenau evakuiert werden. Die Zahl der Helfer wächst ständig. Kräfte vom BGS kommen mittlerweile bis aus dem Raum Hamburg. Im Einsatz ist zudem Spezialtechnik von Bundeswehr und BGS – unter anderem Schwimmpanzer und Rettungsboote. Das Krankenhaus Pirna ist Geisler zufolge beim derzeitigen Trend noch nicht gefährdet. Der Elbepegel müsste mehr als 15 Meter erreichen, damit dieses geschieht. Das gilt jedoch eher als unwahrscheinlich.

Das Hochwasser hat bisher im Landkreis zwei Todesopfer gefordert. In Pirna-Zuschendorf verunglückte ein Feuerwehrmann bei einer Rettungsaktion bereits am Montag. Ein von der Seidewitz herangetriebener Pkw hatte ihn erfasst und unter das Wasser gedrückt. Der Mann ertrank. In Weesenstein soll eine Frau verunglückt sein. Die Zahl der Vermissten kann das Landratsamt nicht beziffern. Am Dienstag wurde noch von 25 Menschen ausgegangen, nach denen gesucht wird.

Große Anteilnahme hat die Flutkatastrophe in Pirnas Partnerstädten Remscheid und Reutlingen ausgelöst. Der Remscheider Generalanzeiger berichtete auf einer kompletten Titelseite darüber. Ein neunköpfiger Trupp der Remscheider Feuerwehr ist mittlerweile in Pirna eingetroffen. Oberbürgermeister Fred Schulz hat die Bürger der nordrhein-westfälischen Stadt zu Spenden aufgerufen.

PETER HILBERT

Eine Pflegerin beruhigt einen Mann im Rollstuhl, gibt ihm Wasser zu trinken. Beide warten am Abend des 15. August auf einen Bus. Vorsorglich wird das Pflegeheim „Sächsische Schweiz" evakuiert; 460 Senioren sind betroffen, werden in umliegende Krankenhäuser sowie in die Förderschule auf dem Sonnenstein gebracht.

Das Hochwasser zehrt an den Kräften der Helfer. Sie rackern oft bis an die Grenze ihrer Leistungsfähigkeit. Als nachts ein paar Minuten Luft sind, gönnt sich einer von ihnen ein kurzes Nickerchen am Schreibtisch.

Polizisten der Bereitschaftspolizei auf der Sachsenbrücke in Pirna. Gemeinsam mit Kollegen halten sie die Augen auf, um bei größerem Treibgut Alarm zu schlagen.

Hobbyfotograf Christoph Rütthard aus Struppen hat keine Scheu vor der Gottleubaflut. Wagemutig steigt er in die braune Brühe um Motive aufs Bild zu bannen.

Einen hüfthohen Wall aus Sandsäcken haben Helfer an der Siegfried-Rädel-Straße in Pirna errichtet. Angesichts der späteren Hochwasser-Prognosen und des tatsächlich eingetretenen Pegels der Elbe ein nutzloses Unterfangen.

Das Wasser strömt unterhalb des bekannten Engelserkers in die Altstadt von Pirna. Ein eilig errichteter Damm kann es nicht verhindern.

Wurde über Nacht obdachlos: die Bergarbeiter-Familie Guttowski aus Zuschendorf. Nachdem sich die Seidewitz beruhigt hat, bleibt Irene, Marie und André nur noch, ihre letzten Habseligkeiten aus dem Trümmerhaus zu holen. Die Familie hatte das Haus erst vor acht Jahren gekauft und liebevoll saniert.

Am 15. August setzt die Elbe Pirnas Innenstadt völlig unter Wasser. Sogar das Rathaus wird komplett eingeschlossen. Steven Gießer (l.) und sein Kompagnon vom Bundesgrenzschutz patroullieren auf einem Schlauchboot auf dem Markt, damit größere Gefahren rechtzeitig erkannt und abgewendet werden können. Wie diese beiden waren während der Flutkatastrophe Tausende Helfer im Landkreis Sächsische Schweiz im Einsatz.

Der Abfall vom Gottleuba-Hochwasser ist noch gar nicht abgefahren, da kommen schon die Elbefluten nach Pirna.

Auch in Schmilka wird das Boot zum einzig möglichen Fortbewegungsmittel.

In Königstein drücken die Wassermassen der Elbe bis weit ins Bielatal hinein.

Brot wird knapp: Bäcker machen Überstunden

„Die Notstromaggregate sind alle raus“, sagt Frank Ziesmann. Der Marktkauf im Kaufland Pirna-Copitz bringt in normalen Jahren etwa fünf solcher Geräte an den Mann. In den letzten beiden Tagen allein trugen die Kunden elf Stück mit nach Hause. Der stellvertretende Marktleiter hat aber keine Bedenken, dass große Versorgungsengpässe auftreten könnten. Gaskocher, Schneeschieber, Batterien und Tauchpumpen sind momentan zwar Mangelware, doch der Nachschub sei gewährleistet. Lkws bringen Waren aus Görlitz, Bautzen und Cottbus. „Die sind in weniger als fünf Stunden hier“, so Ziesmann. Der ganz große Kundenansturm vom Anfang der Woche ist vorüber. „Die Leute haben ganz gezielt eingekauft“, berichtet Kassenleiter Roland Wolf. Aufblasbare Gummiboote und das kleine Ruderboot im Eingangsbereich waren nicht gefragt. Nebenan bei den Lebensmitteln ist wesentlich mehr los. Hamsterkäufe sind jedoch kaum zu beobachten. Die Brotregale sind voll. Dort griff auch Silke Fleger zu. Die 32-Jährige hat sich nur mit dem Nötigsten eingedeckt. Sie muss zu Verwandten, ihre Pirnaer Wohnung ist vom Wasser bedroht.

In den ersten Tagen der Katastrophe sind Bürger verunsichert, decken sich im Kaufland und in anderen Supermärkten am Rande Pirnas mit Lebensmittelvorräten ein.

Wo die Flut sich kurzzeitig zurückzog oder einen Moment innehielt, versuchten Abschleppunternehmen und Autohäuser zu retten, was möglich war. Reimar Berger vom Hyundai-Autohaus um die Ecke kommt gerade vom Einsatz. „Auch uns hat ein Kunde angerufen. Wir sind mit dem Jeep runter, auf die Postaer Straße. Das Auto stand bis Hüfthöhe im Wasser. Wir konnten es zwar noch bergen. Aber die Elektronik ist hinüber.“

Bei Renault-Schulze in Copitz liefen die Telefonleitungen heiß. Verzweifelte Kunden riefen an, weil ihre Autos mit Wasser voll liefen und im Schlamm feststeckten. Lagermeister Torsten Hallmann und sein Kollege Louis Blanco waren den ganzen Tag unterwegs, um schrottreife Wagen aus dem Weg zu schaffen. „Manche Autos wurden die Böschung heruntergespült. Hinzu kommt, dass der Schlamm alles ansaugt“, beschreibt Hallmann.

Enorme Sogwirkung entwickelten auch jene Bäckereien, die noch nicht evakuiert werden mussten. „Am Dienstagvormittag waren alle Brote weg“, erzählt Brigitte Müller. Die Inhaberin der gleichnamigen Bäckerei an der Lohmener Straße heizte daraufhin die schon kalten Öfen noch mal an. Am Abend waren die Regale dennoch restlos leer. Mehl sei jedoch noch genug da, die Hefe reichte bis Sonnabend. Ein ähnliches Bild bei den Liebigs auf der Copitzer Hauptstraße. Am Dienstag brachte die Bäckerfamilie rund 200 Kilogramm Brot an den Mann – drei bis vier Mal so viel wie ansonsten. Auch ein Medikamentennotstand zeichnet sich nicht ab. Die Apotheke auf der Hauptstraße jedenfalls wird aus Dresden und Cottbus versorgt. Die Chefin arbeitete eine komplette Nacht durch. „Der Katastrophenschutz war hier und hat Medikamente für die vom Wasser eingeschlossenen Gebiete abgeholt“, sagt Renate Meerz. Die Apothekerin macht deutlich, dass evakuierte Bürger in der ganzen Hektik nicht vergessen dürfen, dringend benötigte Arznei mitzunehmen. „Viele lassen Insulin oder Asthmaspray liegen. Das ist aber ebenso wichtig wie Brot und Wasser.“ JAN FRANKE

Menschen mit randvoll gefüllten Einkaufswagen verlassen ununterbrochen das Kaufland auf dem Sonnenstein. Vor allem im Zentrum Pirnas werden Grundnahrungsmittel wie Brot zur Mangelware. Nicht nur private Haushalte decken sich hier ein, sondern auch für die Helfer und Einsatzkräfte werden Vorräte gesichert.

Pratzschwitz: Sandsäcke kommen zu spät

„Wir sind schon das zweite Mal evakuiert worden“, berichtet Uwe Klein. Seine Familie musste – wie andere in Birkwitz-Pratzschwitz – am Mittwochabend ihre Wohnung verlassen. „Doch für unsere Freunde in Pirna-Copitz, bei denen wir untergekommen waren, hieß es auch, Donnerstag früh Wohnungen räumen.“ Klein schaut immer wieder auf das Wasser der Elbe, das schon bedenklich an sein Häuschen auf der Pratzschwitzer Straße rangerückt ist. „Vor einer Stunde haben wir von der Stadt Pirna Sandsäcke angeboten bekommen“, schüttelt er den Kopf über die verspätete Maßnahme. „Das hätte eher kommen müssen.“
Bei den Kegels nebenan haben sich die Fluten der Elbe bereits im Garten und in der Garage breit gemacht. „Zum Glück konnten wir das Auto noch rausfahren“, sagt der 71-jährige Vater Kegel. Er erlebte vor einigen Jahrzehnten das Gottleuba-Hochwasser mit. Jetzt haben die aktuellen Ereignisse die Erlebnisse wieder wachgerufen. „Es war schlimm“, so Kegel. Dennoch hofft er inständig, dass die Fluten nicht weiter steigen und das Haus stehen bleibt. Nicht begreifen kann Kegel, dass sich viele Leute zu Katastrophentouristen entwickelt haben. „Jetzt ist hier mehr Verkehr als an schönen Badetagen“, moniert er.
Eigentlich sind die Bewohner der Straße jede Menge Kummer gewöhnt – nur einige hundert Meter weiter ist der Eingang zum Kiessee Pratzschwitz, einem Badeparadies. Die Badegäste parkten regelrecht die Straße zu. Ein Klacks gegenüber dem, was jetzt passiert. Bei den Kraemers steht das Wasser schon im Keller. „Dort hatten wir das Arbeitszimmer und eines der Kinderzimmer eingerichtet“, sagt der Familienvater. Die Nacht von Mittwoch zum Donnerstag verbrachten sie bei Freunden. „Zum Schlafen hatten wir keine Ruhe“, sagt der Vater von drei Kindern. Seine Frau sieht nur auf das Wasser. Sie kann nicht sprechen. Auf der anderen Straßenseite schauen die Leute ebenso auf die bedrohlich anwachsenden Wassermassen.

Beate Jokiel hat dort bei ihren Schwiegereltern ein Dach über dem Kopf gefunden. Vorerst, wie sie betont. Denn keiner weiß, wie hoch das Wasser noch steigen wird. Von Jokiels Gaststätte „Bierstübel“ auf dem Dorfplatz ergriff das Wasser bereits Besitz. „Gerade ist dort vorgerichtet worden. Wir haben neuen Fußbodenbelag gelegt.“
Die Frau hat ein flaues Gefühl im Magen trotz ihrer Hochwasserschutzversicherung. Wie es weitergehen soll? Sie zuckt nur hilflos die Schultern. Das Prinzip Hoffnung ist hingegen bei Christina Altmann vorherrschend. Ihr ließ die Ungewissheit ebenfalls keine Ruhe. Sie kehrte wie viele ihrer Nachbarn von ihrem Notquartier zurück.
Tochter Grit scheint die Ruhe selbst zu sein. Sie versorgt derweil ihr kleines Töchterchen. „Ich will nicht fort“, sagt Grit. Bis in den zweiten Stock, wo sie wohnt, wird das Wasser schon nicht kommen, macht sie sich Mut. „Bis jetzt geht es uns noch gut“, sagt gleichfalls Kerstin Jokiel, die Hund Nico ausführt.
Angst hat sie nicht. Aber sie gibt doch zu, dass es mehr Galgenhumor ist. Auch die 13-jährige Denise Schindler kam heute mit ihren Eltern zu ihrem Wohnhaus zurück. „Wir wollen nach dem Rechten sehen“, begründet das junge Mädchen. Dann geht es wieder ab zu den Verwandten. „Das Nötigste ist auch dort“, sagt sie. Das Wasser der Elbe rückt immer näher. Auch Familie Lawitschka aus Birkwitz-Pratzschwitz muss gegen 15.30 Uhr ihr Haus verlassen. Das geht aber nur noch durchs Fenster.

UTE HIMMER

Das Wasser der Elbe rückt näher. Auch Familie Lawitschka aus Birkwitz-Pratzschwitz muss am 15. August gegen 15.30 Uhr ihr Haus verlassen. Das ist nur noch durchs Fenster möglich.

BGS-Beamte füllen in der Zentrale auf der Rottwerndorfer Straße Tausende Sandsäcke. Doch die Fluten der Elbe steigen so schnell, dass sie in Birkwitz-Pratzschwitz und anderen Orten teilweise zu spät ankommen und gar nicht mehr genutzt werden können.

Umzug mit Schlüpfer und Nachthemd

An einigen Stellen im Berufsschulzentrum Copitz hat jemand Zettel aufgehängt. Darauf steht: „Bitte bewahren Sie Ruhe, Sie sind hier in Sicherheit!" In der Turnhalle sitzt Hans-Joachim Richter, 70, und presst ein Kofferradio an sein Ohr. Es gehört der 90-jährigen Hildegard Wenzel, die im normalen Leben seine Hausnachbarin in der Lauterbachstraße ist. Nun, da die Flüsse so verrückt spielen, wurden sie zu Matratzennachbarn. In der Nacht zu heute hat man sie evakuiert. Hildegard Wenzel konnte kaum etwas mitnehmen, „nur Schlüpfer und Nachthemd".

Ihr Matratzenlager sei sehr hart, sagt sie. Und fügt eilig an: „Aber wir können uns nicht beschweren. Wir werden hier gut umsorgt." Etwa 1 000 Evakuierte – die meisten aus dem Plattenbaugebiet Copitz-West – sind im Berufsschulzentrum untergebracht. Die Ersten kamen am Dienstag. Jeder muss sich registrieren lassen, bekommt einen Schlafplatz, regelmäßig eine Mahlzeit und wird nötigenfalls medizinisch betreut. Ständig kümmern sich etwa 15 Helfer, darunter Ärzte, Pädagogen und Pfleger, um die Menschen, die ihre Wohnung verlassen mussten – manche gegen ihren Willen.

Auf den Schulhof strömen am Mittag ständig mehr Menschen, in der Hand nur ein oder zwei kleine Taschen. Sie landen in Klassenzimmern, an deren Tür später ein kleiner Zettel klebt: „Belegt". Oder in der Turnhalle, die durch Vorhänge dreigeteilt ist. Überwiegend Ältere, manche im Unterhemd, sitzen auf Matratzen und Liegen, selbst in frei geräumten Geräteschuppen. Einige Menschen unterhalten sich gedämpft, andere stochern in Nudeln mit Tomatensoße. Oder liegen still da. Ein Mann am Turnhallenrand hat den Kopf zur Wand gedreht und seinen Koffer seitlich als kleine Trennwand aufgestellt – ein letzter Rest Privatheit. Ein anderer hängt liegend am Tropf, der an einem Stufenbarren aufgehängt ist. Helfer gehen durch, fragen: „Können Sie schlafen?" Oft kommt als Antwort „Vielen Dank, vielen Dank!" Eine ältere Frau nutzt die lange Zeit des Abwartens, um sich von einer anderen Skat beibringen zu lassen. Ein paar Jungs auf dem Schulhof nörgeln, ihnen sei langweilig. Der 15-jährige Paul aus Copitz, der die Evakuierung mit der eigenen Ratte, seiner Katze und einem Skateboard angetreten hat, wünscht sich, dass „die mal ein paar Karten oder Spiele bringen. Wir dürfen nicht mal Skateboard fahren". Die Organisatoren des Auffangzentrums haben ganz andere Probleme. Zum Beispiel die Versorgung von Säuglingen. Es fehlt an Babyflaschen-Wärmern.

Schlimmer noch: „Wir haben unsere Kapazitätsgrenze erreicht", sagt Ralf Thiele, Beauftragter des Landrats vor Ort. Seine Augen sind nur noch enge Schlitze, so wenig hat er seit Montag geschlafen. Um Platz für Neuankömmlinge zu schaffen, müssen 900 Menschen, die schon im Schulzentrum eingezogen waren, in Turnhallen in drei anderen Gemeinden umziehen. Viele gehen widerwillig. Auf dem großen Schul-Parkplatz kommen sie vorbei an Harald Zahn und seiner zwölfköpfigen Familie. Der 50-jährige Techniklehrer aus Birkwitz, bisher von Fluten verschont, sitzt in Shorts und Badelatschen auf einem Campingstuhl, der mitgebrachte Sonnenschirm ist aufgespannt, die Oma arbeitet sich durch ein Rätselheft, der Sohn mit freiem Oberkörper hat die Beine ausgestreckt, die Frau führt die Hunde Gassi. Harald Zahn sagt nur: „Wir machen das Beste draus." STEFAN SCHIRMER

Kleiner Plausch über das Erlebte der vergangenen Tage. Für 1 000 Evakuierte in Pirna bietet das Berufsschulzentrum für Technik in Copitz tagelang eine Notunterkunft. Trotz aller Provisorien versuchen die Leute, das Beste aus ihrer Lage zu machen.

Erschöpfte Menschen, wie Heinz Weinhold aus Pratzschwitz, finden nach der Evakuierung in der Sporthalle des Berufsschulzentrums in Pirna-Copitz Zuflucht.

Rathen: Zuletzt noch die Perserkatze

Ein Ruderboot wird in Rathen mit Holzböcken beladen und sticht Richtung Unterdorf in See. Die Männer wollen versuchen, Waschmaschinen und Kühlschränke, die sie aus Häusern geborgen haben, auf den Böcken weiter oben zu lagern. Dort, wohin die Flut nicht steigt. Nicht steigen sollte. Denn was passieren wird und wohin die Wasser noch kommt, das wagt an diesem Donnerstagmorgen um acht in Rathen niemand mehr vorherzusagen.
Die Anlegestelle des Bootes liegt im Oberdorf. Die Wellen plätschern leise gegen den Asphalt. Weiter unten sind die Hauptstraße und die Nebenstraße zum Amselsee meterhoch unter der Elbe begraben. Retten, was noch zu retten ist, lautet das Motto. Und ansonsten banges Warten. Getan werden kann nichts mehr gegen das Wasser. Es gibt keine Sandsäcke mehr in Rathen.

Ramona Schöbel führt ihre kranke Mutter über den Hochwassersteig am Hang hinauf, sie ist schwer bepackt mit Koffern. Ihre Mutter ist zwar nicht vom Wasser bedroht, aber die alte Dame ist ohne Strom und Telefon allein in einem baufälligen Haus. „Ich hoffe, da oben ist sie sicher. Aber man weiß nichts mehr genau", sagt Ramona Schöbel. Sie arbeitet im Lebensmittelladen. Arbeitete. „Ich bin immer zur Fähre runter, habe mich erkundigt, wie hoch die Elbe ist. Wir haben alle Ware hochgepackt in die Regale. Dass es so hoch steigt, damit hat doch keiner gerechnet." Das Wasser hat auch den Lebensmittelladen geflutet. Am Mittwoch haben sie noch bis zur Taille im Wasser die letzte unverdorbene Ware aus dem Haus geholt. Rathener, Waltersdorfer und die Feuerwehr haben geholfen. Dann stieg die Elbe weiter in der Nacht, das Wasser hat die Scheiben eingedrückt, und nun ist der Laden weg. „Ich bin fassungslos", kann Ramona Schöbel nur sagen. Von den schmucken, meist frisch renovierten Häusern unten an der Straße schauen nur noch die oberen Fensterrahmen des ersten Stocks aus dem Wasser. Auch Werner Hauswald steht am Hang auf dem Trebenweg zehn Meter oberhalb der Häuser und blickt auf das, was von Rathen noch aus den Fluten schaut. Der Laiendarsteller der Felsenbühne ist 81 Jahre alt und sagt: „Nein, so hoch war die Elbe noch nie." 1942, beim schweren Hochwasser, habe drüben die Schaufensterscheibe noch ein wenig aus dem Wasser geschaut. Er zeigt auf ein Haus gegenüber. Von einer Schaufensterscheibe ist nichts mehr zu sehen.
Auf dem Steig oben hinter ihrem Haus hat Margit Friedrich das Kinderzimmer untergebracht, das Schlaf- und das Wohnzimmer in einzelnen Brettern und den Trockner und die Waschmaschine. Auf dem Schuppendach am Hang liegen Tüten, eine Heizung, ein Wäschekorb. In Friedrichs Korridor treibt eine Thermoskanne, eine Untertasse dümpelt durch die ausgeräumte Wohnstube. Kniehoch steht das Wasser in der Wohnung im ersten Stock, unten ist der „Biergarten am Bach" längst zum Biergarten in der Elbe geworden. Ihn hat Margit Friedrich, die Wirtin, zuerst ausgeräumt. Dann die Wohnung. Nur die neue Einbauküche samt Herd, Geschirrspüler, Kühltruhe und Kühlschrank hat sie nicht mehr rausgebracht. Die Elbe war schneller. Wie es weitergeht, weiß die 44-Jährige nicht. „Ich war gegen alles versichert, aber nicht gegen Hochwasser." Nun steht Margit Friedrich in ihrer Wohnung, blickt sich um und meint, bisher habe sie alles sehr gelassen ertragen. „Ich staune selber über mich. Aber wenn das Wasser noch weiter steigt ..." Sie lässt den Satz in der Schwebe. Dann stürzt ihr Sohn ins Haus. „Die Flut kommt!", ruft er. „Eine Flutwelle, zwei Meter hoch, in Bad Schandau hat es schon die Fähre samt Anleger weggerissen." Margit Friedrich läuft schnell in den oberen Stock. Pascha, der Perserkater in seinem Käfig, ist das Letzte, was sie schnell noch rafft. „Ich fasse es nicht, ich fasse es nicht", ruft sie. Dann schallt ein Megaphon durch Rathen. „Sofort die Häuser verlassen, die Flut kommt. Sofort alle raus. Alle raus."
Die Menschen flüchten in Scharen auf die Hänge und den Hochwassersteig. Dort stehen sie und warten, zwischen Möbelstücken, Computern, Fernsehern, Säcken voll Kleidung. Olaf Siegert lässt die Waschmaschine sausen, die er im Ruderboot unten im Dorf noch bergen wollte. „Wenn die Welle kommt, mach ich mich dünne", ruft er und legt sich in die Riemen. Angstvoll schauen die Menschen hinaus auf die Elbe, die draußen vor Rathen mit reißender Strömung vorbeischießt. Die Gespräche sind kurz: „Wie stehts?", fragt einer. „Der Hausflur abgesoffen", ist die knappe Antwort. Einige rufen mit Handys Bekannte und Verwandte an. Ein gemurmeltes „Mir geht es gut" ist vielfach zu hören. Andere schweigen und blicken ungläubig und bang auf den Fluss, manche reden unentwegt, schimpfen auf die Tschechen, weil die so schlecht informieren, oder stellen Prognosen, wann die Welle kommt.
Die Spannung der Menschen und ihre Ohnmacht angesichts der Fluten entladen sich auf ganz unterschiedliche Weise. Doch alle wirken auch gefasst, von Panik oder Hektik keine Spur. Das Dorf ist wieder enger zusammengerückt, der Zusammenhalt groß angesichts der Katastrophe, sagen die Leute. „Mein Gott, haben wir uns verschätzt, noch gestern hätte keiner geglaubt, dass es so schlimm kommt", sagt ein Mann: „Das war es, haben wir gedacht und bei einem Bekannten vorher noch schnell die Haustür und die Fenster abgedichtet." Er lacht trocken auf. „Jetzt ist der mit seinem Haus auch abgesoffen im Amselgrund."
Einige Männer haben sich über den Hang zur „Destillerie am Elbufer" vorgearbeitet. Sie stehen auf der Terrasse der Gaststätte, die laut Prospekt „etwas erhöht fast über der

Tagelang sind in Rathen Boote die einzig möglichen Fortbewegungsmittel. Die Elbe kommt hier in einer Höhe von 122,235 Metern über dem Meeresspiegel zum Stillstand. Im März 1845 stieg der Strom in dem heutigen Kurort bis auf 122,644 Meter an. Beim Hochwasser im September 1890 erreichte die Elbe einen Stand von 121,195 Metern.

Die neue Rathener Motorfähre sucht eine sichere Anlegestelle am Hotel Elbschlösschen. Während des Hochwassers ist das Aufrechterhalten des Fährverkehrs ein Ding der Unmöglichkeit. Nur Spezialboote des BGS sind hier im Katastropheneinsatz.

Auf fünf vor zwölf steht die Uhr auf der Terrasse der „Destillerie am Elbufer“ in Rathen, als die Elbe immer weiter steigt. Die romantische Gaststätte steht wenige Stunden später fast völlig unter Wasser.

Elbe schwebt". Die Elbe hat die Distanz überwunden. Am Morgen stand das Wasser 13 Zentimeter unterhalb der Terrasse, jetzt am Vormittag nur zehn. Die Männer rätseln, wo die Welle bleibt. Ein Holzhaus treibt die Elbe herunter, donnert gegen den Anleger der „Sächsischen Dampfschiffahrt" mitten im Fluss und dreht behäbig zurück in die Fluten. „War das dem Nitschner sein Bungalow?", fragt einer. „Nein, das war das Fährhäusel aus Königstein", mutmaßt ein anderer. Als ein Campingwagen – davon sind schon mehrere vorbeigeschwommen – antreibt, vermuten sie, „es könnte auch das Haus vom Campingplatz gewesen sein, der jetzt offenbar vom Wasser geräumt wird".
„Wenn wir nur ein paar Sandsäcke hätten …".
Es wird Mittag, und in Rathen schauen die Spitzen der Laternen unverändert aus dem Wasserspiegel. Hubschrauber dröhnen über dem Kurort. Und Kampfjets. In Decin sollen sich Lastschiffe losgerissen haben, mal ist von zwei, mal von fünf die Rede. Sie sollen gesprengt worden sein, bevor sie die Brückenpfeiler in Pirna oder Dresden rammen können.
„Wenn wir ein paar Sandsäcke hätten", fleht Sigrid Schmees. Ihr und ihrem Mann gehört die Gaststätte seit einem Jahr. Sie kommt aus dem Rheinland, kennt Hochwasser aber nur aus der Ferne. Niemals komme das Wasser bis hierher, hatte man ihr beim Kauf der Rathener Gaststätte versichert. So hoch niemals. Tapfer gibt Frau Schmees noch einige Bier aus der geschlossenen Destillerie an die Männer aus, die ihr dafür den letzten Rosenkübel den Hang hinauf retten. Als das Bier geleert ist, kommt die Elbe auf die Terrasse. Erst sprudelt sie still von unten durch die Terrazzoplatten, dann überspringt sie die Mauerkante und läuft sanft, aber unaufhaltsam auf das Haus zu.
Die Uhr an der Destillerie zeigt fünf vor zwölf. „Usti elf, Schöna zehnfünfzig", brüllt der Mann im gelben Regencape durchs Megaphon. Er hat die Informationen gerade von der Leitstelle, es ist der Bürgermeister von Rathen. Dann räumen alle die Terrasse, die jetzt zwanzig Zentimeter unter Wasser steht. Die Männer klettern wieder auf den Hang. Die befürchtete Sturzwelle ist ausgeblieben, die Elbe steigt sanft, aber stetig. Ein Trost ist das niemandem mehr. Die höchste Hochwassermarkierung von 1890 vorn am Erbgericht versinkt still im Wasser.

FRANK TAUSCH

Die Gierseilfähre am überfluteten Anleger. Tagelang ist die Verbindung zwischen Nieder- und Oberrathen unterbrochen.

Machtlos gegen die anrollende Flut

Bad Schandau am Donnerstag in den Mittagsstunden: Ein Bild des Schreckens bietet der Kurort. Wo sonst Geschäfte, Lokale und gepflegte Ferienhäuschen dicht an dicht stehen und sich Touristen die Klinke in die Hand geben, wogt jetzt die Elbe. Viele Gebäude stehen bis in die zweite Etage unter Wasser, Tendenz steigend.

Gastwirt Jürgen Kopprasch steht die Verzweiflung ins Gesicht geschrieben. Gestern wurde er mit seiner Familie wie die meisten der reichlich 2 000 Einwohner der Touristenstadt aus dem Krisengebiet nach Sebnitz evakuiert.
„Ich muss machtlos aus der Entfernung mit zusehen, wie meine Gaststätte von Minute zu Minute weiter in den Fluten versinkt", lässt Kopprasch seinen Gefühlen freien Lauf. Auch Karin Barthold, die ein Blumenhaus in Bad Schandau betreibt, hat Tränen in den Augen. „Wir haben erst 1993 das Haus gekauft und seitdem viel investiert. Voriges Jahr wurde es neu gedeckt. Nun ist alles futsch", stöhnt sie. Zum Glück konnte sie wenigstens noch rechtzeitig die Blumen und Pflanzen in das Gartencenter nach Mittelndorf auslagern. Trotz aller Sorgen und Nöte beweisen einige Betroffene noch Galgenhumor. „Jetzt komme ich endlich mal zu einer kostenlosen Bootstour", versucht Ilse Michael die ansonsten gedrückte Stimmung etwas aufzuheitern.
Die Kurstadt hat große Verluste zu beklagen. Das neue Nationalparkhaus wurde überflutet. Die erst vor einer Woche eingeweihte Rettungswache bietet ein Bild der Verwüstung. Ebenso versank das Gästehaus „Residenz Elbblick" am Parkhotel in den Fluten, das erst vor einer Woche in Betrieb genommen wurde. Eingebüßt hat der Ort auch die beiden Motorfährschiffe, die sich von der Verankerung gelöst hatten und an der Elbebrücke Bad Schandau zerschellten.
Menschenleben sind hier zum Glück nicht zu beklagen, obwohl bis heute früh ein Bad Schandauer als vermisst galt. Er war aber schon am Dienstag bei Verwandten untergekommen. „Bis heute Vormittag wurden alle gefährdeten Bürger unserer Stadt evakuiert", sagt Bürgermeister Andreas Eggert erleichtert. Viele haben sich auch selbst in Sicherheit gebracht und sind vorübergehend zu Angehörigen und Bekannten gezogen. Nicht wenige Bad Schandauer aus höher gelegenen Stadtteilen stellten ihre Häuser für Notunterkünfte zur Verfügung. Unter den Evakuierten befinden sich auch die rund 200 Patienten der Kirnitzschtalklinik, die in Sebnitzer Einrichtungen gebracht wurden. Es sei nicht einfach gewesen, vor allem ältere Bürger zum Verlassen ihrer Häuser zu bewegen, sagt Karola Schäfer, die einen privaten Pflegedienst betreibt und selbst an der Evakuierung ihrer Patienten beteiligt war.
Der Ratschef koordiniert im „Forsthaus" zusammen mit rund 150 Leuten von BGS, Polizei, Zoll und Feuerwehr die Hilfsmaßnahmen gegen das Hochwasser. Auch viele freiwillige Helfer melden sich spontan. Eggert lobt die kooperative Zusammenarbeit aller Helfer. So kam Unterstützung aus den umliegenden Orten Krippen, Prossen, Porschdorf, Altendorf, Rathmannsdorf sowie Hohnstein, Ottendorf, Sebnitz und Langburkersdorf. Im Einsatz sind über ein Dutzend Feuerwehrautos, acht Schlauchboote und ein Motorboot.
Unterstützung mit Personal und technischem Gerät kam auch von der Partnerstadt Überlingen am Bodensee, die erst sechs Wochen zuvor durch einee Flugzeugkollision in die Schlagzeilen geraten war. „Wir haben bis jetzt rund 3 000 Sandsäcke verbaut und auch sonst gesichert, was zu sichern war", sagt der Bürgermeister. „Damit konnten wir zwar wertvolle Zeit gewinnen, aber wenn der Pegel, der bei 11,20 Metern liegt, weiter steigt, sind wir machtlos."

JULIA SCHMEES, HANNELORE ANGERMANN

Ein Schlachboot mit Schandaus Alt-Bürgermeister Klaus Heidrich (M.) fährt durch die Straßen und Gassen, schaut, welchen Häusern besondere Gefahren drohen.

Am 15. August steigt die Elbe in Bad Schandau zwischen null und 24 Uhr um rund zwei Meter. Etwa 90 Prozent des Stadtgebietes werden beim Höchststand überflutet sein. An privaten Gebäuden und Wohnungen entsteht dadurch ein Schaden von mehr als 87 Millionen Euro.

Überall fassungslose Blicke auf die Elbe. Wie weit wird das Wasser noch in Bad Schandau vordringen?

Die DRK-Rettungswache. Sie war erst am 30. Juli 2002 feierlich eingeweiht worden. Die Elbe richtet an dem Neubau enorme Schäden in Höhe von 250 000 Euro an.

In Schmilka geht nichts mehr. Der Bad Schandauer Ortsteil ist völlig von der Außenwelt abgeschnitten – nur noch mit Rettungsbooten oder Hubschraubern erreichbar.

In den Tagen, als Straßen zu Wasserstraßen werden, sind Boote in großen Teilen von Bad Schandau die einzig möglichen Verkehrsmittel.

Der Penny-Markt in Bad Schandau. Die Flut zerstört das Inventar und lässt die Waren verderben. Danach sieht das Innere wie nach einem Bombeneinschlag aus.

Die Elbefluten haben den Parkplatz in Schmilka voll im Griff (vorn). Am jenseitigen Ufer bleibt auch der Ortsteil Hirschmühle vom Hochwasser nicht verschont.

Das nächste Schlauchboot wird abgeladen. Am 15. August sind rund 150 Leute von Bundesgrenzschutz, Polizei, Zoll und Feuerwehr in der Kurstadt im Hilfseinsatz.

Die Dresdner Straße zeigt sich völlig verwaist. Auf der Elbbrücke ist tagelang kein Durchkommen. Die Auffahrt ist anfangs wegen Überflutung gesperrt, später müssen Experten den Zustand des Bauwerks prüfen. Die Brücke hält sowohl dem Hochwasser als auch dem Treibgut stand.

Der Busbahnhof am Elbufer steht völlig unter Wasser. An ihm und den anderen Haltestellen in Bad Schandau entsteht ein Schaden von zirka 250 000 Euro.

Freitag 16. August

Eine Zeltstadt für 3 000 Menschen

Die Flutkatastrophe hat im Landkreis Sächsische Schweiz 3 000 Menschen vorübergehend oder auf Dauer obdachlos gemacht. Um die Evakuierten unterzubringen, beginnt die Bundeswehr heute auf dem Pirnaer Sonnenstein ein Zeltlager zu errichten. Während die Spitze des Elbhochwassers in der Nacht zum Sonnabend erwartet wird, laufen die Aufräumarbeiten im vollkommen verwüsteten Müglitztal weiter.

Im Oberen Elbtal werden bis heute fast alle Orte evakuiert. Die elbnahen Gemeinden zwischen Schöna und Heidenau stehen unter Wasser, in der Pirnaer Altstadt erreicht der Pegel teilweise die Drei-Meter-Marke. Am Nachmittag schauen die Menschen in Pirna-Copitz gebannt auf die Elbe. Denn befürchtet wird eine Überflutung von weiteren Teilen des Neubaugebietes. Die Esag dreht vorsichtshalber in Postelwitz, Ebenheit, Rathen und Copitz 9 000 Kunden den Strom ab.

Auf dem Sonnenstein beginnt das Panzerbataillon 391 aus Bad Salzungen mit dem Aufbau einer Zeltstadt. Den Soldaten stehen zwei Verbände des Bayerischen Roten Kreuzes und Mitarbeiter des Technischen Hilfswerks zur Seite. In dem Notquartier sollen bis zu 2 000 Hochwasseropfer für eine Zeit von maximal drei Wochen Unterschlupf finden. Zudem werden hier 1 000 Helfer untergebracht. Man sei bestrebt, andere, kleinere Lager aufzulösen, da die Versorgung an einem zentralen Standort besser zu gewährleisten sei, hieß es aus dem Krisenstab. „Auf dem Sonnenstein ist die allgemeine, medizinische und seelsorgerische Betreuung sichergestellt“, so Landratssprecherin Astrid Linke. Unterdessen werden im von den Wassermassen verwüsteten Müglitztal die Aufräumarbeiten fortgesetzt. Zunächst soll das Gebiet wieder befahrbar gemacht werden. Zwischen Dohna und der geplanten A17-Brücke versuchen Grenzschützer, die Straße wieder herzustellen.

Ab der A17-Brücke bis Abzweig Falkenhain in Höhe Schloss Weesenstein beseitigen private Firmen die Trümmer. Die Einsatzkräfte bemühen sich, die Müglitz in das alte Flussbett zurückzuverlegen. Zur Behebung der Schäden ist eine technische Einheit aus München angereist. Die Helfer sind mit Motorkettensägen und Spezialwerkzeugen ausgestattet. Auch schwere Technik wird angefordert.

Die Flutkatastrophe forderte im Landkreis bis jetzt mindestens vier Menschenleben. Zu den Opfern gehört eine Weesensteinerin.

Der Landkreis kann zunächst 2,1 Millionen Euro für die Beseitigung der Infrastrukturschäden verwenden. Der Betrag stammt aus dem 35-Millionen-Programm der Landesregierung. Außerdem seien vom Bund 1,65 Millionen Euro Hilfsgelder für Hochwasseropfer eingegangen. Das Geld werde von den Kommunen verteilt, so das Landratsamt. Sachsens Finanzminister Horst Metz stellte weitere Landeshilfe in Aussicht. „Wir werden schauen müssen, welche bereits geplanten Investitionen in diesem Jahr und 2003 doch nicht angefangen werden. Nötig ist auch eine Revision des Infrastrukturprogrammes.“ DOMOKOS SZABÓ

Die Ereignisse des Tages

In den **Nachmittagsstunden** beginnt das Panzerbataillon 391 aus dem thüringischen Bad Salzungen, auf dem Pirnaer Sonnenstein ein **Zeltlager** zu errichten. Hier sollen 2 000 Evakuierte und 1 000 Helfer untergebracht werden.

Obwohl die Elbe weiter steigt, kommt Pirna-Copitz mit einem blauen Auge davon: Die flussnahen Straßen werden nur teilweise überschwemmt.

Um **21 Uhr** meldet Schöna einen Pegel von 12,02 Metern – damit ist der Höchststand erreicht.

Im **Müglitztal** zwischen Dohna und Schloss Weesenstein indes versuchen BGS und private Firmen, die Straße wieder herzustellen. Vorgesehen ist auch, die Müglitz in ihr altes Flussbett zurückzuverlegen.

Am **späten Abend** trifft in Lohmen ein Hilfstransport aus Pirnas Partnerstadt Remscheid ein. 60 Heizlüfter, Hochdruckreiniger und Stromgeneratoren sollen bei den Beräumungsarbeiten zum Einsatz kommen.

Am 16. August beginnt der Aufbau einer Zeltstadt auf dem Sonnenstein. Dort sollen 3 000 Menschen untergebracht werden. Nach den ersten Plänen sind noch drei weitere derartige Auffanglager geplant. Da am Ende nicht so viele Menschen evakuiert werden müssen wie befürchtet, werden in der Zeltstadt nur 1 500 Plätze geschaffen.

Auf dem Areal an der Struppener Straße werden alle Einrichtungen wie in einer kleinen Stadt geschaffen.

Spezialisten vom Technischen Hilfswerk bereiten die Elektroanlagen für die Zelte vor.

Zur Zeltstadt gehört auch ein Toilettenviertel. Es war aber das größte Problem, die sanitären Anlagen in ausreichender Menge zu beschaffen. Dadurch verzögert sich die Eröffnung des provisorischen Lagers auf dem Sonnenstein in Pirna um mehrere Tage.

Konfessionsübergreifende Teamarbeit einheimischer Geistlicher: Der evangelische Pfarrer Andreas Günzel und sein katholischer Berufskollege Norbert Büchner betreuen die Evakuierten in der Sporthalle auf dem Sonnenstein seelsorgerisch.

Bundeswehrsoldaten legen Bodenplatten für die nächsten Zelte auf dem Sonnenstein aus.

Im Evakuierungszentrum auf dem Sonnenstein in Pirna wird für Getränkenachschub gesorgt. Dank der guten Organisation kommt es kaum zu Engpässen.

Trotz der schrecklichen Ereignisse geben die Menschen im Oberen Elbtal die Hoffnung nicht auf. Davon künden Zeichen in vielen Orten, wie hier in Krippen.

Der Wahlkampf wird durch die Katastrophe nicht nur aus den Köpfen der Menschen verdrängt, sondern durch die Fluten vielerorts auch fast vollständig aus dem Straßenbild.

Die Gartenanlage zwischen dem Bahnhof und dem Wehlener Erlebnisbad versinkt in den Wassermassen.

Im Seidewitztal bei Nentmannsdorf laufen die ersten Sicherungsarbeiten an der stark in Mitleidenschaft gezogenen Uferbefestigung.

Während die Fluten das Elbtal noch voll im Griff haben, wird im Seidewitztal das Ausmaß der Schäden deutlich. Obwohl sich diese in Liebstadt in Grenzen halten, wurden wie hier an der Straße nach Döbra Stützmauern und die Fahrbahn stark beschädigt oder zerstört.

Angela Legler aus Dohna vor den Resten ihres Renault Clio. Die reißende Müglitz hatte das Auto etwa 800 Meter mit sich gerissen. In einer Baustelle verfing es sich mit anderen Pkws und wurde zusammengedrückt.

Wo sonst in Pirna Biker auf dem Elberadweg fahren, kündet jetzt nur noch das Schild davon, wo diese Verbindung nach Dresden drei Meter unter der Wasseroberfläche entlangführt.

Die Elbe hat das Schrammsteinbad in Bad Schandau und die umliegenden Häuser bis hin zur B 172 unter Wasser gesetzt. Die Fluten werden sogar bis ins Kirnitzschtal gedrückt.

Aron Sachse, Marko Paeslack und Matthias Scheele (v. l.) von der Deutschen Lebens-Rettungs-Gesellschaft bei einer Patrouillenfahrt auf der Elbe. Die jungen Männer achten mit Argusaugen darauf, ob Treibgut zur Gefahr werden kann.

Die Idylle in Weesenstein ist hin

In der Kurve hinter dem Schlossaufgang ist Weesenstein jetzt zu Ende. Abgeschnitten. Nur noch Wasser. Die Straße ist nicht mal mehr zu ahnen. Der Blick nach vorn in Richtung Gemeindeverwaltung und Bäckerei ist plötzlich frei. Über Häuser und Gärten plätschert unschuldig das Wasser. Es gibt nach und nach frei, was es alles begraben hat. Ein gelber Plasteeimer mit der Aufschrift „Komm zu Komm" lugt aus dem Schlamm. An einem Hang hat sich ein Bettenrost im Geäst verfangen.

Ein symbolisches Bild für die Situation in Weesenstein. Das Ortseingangsschild liegt eingeklemmt zwischen Warnbaken und Leitplanken.

Langsam steigt das Thermometer. Am Fluss zeigt es schon 30 Grad. Der Schlamm wird bei Trockenheit binnen kurzer Zeit steinhart. Hinzu kommen Mücken, Ungeziefer. Klaus Küchler bahnt sich über Steine, Geröll, Gestrüpp und Rohrsegmente wieder einen Weg zur Müglitz und holt einen Eimer Wasser. Froh ist, wer noch etwas sauber zu machen hat. Küchler hat das Wasser steigen und steigen sehen, bis er sich in letzter Sekunde noch in die Büsche rettete. Einen halben Meter nahm sich die Müglitz von seiner Wohnstube. Trotzdem fühlt er sich noch gut weggekommen. Die vier Weesensteiner, die er in seiner Datsche untergebracht hat, haben nichts mehr zum Saubermachen.

So wie die Familie, die Pfarrer Berthold aufgenommen hat. Berthold zeigt auf die gegenüberliegende Seite der Müglitz und nennt die Häuser beim Namen ihrer Besitzer. Er sieht sie alle noch ganz deutlich vor sich, obwohl dort seit Montag eine Lücke klafft. Eine Lücke von vielen, die die Müglitz in Weesenstein und unter seinen Bürgern gerissen hat. Bis kurz vor Weesenstein ist die Welt noch in Ordnung. Abgemähte Felder. Weidendes Vieh. Eine Regenpfütze in einer Straßenkehre. An den Borthener Plantagen arbeitet ein Vermessungstrupp. Nur langsam gibt der kleine Ort seine verwundete Seele preis. Ihm ist das Herz rausgerissen worden. Ohne Narkose. Neun Häuser hat sich die Müglitz geholt. Wie Kartenhäuser fiel die lebenslange Arbeit von Menschen einfach so zusammen. Die Menschen haben geschrien. Um andere zu warnen oder um Hilfe. So wie die ehemalige Schlossschenken-Wirtin. Von der Flussseite ist der Blick in ihr Haus frei. Ein Fenster ist nur noch von zwei Seiten im Mauerwerk verankert. Rein dürfen sie nicht mehr. Zu groß die Gefahr des Einsturzes. Die Frau hofft, dass Feuerwehrleute ihnen wenigstens ein paar Sachen rausholen können. „Unsere Idylle ist hin", sagt sie. Mit dem Ärmel wischt sie sich den Schweiß von der Stirn und die Tränen aus den Augen. „Wer das nicht miterlebt hat, kann es sich nicht vorstellen." Ein Satz, der immer wieder zu hören ist. Von Dieter Sobczinski, der Gurken aus seinem Garten und Eier von seinen Hennen aufs Schloss zu den plötzlich Obdachlosen bringt, genauso wie von den vielen, die in ihrer Verzweiflung schaufeln und schaufeln und schubkarrenweise den Dreck in die Müglitz zurückkippen.

Ein Mann sagt: „Die Müglitz hat es gebracht, nun muss sie es auch wieder nehmen." Das meiste, was sie sich geholt hat, bringt sie nie wieder. Im Schlamm liegt das Leben der Menschen. Ein Buch von Strindberg – „Im Zeugnis der Zeitgenossen" –, ein Foto von einer Frau am Swimmingpool, ein Plüschtier mit einem gelben Hütchen. Die Papiere der Familie Jäpel, die mehr als zwölf Stunden an einer Hausmauer mitten in der unersättlichen Müglitz ausharrte, wurden in Köttewitz gefunden und zurückgebracht.

Es gibt so viele Leute, die bereit sind zu helfen. Für Peter Mandel ist das die wichtigste Botschaft. Er ist aus Meusegast hier runtergekommen. Dort seien viele bereit, Leute aufzunehmen. Die Häuser schließlich sind groß genug.

Doch es gibt auch Szenen, die an Geschmacklosigkeit nicht mehr zu übertreffen sind. Einer der Feuerwehrleute aus

Steine, Schlamm und Pfützen – so zeigt sich das einst idyllische Müglitztal wenige Tage nach der Katastrophe. Diese Gartenanlage in Weesenstein wurde dem Erdboben gleich gemacht. Alles was die Kleingärtner in Jahrzehnten gehegt haben, ist in wenigen Augenblicken weggespült worden.

Aufgerissene Mauern in Mehrfamilienhäusern von Weesenstein. Dieser schockierende Anblick bietet sich den Einwohnern und Helfern in der ersten Woche nach der Flut.

Die Müglitz hat die Landstriche rechts und links neben dem Flussbett meterweit mit Geröll und Schlamm bedeckt.

Neustadt, die sich auf dem Schloss um die Versorgung kümmern, hat erlebt, wie Gaffer eine Frau vor ihr zerstörtes Haus stellten und fotografierten. Ihr Elend ist schon so groß, dass die Weesensteiner für die Empörung darüber keine Nerven und kein Wort mehr haben. Gestern Abend aber riss ihnen der Geduldsfaden. Oben in Meusegast feierten einige. Viele erzählen es auf der Straße. Manche reden von Rechtsanwälten, die wohl auf das nahende gute Geschäft ihr Glas erhoben. Andere schütteln nur den Kopf. Was nutzt es, sich darüber aufzuregen. Sie brauchen ihre Kraft jetzt für anderes. Eine andere Frau steht kurz vor dem Nervenzusammenbruch. Als sie am Montagabend ihren Chef in Dresden anrief, dass sie nicht zur Nachtschicht kommen könne, sagte der, das interessiere ihn nicht, sie habe zu erscheinen. Wie die meisten konnte auch er sich da noch nicht vorstellen, was ein kleiner Fluss hier angerichtet hat. Er hat die Kräfte freigesetzt, die der Mensch über Jahre gebändigt hat.

Am Haus Altenberger Straße 7 hängt noch das Schild: „Gott schütze Dein Haus." Aber hier war auch er machtlos. Ein paar Häuser weiter in der Nummer 2 klebt der Schriftzug „zu verkaufen" am Fenster.

Im Schloss ist die Neustädter Feuerwehr stationiert. Sie sind per Hubschrauber eingeflogen worden. Mit Schaufeln, Hacken, Besen, Vorräten und der Gulaschkanone. Die, die nicht mit der Verpflegung auf dem Schloss beschäftigt sind, helfen den Leuten unten. Einer oben fragt, wo die Kartoffeln sind. Ein anderer spült das Geschirr vom Frühstück. Ihre Namen wollen sie nicht sagen. Wollen nicht angesichts des unbeschreiblichen Unglücks anderer zu Helden gemacht werden. „Jetzt können wir unseren Spruch – einer für alle, alle für einen – unter Beweis stellen", sagt noch einer und geht schon schweren Schrittes weiter. Einen Blick für den Schlossgarten wird er nicht haben. Es tut ohnehin nur weh, die hier und da weißen, roten und gelben Punkte als einst lebendige Blumen wieder zu erkennen. Wie der Schnee im Winter hat der Schlamm alles zugedeckt. Nur mit dem Unterschied, dass nach dem Schnee wieder das Leben beginnt. Nach dem Schlamm ist alles tot. HEIKE SABEL

Die Katastrophe zerrt an den Nerven: Bürgermeister Jörg Glöckner im Dauereinsatz. In Weesenstein, Mühlbach und Burkhardswalde hat die Müglitz unvorstellbare Schäden hinterlassen.

Das Bett der Müglitz bei Weesenstein: Der Strom hat Mauern eingerissen, Kleingärten einfach weggespült.

Schlamm und kein Ende: Jens Strangfeld von der Deutschen Lebens-Rettungs-Gesellschaft (DLRG) kommt mit Vereinskollegen aus Görlitz. In Mühlbach schaufeln sie braunen Morast aus Kellerräumen des Landhotels und der Gaststätte „Kastanienhof".

Stark betroffen ist die Schlossgaststätte Weesenstein. Nachdem die Fluten wieder weg sind, bleibt eine dicke Schlammschicht im Gastraum zurück.

Der Schlosspark von Weesenstein: Geröll aus Sandsteinen, Schlamm und Pfützen – so zeigt sich die einst idyllische Anlage wenige Tage nach der Katastrophe.

Telefonmasten sind umgeknickt wie Streichhölzer. Leitungen und Treibgut haben sich am Straßenrand verfangen.

Ein Radlader bahnt sich seinen Weg durch meterhohe Morast- und Schuttberge in Weesenstein. Nur wenige Tage nach der Flut heißt es anpacken und aufräumen.

In Weesenstein sind die ersten Bagger im Einsatz. Beschädigte und unterspülte Häuser werden abgerissen.

Rosen zeigen ihre Blüten im Weesensteiner Schlosspark – ein Hoffnungsschimmer für den arg gebeutelten Ort. Margitta Beck macht mit anderen Freiwilligen das schier umöglich Scheinende wahr: Sie gestalten die Anlage neu und erwecken das kleine Paradies zu frischem Leben.

In Weesensteins Gärten packen Soldaten an, bringen Ordnung in das Flut-Chaos.

Eine Statue liegt umgestürzt in einem Geröllhaufen in Weesenstein. „Helft dem Müglitztal!“ in großen Lettern. Das Flugblatt klebt schon wenige Tage nach der Flut in vielen Orten. Zunächst ein verzweifelter Hilferuf, auf den später eine Spendenflut folgt.

Elbtal kämpft gegen die Flut

In der Sächsischen Schweiz erfüllen sich die schlimmsten Befürchtungen. Das Hochwasser erreicht in allen Orten entlang der Elbe nie gekannte Ausmaße.

Die gesamte Innenstadt von Königstein steht anderthalb Meter unter Wasser. Bis heute sind etwa 1 050 Menschen evakuiert. Die meisten wurden in Privatquartieren höher gelegener Gebäude untergebracht. Der besonders gefährdete Ortsteil Halbestadt ist schon am Mittwoch geräumt worden. Zwei hochschwangere Frauen wurden per Hubschrauber nach Sebnitz ausgeflogen. Derzeit wird versucht, das Öllager in der Mittelschule zu sichern. Über 100 Männer von Feuerwehren der Umgebung kamen den Königsteinern zu Hilfe. Die Partnerstadt Königstein im Taunus schickt zur Beräumung von Schlamm und Geröll etwa 100 Leute und schwere Technik. In Rathen treffen wir Bürgermeister Thomas Richter im Einsatz mit dem Krisenstab. Inzwischen hat das Elb-Fährschiff an der Terrasse des Hotels „Elbschlösschen“ festgemacht. Das Gebäude steht bis in die erste Etage unter Wasser. „Schlimmer kann es nicht mehr werden“, versucht Direktor Peter Kern sich Mut zu machen. Fest steht aber für ihn, dass das 4-Sterne-Haus erst im Frühjahr wieder öffnen kann. An den materiellen Schaden mag er gar nicht denken.

Rolf Böhm, Gastwirt der Pension „Panorama“, die am Hang liegt, hat derweil seine 26 Betten vom Hochwasser Betroffenen zur Verfügung gestellt.

In Prossen koordiniert Wehrleiter Michael Ritz die Evakuierungen von rund 300 Leuten. Dort stehen das Neubauviertel und das Wohngebiet „Gründel“ unter Wasser. JULIA SCHMEES

HANNELORE ANGERMANN

Der Blick vom Hotel „Elbschlösschen“ ist während des Hochwassers alles andere als idyllisch. In der kleinen 500-Seelen-Gemeinde Rathen entsteht ein Schaden von fast acht Millionen Euro. Allein die Zerstörungen an Häusern und Wohnungen werden mit rund 1,6 Millionen Euro angegeben.

Nur die Ampeln auf dem Reißigerplatz in Königstein künden davon, dass hier noch vor wenigen Tagen täglich Tausende Autos auf der Bundesstraße unterwegs waren. Dieses BGS-Schlauchboot fährt auf den zu Wasserstraßen gewordenen Wegen und Plätzen, um dort schnell helfen zu können, wo es nötig ist.

Während in anderen Orten die Schiffsanleger von den Fluten längst mitgerissen wurden, kann sich der in Königstein noch halten. Der auf ihm lastende Druck wird jedoch immer größer. Durch die Nähe zum Bahndamm wirkt der Anleger wie ein Sperrriegel für angespültes Treibgut.

Land unter im Wehlener Erlebnisbad. Es ist einer der Touristenmagneten im Landkreis, der stark gelitten hat. Hier entstand ein Schaden von 800 000 Euro.

Ein ungewöhnlicher Blick zur Bastei. Oberrathen unter Wasser. Arg gelitten haben durch die Überflutung auch die vielen Wege, Plätze und kleinen Straßen sowie Brücken und Stützmauern. Die Straßenschäden schlagen mit rund 700 000 Euro zu Buche. Hinzu kommen Verwüstungen an Privatwegen, die auf 300 000 Euro beziffert werden.

Der Amtshof in Königstein. Hatte die Elbe vor der Flut noch einen Pegelstand von gut zwei Metern, so überschreitet sie in Königstein bereits am 14. August die Sieben-Meter-Marke. Dann geht es Schlag auf Schlag. Bis zum 16. August steigt die Elbe stündlich zehn Zentimeter bis gegen 18.30 Uhr. Der höchste Stand wird in der Festungsstadt mit 11,85 Metern erreicht. Das sind 63 Zentimeter weniger als beim Jahrhunderthochwasser 1845.

Der Blick auf Königstein macht deutlich, wie viele Häuser von den Fluten eingeschlossen sind.

Der touristische Wegweiser unweit des Wehlener Marktes, als die Elbe am 16. August fast ihren Höchststand erreicht hat.

Ein Blick von Pötzscha ins Zentrum von Stadt Wehlen. Im Vordergrund die so genannten „Wüstenrot-Häuser“, die erst vor wenigen Jahren errichtet wurden. Die Katastrophe vom August hat eine Diskussion um Neubauten im Überschwemmungsgebiet der Elbe entfacht.

In den harten Stunden der Flut und der Zeit des Aufräumens macht Sachsens Ministerpräsident Georg Milbradt (2. v. l.) Helfern und Betroffenen Mut. Hier ist er mit Bürgermeister Klaus Tittel und dem Bundestagsabgeordneten Klaus Brähmig (2. und 1. v. r.) in Stadt Wehlen unterwegs. Die Stadt hat enorme Schäden zu verkraften. Allein 30 Gewerbetreibende müssen auf Grund der Auswirkungen des Hochwassers um ihre Existenz bangen.

Wochenende 17./18. August

Die Ereignisse des Tages

Sonnabend

Das Hochwasser geht kontinuierlich zurück.
Bis **19 Uhr** fällt der Pegel um fast einen Meter.
Am **Nachmittag** werden evakuierte Straßen in Pirna-Copitz freigegeben. Insbesondere geht es um die Schulstraße, Schillerstraße sowie Nieder- und Oberleite.
19.30 Uhr sind die meisten zuvor evakuierten Copitzer wieder zu Hause.

Sonntag

Der **Krisenstab** gibt bereits am Morgen alle Häuser frei, die trockenen Fußes zu erreichen sind.
Am **Nachmittag** liegt der Pegel in Pirna bei neun Metern. Die Evakuierung weiterer Straßenzüge in Pirna und Heidenau wird aufgehoben.
Auf der Elbe werden **zwei Tote** angeschwemmt, aus dem Landkreis werden noch drei Menschen vermisst.
Ein **Ponton** rammt die Bad Schandauer Elbbrücke. Eine statische Überprüfung ergibt, dass dadurch keine großen Schäden am Bauwerk entstanden sind.
Ab dem Wochenende wird in **Weesenstein** schwere Räumtechnik eingesetzt. Neben zivilen Helfern sind Bundeswehr, BGS, Polizei und THW im Einsatz.

Unbekannte schüren Panik

Der Elbepegel sinkt. Doch die Rettungs- und Hilfskräfte im Landkreis haben weiterhin alle Hände voll zu tun. Von einer Entspannung der Lage kann noch keine Rede sein.

Rund 200 Bundeswehrsoldaten haben auf dem Pirnaer Sonnenstein ganze Arbeit geleistet. Die Frauen und Männer aus Bad Salzungen sind am Freitag angerückt, um eine Zeltstadt für 3 000 Menschen zu errichten. Tag und Nacht ackerten die Soldaten und bauten 275 Zelte auf. Betten und Decken wurden aus Bundeswehrdepots in Süd- und Norddeutschland herangeschafft. Die Flächen wurden planiert und mit Schotter befestigt. Dabei kam auch schwere THW-Technik zum Einsatz.
Hunderte Helfer von bayerischen Rettungsdiensten und zehn Ärzte aus dem Alpenland stehen jetzt bereit, um die Menschen zu betreuen. In die Zeltstadt ziehen Evakuierte aus den bisherigen Notaufnahmelagern um. Allerdings können viele schon in ihre Wohnungen zurück. Durch den sinkenden Elbpegel – am Sonntag liegt er in Pirna bei neun Metern – kann die Evakuierung in weiteren Straßenzügen von Heidenau und Pirna aufgehoben werden. 900 BGS-Beamte, 600 Leute vom Roten Kreuz, Polizei, Technischem Hilfswerk, Bundeswehr und viele andere Helfer arbeiten weiter fieberhaft im Kampf gegen das Hochwasser und seine Folgen. Das Landratsamt gibt einen Überblick über die Situation:

GERÜCHTE. In der Nacht zum Sonntag geht das Gerücht durch den Kreis, eine giftige Gaswolke treibe auf die Region zu. Das bestätigt sich nicht. Laut Landratsamt fahren Unbekannte mit Lautsprecherwagen durch den Kreis und verbreiten Falschmeldungen. Die Suche nach ihnen bleibt aber erfolglos.

TOTE. Auf der Elbe werden zwei Tote angeschwemmt. Drei Personen aus dem Kreis werden noch immer vermisst.

FÄHREN. Die Oberelbische Verkehrsgesellschaft verliert vier Fähren. Die „Schandau“ wird auf der Elbe in Dresden gesprengt.

ELBBRÜCKE. Ein Ponton rammt einen Pfeiler der Bad Schandauer Elbbrücke. Eine statische Überprüfung ergibt, dass dadurch offensichtlich keine großen Schäden an dem Bauwerk entstanden sind.

VERSORGUNG. Die Trinkwasserversorgung im Landkreis ist weitestgehend stabil. Die Qualität des Wassers wird als nicht bedenklich eingeschätzt. In Weesenstein läuft die Versorgung mit Wasserfahrzeugen von Polizei und BGS.

ENTSORGUNG. Die Tierkörperbeseitigungsanstalt Lenz beginnt mit der Entsorgung verdorbener Lebensmittel und von Tierkörpern. Abgeholt werden jetzt auch Sondermüll

Mitte August treffen etwa 700 Helfer mit 200 Fahrzeugen vom Roten Kreuz – unter anderem aus Bayern – in Pirna ein und bieten ihre Hilfe an. Betreut werden in erster Linie Tausende Evakuierte aus mehreren Gemeinden. Die Rettungswagen und Einsatzfahrzeuge reihen sich dicht an dicht auf der Struppener Straße auf dem Sonnenstein.

Ein Markt, wo keiner einkaufen kann. Wasser wäre zwar in Bad Schandau ohne Einschränkungen vorrätig, aber das Nass haben bereits alle über.

Für diese Schiffsanlegestelle endet die Reise an einem Brückenpfeiler in Bad Schandau. Vielfach wurden steuerlose Wassergefährte gesprengt, um größeren Schäden vorzubeugen.

und Sandsäcke. Probleme gibt es mit Propangastanks in Häusern. Sie werden aber ebenfalls beseitigt.

ORGANISATION. Die Koordination der Einsatzkräfte wird im Müglitztal vom THW übernommen und im Oberen Elbtal voraussichtlich vom BGS. Vor allem in Bad Schandau werden jetzt Kräfte konzentriert.

VORSICHT. Evakuierte sollen erst nach der offiziellen Freigabe wieder in ihre Häuser ziehen. Es wird vor allem bei Gebäuden am Elbhang darum gebeten, nicht sofort die Keller auszupumpen. Vorher sollen Statiker den baulichen Zustand prüfen.

KRISENGEBIET. In Weesenstein wird jetzt schwere Räumtechnik eingesetzt. Vor Ort sind Bundeswehr, BGS, Polizei, THW und zivile Helfer. Zum Schutz vor Plünderungen wird ein Zug der Bereitschaftspolizei zum Streifendienst eingesetzt.

ANLAUFSTELLE. Das Landratsamt beginnt mit dem Notbetrieb. Anlaufstellen sind der Hauptsitz auf der Zehistaer Straße (auch Sozialamt) und die Außenstelle Sebnitz. PETER HILBERT

Der tschechische Grenzort Hrensko aus der Vogelperspektive. Von den elbnahen Häusern ragen nur die Dächer aus dem Wasser heraus. Nicht nur die Elbe, auch das Rinnsal im Seitental verwandelt sich in einen breiten Strom. Alle 200 Häuser in der Gemeinde sind vom Hochwasser betroffen. Die vietnamesischen Händler verlieren ihre Stände.

Alles auf einen Blick: Damit die Evakuierten sofort wissen, was sie wo finden, gibt es am Empfang dieser Notunterkunft auf dem Sonnenstein Hinweisschilder. Jeder muss sich zunächst registrieren lassen.

Lagebesprechung im Krisenstab. Pirnas Oberbürgermeister Markus Ulbig greift zum Telefonhörer und gibt Anweisungen durch.

Mittagessen aus der Gulaschkanone für Evakuierte und Helfer auf dem Pirnaer Sonnenstein. Die Turnhalle im Hintergrund bietet von den ersten Stunden an Zuflucht für obdachlos Gewordene. Das Landratsamt ist bemüht, die Notunterkünfte in dem Plattenbauviertel zu konzentrieren. Daher wird ein Zeltlager für 3 000 Menschen gebaut. Genutzt wird es schließlich nur teilweise – und nur von zivilen Einsatzkräften und Soldaten.

Die Königsteiner Kirche ist von den Wassermassen eingeschlossen. Hoch droben thront die 1589 ausgebaute Festung über der leidgeprüften Stadt im Elbtal.

Wie in einem Ameisenhaufen geht es auf dem Hof der Pirnaer Feuerwehrwache in der Clara-Zetkin-Straße zu. Dicht an dicht drängen sich Löschfahrzeuge und andere Einsatzwagen.

Die Hauptstraße von Krippen ist eine Wasserstraße. Überall steht stinkende braune Brühe. Nur einige höher gelegene Häuser kommen heil davon. Auch das älteste Gebäude von Krippen fällt der Flut zum Opfer. Im 1690 erbauten Fachwerkhaus „Dornröschen“ steht das Wasser drei Meter hoch und verursacht einen 25 000-Euro-Schaden.

Ein Radlader bringt Füllmaterial auf die Müglitztalstraße in Dohna. Lkws haben es aus dem Steinbruch Nentmannsdorf hergefahren. Riesige Löcher werden damit gestopft, um die Fahrbahn wieder passierbar zu machen. Auf der Strecke zwischen Heidenau und Altenberg ist kein Durchkommen mehr.

Ein Blick von Oberrathen zur anderen Elbseite. Zu normalen Zeiten stellen hier die Rathen-Besucher ihre Fahrzeuge ab, um zu wandern oder die Felsenbühne zu erobern. Den Parkplatz haben die trüben Elbefluten jetzt voll im Griff.

Diese Frauen stehen in den schweren Tagen ihren Mann, sie packen beim Aufräumen in Dohna kräftig zu. Die Müglitz, die in der Burgstadt tobte, hinterlässt Schäden von über 29 Millionen Euro. Für mehrere Häuser gibt es keine Alternative zum Abriss. Damit das Leben weitergehen kann, muss erst einmal der Dreck beseitigt werden.

Hilfe von den Remscheider Partnern

Das Jahrhundert-Hochwasser der Elbe hat in Pirna Schäden angerichtet, die sich nur erahnen lassen. Was für ein Chaos sich unter den braunen Fluten verbirgt, was für verheerende Zerstörungen die Haus- und Geschäftsbesitzer vorfinden werden, das wird die Zeit erst zeigen. Natürlich hat es auch die Gewerbetreibenden der Stadt schwer getroffen, und so manche Existenz ist von einem Tag auf den anderen ruiniert worden. Diesen Leuten will Franz-Bernd Daum helfen. Daum ist Steuerberater und Wirtschaftsprüfer aus Pirnas Partnerstadt Remscheid. Er weiß um die dramatische Lage in der Elbestadt: „Da ist zum Beispiel ein Installateur, der ist abgesoffen. Er sollte eigentlich anderen helfen, aber erst einmal muss er sich selber helfen.“ Freitagnachmittag hat sich Daum mit einem Lkw voller Heizlüfter, Hochdruckreiniger und Strom-Generatoren auf den Weg gemacht. Den rund 60 Geräten sollen Anfang dieser Woche noch weitere 300 für die anstehenden Aufräumarbeiten folgen. In welchem überfluteten Laden genau sie eingesetzt werden, will Daum in einer Koordinationsstelle planen. Die soll am Postweg eingerichtet werden, sofern sich dort eine vernünftige technische Infrastruktur befindet, also Telefon, Strom, ISDN-Anschluss. Sollte sich das nicht machen lassen, wird einfach eine Alternative gefunden. Da ist er zuversichtlich. „Bis Montag ist die Koordinationsstelle aufgebaut, egal, wo!“, sagt Daum entschlossen.

Der Remscheider Unternehmer Franz-Bernd Daum zögert nicht lange, als er erfährt, in welcher Not die Partnerstadt Pirna ist. Er macht sich mit Hilfsgütern, darunter Pumpen, auf den Weg.

An diese Stelle sollen sich alle Gewerbetreibenden mit all ihren Fragen und Sorgen, die ihnen das Wasser eingebracht hat, wenden können: Fragen zur Finanzierung, zu Ausrüstung für die Aufräumarbeiten, EDV-Problemen oder Personal … – Daum und seine Mitarbeiter aus Remscheid und Pirna stehen ihnen helfend zur Seite. Unterstützt wird die Koordinationsstelle von der Sparkasse, die ihnen die Büroräume und einen Finanzberater zur Verfügung stellt. Eine große Rolle spielen auch der Rotary Club Pirna Sächsische Schweiz, deren Präsident Daum ist, und die Kreis-Handwerkerschaft. „Zum Glück verfügen wir als Rotary Club über die Möglichkeit, unbürokratisch Kontakte zu knüpfen“, erläutert Daum die Rolle der Rotarier bei der von ihm organisierten Hilfsaktion. Rotary-Vize-Präsident Heinz-Jürgen Schröter ist Installateur-Meister in Pirna und Daums erste Anlaufstelle. Schröter ist es ergangen wie vielen anderen Handwerkern auch, sein Betrieb ist versunken. „Der ist platt.“ Er weist darauf hin, dass die Handwerker vor Ort immer noch arbeiten, auch wenn ihr Geschäft unter Wasser steht. Man könne sich also immer noch an sie wenden. Wer einen Handwerker brauche, aber nicht wüsste, an welchen er sich dann wenden könne, sei bei der Koordinationsstelle ebenfalls genau richtig.

HYUN-HO CHA, Remscheider Generalanzeiger

Wie auf einem kleinen Markt sieht es vor diesem Haus aus. Doch verkauft wird hier nichts. Die Geräte – Heizlüfter, Hochdruckreiniger, Stromgeneratoren und Pumpen – sind Spenden aus der Partnerstadt Remscheid und sollen rasch an den Mann gebracht werden. Weil der Bedarf so groß ist, wird schon die nächste Lieferung organisiert.

Flut hält Spezialisten auf Trab

Eine Extremsituation durchlebt derzeit die Copitzer Elektrofirma Gössel. Dabei hat das im Jahr 1924 von Großvater Kurt Gössel gegründete Unternehmen, welches auf Elektromotoren, Wasserpumpen und Schwimmbadtechnik spezialisiert ist, noch Glück im Unglück. Das Firmengelände auf der oberen Rudolf-Renner-Straße liegt relativ sicher, so dass es von der Elbeflut verschont blieb. Aber welche Szenen die Mitarbeiter in diesen Tagen miterleben, davon kann Chefin Angelika Ender ein Lied singen.
Schließlich sind „Gössels" auf eine besondere Art Hochwasserspezialisten. Wenn im Frühjahr oder Herbst der Elbepegel allmählich ansteigt, sind Pumpen äußerst gefragt. So war es auch am ersten Katastrophentag. Als sich am Vormittag die ersten Vorboten der Flutkatastrophen an Gottleuba, Seidewitz und Müglitz ankündigten, klingelten in Copitz bereits die Telefone heiß. Hotels aus Bad Schandau und Wehlen, Firmen aus Heidenau und Pirna wollten Leihgeräte haben, um Wasser aus Kellern abzupumpen. „Alle waren frohen Mutes, dass sie es schaffen", erinnert sich Angelika Ender. Dann eskalierte die Situation. Verzweifelte Hilferufe kamen aus Nentmannsdorf, Gersdorf und weiteren Orten. Firmenchef Frieder Ender versuchte, Pumpen zu Firmen nach Heidenau zu bringen. Doch auf der neuen Elbbrücke hing er im Stau fest. Selbst dort war er ein gefragter Mann, bekam er seine Pumpen regelrecht aus den Händen gerissen. Im Nachhinein stellte sich heraus: In den meisten Fällen konnte selbst die beste Pumpe nichts ausrichten.
Die nächsten Tage der Katastrophe brachten für die Firma eine Situation der Ohnmacht. „Jeder kam mit seinen Sorgen. Die furchtbaren Schicksale taten mir in der Seele weh", sagt Angelika Ender. Noch heute hat sie deutlich den Mann vor Augen, der triefend nass mit Gummistiefeln und Taschenlampe in der Tür stand. Er wollte eine Pumpe für den voll gelaufenen Keller. Aber die meisten konnten sich gar nicht bis dorthin durchschlagen.
Die große Arbeit für das Sieben-Mann-Unternehmen kommt erst jetzt. Nach und nach werden kaputte Pumpen und Elektromotoren gebracht, die unter Wasser gestanden haben. Auf der anderen Seite geht jedoch der normale Geschäftsbetrieb weiter, kommen Kunden aus nicht vom Hochwasser betroffenen Gebieten, lassen sich Technik und Zubehör für ihre Swimmingpools liefern. „Es ist paradox. Den einen steht das Wasser bis zum Hals, die anderen gehen baden." Doch das Hochwasser geht Stunde für Stunde zurück. Nun haben Frieder Ender und seine Monteure mit den Instandsetzungsarbeiten alle Hände voll zu tun. PETER HILBERT

Frieder Ender hat beim und nach dem Hochwasser alle Hände voll zu tun. Pumpen und Notstromaggregate werden zur Mangelware. Viele Geräte sind in Stand zu setzen. Als die Katastrophe beginnt, werden dem Spezialisten selbst beim Stau auf der neuen Pirnaer Elbbrücke die Pumpen förmlich aus der Hand gerissen.

Hoteliers steht das Wasser bis zum Hals

„Am schlimmsten wird es, wenn das Wasser weg ist." Das steht für Thomas Rieß fest. Das Elbehochwasser brachte für seine Häuser die Katastrophe schlechthin. Im Wehlener Strandhotel steht das gesamte Erdgeschoss unter Wasser, beim gegenüberliegenden Wehlener Hof ebenfalls. Nicht anders sieht es bei seinem dritten Objekt, dem Schillergarten am Blauen Wunder, aus. Zumindest die Möbel im Strandhotel konnten gerettet werden. Vor der Flutwelle schafften sie die Hotelmitarbeiter noch schnell einen Stock höher. In Rieß' Büro wurden noch eilig Computer und andere Utensilien auf Tische gestellt – vergebens. Gewappnet ist sein Haus auch, zumindest für normale Fälle. Doch die Hochwasserpumpe hatte bei der jetzigen Flut keine Chance. Da die Keller geflutet waren, gab's noch ganz andere Gefahren, die sich in Gestalt von Gasgeruch meldeten. Ein zu Hilfe gerufener Monteur der Gasversorgung Sachsen Ost (Gaso) hatte das Problem, dass er nicht mehr an den Absperrhahn im Keller herankam. Fieberhaft wurde nach alten Plänen gesucht, wo sich das Gas unterm Fußweg abstellen ließe. Letztlich mit Erfolg. Doch das Desaster kam dennoch. Bereits am Montag wurden alle Hotelgäste evakuiert. In der Nacht zum Mittwoch verließ der Hotelchef als Letzter das sinkende Schiff. „Hochwasser ist für uns nichts Unnormales. Das haben wir bis zu drei Mal jährlich", sagt der Hotelier. „Aber die Jahrtausendkatastrophe konnte keiner vorhersehen." Deshalb hält er Schuldzuweisungen derzeit für völlig daneben.

Der Hotelier bereitet sich jetzt schon auf die Zeit danach vor. Dann soll mit dem Reinigen der Hotels begonnen werden. Dann wird es an die Bestandsaufnahme gehen. Den zu erwartenden Schaden könne er beim besten Willen jetzt noch nicht beziffern. Erst in einigen Wochen wird abzusehen sein, ob es im Strandhotel und seinen anderen Häusern weitergeht – oder nicht. Auch das schließt Rieß nicht aus. Die Zukunft hänge aber vor allem davon ab, welche Gelder fließen werden. Versicherungen sind dabei nur eine mögliche Quelle. Der Hotelier rechnet damit, dass die Häuser frühestens zu Ostern 2003 wieder für Gäste öffnen können. „Es wird viele Gelder geben, auch Spenden", ist sich der Hotelier gewiss.

Nur, das allein werde nicht ausreichen. „Jede Gemeinde wird Millionen brauchen. Unterm Strich summiert sich das bestimmt auf Milliarden", glaubt er. „Jede Gemeinde sollte jetzt auf die Partnerorte im Westen zugehen, um Hilfe finanzieller, logistischer und menschlicher Art zu bekommen."

Düstere Aussichten erwartet Rieß für die Touristenbranche. „Es werden Umsatzeinbußen kommen, die sich noch kein Mensch vorstellen kann." Selbst den Elberadweg gibt es de facto nicht mehr. „Eine grausame Situation", so Bundestagsabgeordneter Klaus Brähmig, der auch an der Spitze des Tourismusverbandes Sächsische Schweiz steht. Einen genauen Überblick über die Schäden hat er jedoch auch nicht. „Hauptsache, wir bekommen die überfluteten Hotels wieder flott", sagt er. Für manchen Inhaber wird es schwierig werden. Deshalb sei es jetzt vorrangig, Geld für den Wiederaufbau der Region heranzuschaffen. Nur mit Krediten sei nichts zu machen. „Wichtig sind jetzt nicht nur Worte, sondern Taten", zeigt sich Brähmig entschlossen. Die Werbung für die Region will er jetzt noch stärker ankurbeln. Demnächst fährt der Tourismusverband auf eine Reisemesse nach Köln. Um ein Haar hätte Brähmig ein Problem mit seinen Werbematerialien bekommen. Wäre nämlich das Lager des Tourismusverbandes überflutet worden, hätte er zur Messe mit leeren Händen dagestanden. PETER HILBERT

Fast sämtliche Gaststätten und Hotels in Pirnas Altstadt werden von den Fluten der Elbe erreicht, müssen wochen- oder gar monatelange Zwangspausen einlegen. Auf der Niederen Burgstraße sind unter anderem das Hotel Deutsches Haus, das Restaurant Malaga und die Kleinkunstbühne Q 24 betroffen.

Während Hotels und Gaststätten in Wehlen unter Wasser stehen, wird die Versorgung für Helfer und betroffene Bürger aus einer Gulaschkanone gesichert. Die hat ein engagierter Mann aus Bayern hierher gebracht. Täglich werden Hunderte Portionen ausgegeben.

Bevor der Pegel weiter ansteigt, werden am Bad Schandauer Café Stammler vorsorglich Sandsäcke vor die Eingänge gepackt. Am Ende zahlt sich der Fleiß nicht aus, die Elbe lässt auch hier ihrer Gewalt freien Lauf.

Wo sich sonst Touristen erholen, dominiert die Elbe. Das Erdgeschoss steht fast völlig unter Wasser. Frühestens zu Ostern 2003 kann das Wehlener Strandhotel wieder öffnen. Der Chef, Thomas Rieß, hat sich nicht nur um sein Haus gekümmert. Er organisierte als einer der Ersten schnelle finanzielle Hilfe aus den alten Bundesländern.

Das Schmilkaer Grenzeck ist in normalen Sommermonaten ein Eldorado für Kletterer. Davon ist im August 2002 nichts mehr zu sehen. Die Elbe hat den Bad Schandauer Ortsteil fest im Griff. Nichts geht mehr. Der Grenzübergang nach Tschechien wird noch Monate gesperrt bleiben.

Das Rathener Amselgrundschlösschen ist ein weiterer betroffener Tourismus-Betrieb. 22 Hotels sowie 121 Gaststätten, Cafés und Imbissstände werden stark beschädigt oder zerstört. Für Rathen, das fast ausschließlich vom Fremdenverkehr lebt, ein herber Schlag. Hierher kommen statistisch gesehen die meisten Touristen pro Einwohner.

Montag 19. August

Kampf gegen den Schlamm

Die Ereignisse des Tages

Das **Landratsamt** beginnt mit dem Notbetrieb, die Rathäuser zahlen erste Soforthilfen an Hochwasseropfer aus. Es gibt 500 Euro pro Person, maximal 2 000 Euro je Haushalt.

Die **Pirnaer Stadtverwaltung** findet im Gebäude des Amtsgerichts auf dem Sonnenstein Unterschlupf.

Die neue Elbbrücke in Pirna ist bereits seit Tagen wieder befahrbar, nun wird auch die alte Elbbrücke freigegeben.

Landrat Geisler hebt den Katastrophenalarm in weiten Teilen des Kreises auf.

Das **Landratsamt** bildet einen Stab zur Prüfung der Statik beschädigter Häuser. Begonnen wird die Arbeit in Müglitztal.

Die Zahl der Todesopfer steigt auf sieben.

In den zuvor überfluteten Gemeinden wie Pirna und Heidenau läuft die **Schlammbeseitigung** auf Hochtouren. Die sich zurückziehenden Fluten geben den Blick auf die Schäden frei.

Viele Händler sitzen auf den **Trümmern ihrer Existenz**, die braune Matsche machte in vielen Wohnungen den Hausrat zum Unrat.

Russland schickt neben Hilfsgütern Amphibienfahrzeuge ins Katastrophengebiet. Die blauen Riesen bergen umgestürzte und beschädigte Pontons und Schiffsanlegestellen und richten diese wieder aus.

In der **Zeltstadt** auf dem Pirnaer Sonnenstein wird letzte Hand angelegt, am Vormittag fehlt noch die Abwasserentsorgung. Hier sollten ursprünglich 3 000 Menschen einziehen, jetzt ist nur noch von 1 500 die Rede.

Hunderte Einsatzkräfte kämpfen derzeit darum, dass das Leben wieder in halbwegs geordnete Bahnen kommt. In weiten Teilen des Kreises Sächsische Schweiz wird am Montag der Katastrophenalarm aufgehoben. Der Elbepegel ist um mehrere Meter gesunken. In einigen Gebieten herrscht allerdings noch der Ausnahmezustand. Das betrifft das gesamte Elbtal sowie die Täler der Müglitz, der Seidewitz und der Biela. Das Landratsamt informiert über die aktuelle Situation:

DIE OPFER. Die Zahl der Todesopfer im Landkreis ist auf sieben gestiegen. Befürchtet wird, dass weitere hinzukommen. Immerhin werden noch mehrere Menschen vermisst.

DIE HELFER. Weiterhin sind Einsatzkräfte aus ganz Deutschland vor Ort, um zu helfen. Die stärkste Gruppe stellen die Bundesgrenzschützer. Derzeit sind rund 800 Beamte mit Spezialtechnik im Einsatz. Vor allem kommt es für sie jetzt darauf an, Behelfsstraßen zu bauen, an Brennpunkten die Sicherheit und die Versorgung der Bevölkerung zu gewährleisten. Der BGS kümmert sich auch auf anderer Ebene. Am Montag spielen zwölf Musiker des Orchesters des Grenzschutzpräsidiums Ost auf dem Sonnenstein für Evakuierte. Noch einen Tag zuvor haben sie mit ihren Klängen Bundeskanzler Gerhard Schröder erfreut. Außerdem sind im Landkreis 750 Bundeswehrsoldaten, 350 Retter von bayerischen Hilfsorganisationen und 150 Kräfte des Technischen Hilfswerks (THW) an der Katastrophenfront. Eine Krisengruppe organisiert jetzt die psychologische und seelsorgerische Hilfe. Hinzu kommen zahlreiche freiwillige Helfer aus der Bevölkerung und aus Partnerkommunen.

DIE FINANZHILFEN. Seit Montag werden Finanzhilfen für vom Hochwasser Geschädigte ausgezahlt. Unterstützung gibt's unter bestimmten Bedingungen bei nicht versicherbaren Schäden von mehr als 5 000 Euro. Pro Person werden 500 Euro gezahlt, je Haushalt maximal 2 000 Euro. Ansprechpartner sind die Stadt- und Gemeindeverwaltungen. Für Unternehmen werden von der Sächsischen Aufbaubank Hilfen zur Verfügung gestellt. Zinsgünstige Darlehen gewährt auch die Kreditanstalt für Wiederaufbau.

DIE NOTUNTERKÜNFTE. In die Zeltstadt Sonnenstein werden Evakuierte aus den Mittelschulen Graupa und Lohmen gebracht. Die Notaufnahmelager im Raum Sebnitz und Neustadt werden weiter betrieben.

DIE BESTANDSAUFNAHME. Das Landratsamt bildet einen speziellen Stab zur Prüfung der Statik von beschädigten Häusern. Dabei sind auch mehrere Ingenieurbüros eingebunden. Heute wird in der Gemeinde Müglitztal mit der Prüfung beschädigter Gebäude begonnen. Die Arbeit wird Schritt für Schritt in anderen Orten fortgesetzt.

DIE NOTBEHÖRDE. Heute nimmt das Landratsamt den Notbetrieb in seinem Hauptsitz auf der Zehistaer Straße auf. Dort werden zusätzliche Bürocontainer aufgestellt, da auch das Sozialamt untergebracht werden muss. Im Gebäude am Thälmannplatz kann noch nicht gearbeitet werden. Außerdem ist die Nebenstelle Sebnitz wieder geöffnet.

DIE LAGE IN PIRNA. Der Elbepegel sinkt von Stunde zu Stunde. Große Teile der Pirnaer Altstadt und von Copitz stehen nicht mehr unter Wasser. Die Schlammberäumung im Zentrum läuft jetzt auf Hochtouren. Schier hoffnungslos erscheint die Lage für viele Ladenbesitzer in der Altstadt, die buchstäblich auf den Trümmern ihrer Existenz sitzen. Das Ausmaß der Schäden an der historischen Bausubstanz sei noch gar nicht abzusehen.

Die Pflasterstraßen bieten teilweise ein verheerendes Bild. So ist der Oberbau der unteren Dohnaischen Straße völlig weggespült. Dort liegen die Versorgungsleitungen frei. Das Pirnaer Rathaus wird von Hilfsangeboten aus Partnerstädten und anderen deutschen Orten regelrecht überschwemmt. So stellen die Partner Remscheid und Reutlingen Helfer und technische Geräte zur Verfügung. Feuerwehrleute aus den beiden Städten und aus dem Graupaer Partnerort Baienfurt sind im Einsatz.

Remscheid bietet nun auch an, dass Kinder aus Pirna während der Aufräumarbeiten in der Stadt im Bergischen Land aufgenommen werden. Bautzener Familien haben sich spontan bereit erklärt, Patenschaften für die Hochwasseropfer in Pirna zu übernehmen. Die Hilfe soll bis hin zur Instandsetzung der Häuser gehen. „Jede helfende Hand wird jetzt gebraucht", wirbt Oberbürgermeister Markus Ulbig um weitere engagierte Freiwillige. Allerdings sollten diese Gummistiefel und Schutzhandschuhe mitbringen. PETER HILBERT

Dank des Polizeiorchesters des Bundesgrenzschutzpräsidiums Ost bleibt Kultur trotz der Katastrophe nicht auf der Strecke. Die Musiker spielen auf dem Pirnaer Sonnenstein für Evakuierte. Einen Tag vor ihrem Auftritt an der Turnhalle haben sie mit ihren Klängen Bundeskanzler Gerhard Schröder erfreut. 800 Grenzschützer kämpfen derweil an der Beräumungsfront.

Nachdenklich beobachten Feuerwehrleute aus Überlingen die braunen Fluten im Bad Schandauer Nationalparkhaus. Hier wurde bis zum Hochwasser eine Präsentation der Sächsischen Schweiz gezeigt. Das Haus war erst wenige Monate vor der Flut eröffnet worden.

Mittagspäuschen mit einem Provisorium: Ein Camping-Gaskocher dient dazu, Würstchen zu erwärmen und Kaffee zu kochen. Auch Siegfried Bender (r.) aus Copitz hat es sich gemütlich gemacht. Er hilft der Familie Lange in Dohna, ihr Haus nebst Tiefgarage vom Schlamm zu befreien.

Vor der Flut bummelten hier die Pirnaer. Doch daran ist jetzt auf der Flaniermeile Dohnaische Straße nicht mehr zu denken. Mit Schaufeln, Besen und Schrubbern treffen sich nun die Helfer und machen sich ans Aufräumen. Ein Knochenjob, schließlich stand die ganze Innenstadt unter Wasser. Die Geschäftsleute bangen um ihre Zukunft.

Fassungslos schauen sich die Menschen die verwüstete Dohnaische Straße an. Das Hochwasser spielte mit dem Kopfsteinpflaster wie mit kleinen Bausteinen.

Die Banken im Landkreis haben enorme Schäden zu verkraften. Das Hochwasser hat Büros und Geschäftsräume weggespült. Es zerstörte auch die Sparkassenfiliale in Pirna.

Ohne Technik kommen die Helfer nicht weiter. Die Siegfried-Rädel-Straße in Pirna stand zweimal unter Wasser. Zunächst wurde sie von der Gottleuba überschwemmt. Als die Brühe weg war, trat die Elbe über die Ufer und nahm von der Straße erneut Besitz. An der Pirnaer Infrastruktur entstanden rund 6,8 Millionen Euro Schaden.

Den Helfern kann nicht genug gedankt werden. Der Inhaber dieses Geschäfts in der Pirnaer Altstadt tut es mit einem großen Plakat in seinem Schaufenster.

Die Eimer sind leer, die Schubkarre auch. Nur die Arbeit wird nicht weniger. Jens Odrich-Kluge eilt zum nächsten Beräumungseinsatz im Zentrum von Pirna.

Nicht nur in der Pirnaer Barbiergasse wurde aus dem Hausrat Unrat. Im ganzen Katastrophengebiet werfen die Menschen auf die Straße, was ihnen zwar lieb geworden, aber nach der Flut schrottreif ist. Mit Entschädigungszahlungen können nur die wenigsten rechnen. Dafür fließen Spenden in beachtlicher Höhe.

Mitarbeiter des Pirnaer Rathauses sorgen zusammen mit vielen anderen Helfern dafür, dass der Dreck möglichst schnell verschwindet. Auf der Dohnaischen Straße verfrachten sie schlammige Müllsäcke auf einen Multicar.

Eine Kehrmaschine aus dem rheinland-pfälzischen Worms ist gerade auf der Rosa-Luxemburg-Straße in Pirna unterwegs. Um die Straßen wieder sauber zu bekommen, bittet das Rathaus um Verstärkung von auswärts. Auch das Kanalnetz muss durchgespült werden, damit kommende Regengüsse ungehindert abfließen können. Nachdem die Arbeit geschafft ist, werden die gesperrten Straßen wieder freigegeben.

Tagelang müssen die Helfer arbeiten, bis der Schlamm aus dem Garten des evangelischen Kinderhauses in Pirna verschwindet. Die Einrichtung gehört zu den am stärksten betroffenen. Mehr Schäden haben lediglich die Kitas in Bad Schandau und Dohna – Letztere wird restlos zerstört. Das Hochwasser sucht 14 Betreuungsstätten heim.

Von den Waren ist in diesem Pirnaer Geschäft nichts mehr zu retten. Nach dem Hochwasser landet alles auf dem Müll. Um einen Neubeginn zu wagen, brauchen die Händler dringend finanzielle Unterstützung.

Schlecht sieht es in Pirna für Leseratten aus. Die Wassermassen haben die Bestände der Stadtbibliothek in der Dohnaischen Straße zum Teil vernichtet. Die Zweigstellen in Copitz und auf dem Sonnenstein arbeiten aber weiter.

Mit Wasser aus einem Feuerwehrschlauch reinigt Arnd Janke Regale und Schränke. Er greift den Inhabern einer Parfümerie in der Breiten Straße in Pirna unter die Arme. Die privaten Schäden belaufen sich in der Stadt auf knapp 43 Millionen Euro. Obwohl der Bundeskanzler hundertprozentige Entschädigung verspricht, sind viele skeptisch.

Den alten Schiffsanleger in Halbestadt hat die Flut aufs Trockene getrieben. in dem rechtselbischen Königsteiner Ortsteil sind zwölf Familien betroffen, haben ihren Wohnbereich verloren. Zudem zerstört das Wasser Ferienwohnungen, Keller und Garagen.

Lehrling Silvio Georgi (l.) und Reha-Techniker Dominik Renner wollen, dass alle in der Stadt wissen: Das Sanitätshaus in der Pirnaer Bahnhofstraße macht weiter.

Mit Schaufeln ist da nichts auszurichten. So schlimm sind die Schäden an der Tankstelle und am Penny-Markt in Rathmannsdorf und Bad Schandau. Die Bundeswehr rückt zur Beräumung mit schwerer Technik an. Weil das Elbhochwasser tief in das Lachsbach-Tal floss, fällt hier die Katastrophenbilanz besonders negativ aus.

Die Menschen brauchen Mut zum Neuanfang

Die Elbe hat sich in ihr Flussbett fast zurückgezogen. Wie zum Hohn glitzert das Wasser in der Sonne. Für die Menschen zwischen Schmilka und Bad Schandau vielleicht ein Zeichen der Hoffnung, denn sie brauchen jetzt viel Mut zum Neuanfang.

Die Situation ist katastrophal. Bis zu fast vier Metern Höhe sind die Häuser in Postelwitz in den Fluten versunken. An der Straße türmt sich der Sperrmüll. An vereinzelten Häusern lösen sich Putz und Lehm.

In diesen Büchern wird niemand mehr stöbern. Das Wasser durchdrang den wertvollen Lesestoff Blatt für Blatt und verwandelte so die antiquarischen Kostbarkeiten in Müll.

„Das war unsere Existenz. Wir sind nicht in den Urlaub gefahren. Das ganze Geld, unsere Kraft haben wir hineingesteckt", sagt Monika Schlesinger. Die Wirtin vom Café Häntzschel steht schlammverschmiert inmitten ihrer Einrichtung. Das Café ist hin, die Ferienwohnungen im Haus Elbufer auch. „Wir müssen jetzt erst mal aufräumen und dann weitersehen. Unser Haus verlassen wir nicht. Das haben wir auch nicht getan, als uns das Wasser immer näher kam. Warum sollten wir jetzt gehen." Die Schlesingers wollen der Katastrophe trotzen. Ob es gelingt? Vor der Frage stehen auch die meisten Bad Schandauer. Noch weiß keiner, wie hoch die Schäden sind, wie viele Häuser betroffen sind. Das Städtchen, das sich in den letzten Jahren schön gemacht und sich herausgeputzt hat, ist in einem furchtbaren Zustand. Überall stinkt es nach Öl, Diesel, Abwässern. Der Stadt droht Seuchengefahr, falls nicht bald alle Lebensmittel vernichtet werden.
„Die Auswirkungen auf den Tourismus sind katastrophal. Wir sind praktisch handlungsunfähig. Wie soll man Marketing betreiben, wenn man so etwas sieht", sagt Bürgermeister Andreas Eggert. Auch er war die letzten Tage im Dauerstress. Koordiniert wurde der Katastropheneinsatz von Sebnitz aus. In der Großen Kreisstadt bekamen auch die meisten evakuierten Bad Schandauer vorübergehend ein Dach über den Kopf. Eigentlich müsste Andreas Eggert auflisten, was in welcher Reihenfolge alles zu tun ist. Doch wo soll er anfangen. Das Zentrum der Stadt ist fast völlig zerstört. In den Geschäften und Gaststätten versuchen die Leute fieberhaft, das Chaos zu beseitigen. Von den Einrichtungen sind nur noch Trümmer übrig. Wie beispielsweise bei Annette Berg. Noch vor wenigen Tagen verkaufte sie hier Reiseandenken, Holzspielzeug und verschiedene andere Dinge. Einiges konnte sie vor den Fluten retten. Doch in ihrem Geschäft drohen die Decken abzustürzen, voll gesogen mit Wasser, ist die Last zu schwer. Tiefe Löcher lassen den Blick nach oben frei. Doch Annette Berg findet in all den Trümmern doch noch Hoffnung. „Wenn das Haus nicht abgerissen werden muss, will ich weiter machen. Was soll ich sonst tun", sagt die junge Frau. So wie sie stehen die meisten Geschäftsleute, die über Jahre in ihre Existenz investierten, vor dem Nichts. Ein Rückschlag, von dem sie sich nur schwer erholen können. Von den vielen schönen kleinen Geschäften, die Bad Schandau so liebenswert machten, ist nichts mehr übrig. Auch touristische Einrichtungen hat es schwer getroffen, wie etwa das Schrammsteinbad und das Nationalparkhaus.
Doch überall packen Helfer an, um den Neuanfang zu wagen. Hotelier Werner Kirschner hat zwei Gaststätten in Bad Schandau verloren, die anderen in Krippen blieben verschont. „Wir können jetzt nicht aufgeben, sondern müssen auch die Gaststätten und Hotels so schnell wie möglich wieder öffnen. Denn wir brauchen Touristen in der Sächsischen Schweiz."

ANJA WEBER

Statt sich im warmen Wasser zu räkeln, könnten sich die Besucher des Bad Schandauer Schrammsteinbades höchstens eine Schlammschlacht liefern. Die Investition in einen ausgeklügelten Katastrophenschutz nützte der Wohlfühloase nichts. Obwohl dank mobiler Deiche auf ein Jahrhunderthochwasser bestens vorbereitet, ging sie in den Fluten der Elbe unter. Das Wasser hinterließ einen Millionenschaden. Der Betreiber will trotzdem noch 2002 wieder öffnen.

Von der Kleingartensparte in Prossen haben die Fluten nicht viel übrig gelassen. Im ganzen Landkreis Sächsische Schweiz wurde mehr als jede zehnte Scholle beschädigt.

Wie ein Symbol für das Elend, das die Flut brachte, hängt ein Fisch zwischen den Stäben eines Zauns am Schrammsteinbad in Bad Schandau. Mehr Glück hatten die Lachse in den Elb-Nebenflüssen: Sie überlebten die Katastrophe.

Des Wassers Kraft hilft Hinterlassenschaften der Flut zu beseitigen. Mit Schläuchen spritzen die Altendorfer Feuerwehrmänner Jens Kirpal und Tino Laufer in Bad Schandau den Schlamm von der B 172. An der Fassade des Hauses gegenüber ist deutlich zu sehen, wie hoch das Wasser stand. Nach der Katastrophe sind Hunderte Helfer hierher gekommen, um den Einwohnern beim Aufräumen unter die Arme zu greifen. Es gibt nur wenige Familien, die nicht betroffen sind. Mehr als zwei Drittel der privaten Wohnhäuser – etwa 400 – wurden beschädigt.

Statt Bauen steht in Postelwitz Beräumen auf der Tagesordnung. Die Elbgemeinde wurde von den Fluten kalt erwischt. In manchen Häusern stand das Wasser bis zu vier Meter hoch.

Kieloben liegt das Fährboot Bad Schandau im Wasser. Die Oberelbische Verkehrsgesellschaft Pirna-Sebnitz verliert bei der Katastrophe drei ihrer acht Elbfähren.

Anette Berg steht inmitten der Trümmer ihres Geschäfts in Bad Schandau. Hier hat sie Souvernirs verkauft, bis die Elbe alles übeschwemmte. Die Bilder gleichen sich. Das Städtchen, das sich in den letzten Jahren herausgeputzt hat, ist nach der Katastrophe in einem furchtbaren Zustand. Überall stinkt es nach Öl und Abwässern.

Bundeswehrsoldaten gönnen sich eine Verschnaufpause auf dem Bad Schandauer Markt. Im Hintergrund bereiten sich andere Helfer für ihren Einsatz im verseuchten Schlamm vor.

In kleinen Schritten kehrt die Normalität zurück. Doch das Hochwasser hat überall Spuren hinterlassen. Nicht alle werden so schnell beräumt sein wie der Schlamm hier.

Der Schlamm muss weg. Mühsam arbeiten sich diese Männer zum Inneren des Bad Schandauer Blumenladens vor. Dort haben die Fluten ganze Arbeit geleistet. Die Einrichtung des Geschäftes kommt sofort auf den Müll. Angesichts der Verwüstungen brauchen die Ladenbesitzer eine große Portion Zuversicht für einen Neubeginn.

Rathener sitzen im Dunkeln

Der Kalender zeigt den 19. August. Nur langsam weicht die Elbe aus den Gassen im Kurort Rathen. Von dem, was Privatleute und Kommune in den letzten Jahren in den schönen Ort investierten, hat das Wasser wenig übrig gelassen.

Wie andere auch, sitzen die Rathener zum überwiegenden Teil noch im Dunkeln. Die Esag-Mitarbeiter aus Neustadt beginnen jetzt mit ihren Aufräumarbeiten. Punkt sechs Uhr ist Lagebesprechung. Was der Chef Matthias Mennicke zu berichten hat, hört sich nicht gut an. In seinem Bereich zwischen Schmilka und Rathen gibt es eine Menge zu tun. In elbnahen Gebieten hat kein Stromkasten die Fluten überlebt. Die meisten sind mit dickem Schlamm bedeckt, die Technik völlig zerstört. „Wir beginnen jetzt, nach und nach unsere Anlagen zu säubern, zu prüfen, um sie dann wieder in Betrieb nehmen zu können", sagt Matthias Mennicke. Doch das wird eine Weile dauern. An normale Arbeitstage wagen die Beschäftigten der Esag gar nicht zu denken. Kurz nach sieben Uhr rücken die Teams aus. Die Sächsische Zeitung ist mit Jürgen Schäfer und Sven Noack in Rathen vor Ort. Erst jetzt, nachdem die Fluten langsam schwinden, wird das ganze Ausmaß der Zerstörung deutlich. Von dem Rathen, das sich in den letzten Jahren schön gemacht und herausgeputzt hat, ist nicht mehr viel übrig. Bürgermeister Thomas Richter steht die Anspannung der letzten Tage im Gesicht. Fast 50 Häuser hat es schwer getroffen, darunter eine Menge Gaststätten, Geschäfte. Heute koordinierte der Gemeindechef bereits die Arbeitstrupps, passte auf, dass keine Schaulustigen oder Plünderer in den Ort eindringen. Auf die Männer von der Esag wartet Thomas Richter schon. Immerhin hat ein Großteil von Rathen seit Mittwoch, dem 14. August, 15.30 Uhr, keinen Strom mehr.

Elektriker Jürgen Schäfer steht nach der Flut unter Dauerstress. Er muss dafür sorgen, dass der Strom überall wieder fließt – mitunter eine Sisyphusarbeit.

„Jetzt wird es kompliziert. Wir wollen Stromkreis für Stromkreis wieder in Betrieb nehmen. Dazu müssen wir uns die Verteilerkästen an den Häusern suchen, sie vom Schlamm befreien und trockenlegen." Außerdem müssen die Verteilerkästen im Ort kontrolliert werden. „Wann ist im Amselgrund wieder mit Strom zu rechnen?", fragt eine junge Frau. „Ich denke, zu Mittag, besser gesagt am Nachmittag", meint Jürgen Schäfer. Doch er war zu optimistisch. Das Wasser staut sich im hinteren Teil von Niederrathen noch meterhoch. Keine Chance, um an alle betroffenen Verteilerkästen an den Häusern ranzukommen, die über den betreffenden Stromkreis versorgt werden.
„Wir beginnen jetzt erst mal hier oben. Vielleicht sinkt es ja im Laufe des Tages noch weiter." Ursula Möser ist die Erste im Haus Nummer 8 am Grünbach. Der Verteilerkasten am Gebäude wurde schon zum Schutz gegen Hochwasser in etwa 1,50 Meter Höhe angebracht. Doch angesichts der Fluten, die in die Straße schwappten, keine Chance. Das Erdgeschoss des Hauses stand komplett unter Wasser. Ursula Möser versucht, Ordnung in das Chaos zu bringen. „Die Möbel haben wir noch rechtzeitig einen Stock höher geschafft. Uns geht es hier aber noch gut. Andere Rathener hat es viel härter getroffen", sagt die Frau. An die meisten Häuser kommt aber noch keiner heran. Selbst wer in einem der Boote, die sonst auf dem Amselsee schwimmen, zu seinem Haus rudert, kann meist nicht hinein. Das Wasser steht mitunter noch bis zu den Fenstern im Erdgeschoss. Und genau das Problem haben

auch Jürgen Schäfer und Sven Noack. In Rathen gab es für sie deshalb noch nicht viel zu tun. Als Nächstes stehen sie vor einem Pumpwerk des Abwasserzweckverbandes.

„Die Anlage ist Schrott. Innen alles verschlammt und unter Wasser. Wir können jetzt nur unsere Kästen säubern und die Sicherungen rausdrehen", sagt der Mann von der Esag. Auch am übernächsten Wohnhaus bleibt ihnen nichts anderes übrig, als den Verteilerkasten mit sauberem Wasser auszuspritzen und trocken zu wischen. „Den lassen wir erst mal offen, damit er austrocknet. Die Sicherungen müssen ebenfalls gewechselt werden." Wird ein Haus vergessen und der betreffende Stromkreis in Betrieb genommen, kann die Anlage explodieren. Zum Wasserschaden käme dann noch weiteres Unglück. Und so heißt es, weiter hoch konzentriert zu arbeiten. Die Rathener zeigen Verständnis dafür, dass nichts überstürzt werden kann. „Könnte unser Haus möglicherweise in zwei Tagen wieder angeschlossen sein? Ich will es nur ungefähr wissen", fragt ein Mann, der beim Sonneneck wohnt. Jürgen Schäfer hält sich unterdessen mit seinen Prognosen zurück. Auch er scheint ein wenig erstaunt, wie gelassen die Leute reagieren. Seit Dienstag ist er hier im Dauereinsatz. „Aber es hat keiner gemeckert, als der Strom weg war, und auch jetzt nicht, wenn wir nicht alle Häuser wieder sofort zuschalten können." Auch Wolfgang Peschel gibt sich mit der Aussage zufrieden. Er ist selbst bei der Feuerwehr.

Eine 36-Stunden-Schicht liegt hinter ihm. Sein Haus war selbst betroffen. Gestern hatte er etwas Zeit und konnte mit dem Aufräumen beginnen. Doch wo zuerst. Der Garten ist mit dickem, schwarzem Schlamm übersät, die Sträucher sehen nicht viel besser aus. „Da können wir nichts weiter machen. Das wird schon wieder wachsen", ist er optimistisch. Nicht so die Esag-Männer Jürgen Schäfer und Sven Noack. Bei ihnen steht jetzt die Kontrolle eines weiteren größeren Stromkastens an. „Normalerweise kann man ja den Radweg entlanglaufen. Heute wird es aber beschwerlicher", ahnt er. Und er hat Recht.

Der Radweg in Richtung Wehlen ist noch immer in der Elbe versunken. Also heißt es durch knöcheltiefen, stinkenden Schlamm waten, sich irgendwo festhalten, um nicht abzurutschen. Der Kasten ist völlig zerstört. Beim Öffnen schwappt noch etwas Elbwasser heraus.

Schlamm und Steine haben die Technik völlig ruiniert. „Das nächste Mal müssen wir eine Wasserwaage mitbringen, um zu sehen, ob sich nicht etwa die Mauern gehoben haben", sagt Jürgen Schäfer. Für ihn und Sven Noack ist es nicht der letzte Einsatz in Rathen. ANJA WEBER

Konzentrierte Blicke in eine Vermittlungsstation der Telekom. Ob das nützt? Die Bad Schandauer und Wehlener bleiben nach der Katastrophe wochenlang vom Festnetz abgeschnitten.

Lichtblicke im Chaos

An Tagen wie diesem versuchen die 30 Mitarbeiter der Frachtzustellbasis Dohna der Deutschen Post das Unmögliche möglich zu machen. Selbst den elenden Zustand des Müglitztales vor Augen, wollen sie nicht klein beigeben.

Wird dieser Umschlag rechtzeitig sein Ziel erreichen? Die Männer von der Deutschen Post setzen alles daran. Vom Dohnaer Gewerbegebiet aus machen sie sich mit täglich bis zu 3 000 Päckchen und Paketen auf den Weg. Oft legen die Fracht-Profis die letzten Meter bis zum Empfänger mit einer Sackkarre zurück. Doch das lohnt sich: Die Freude der Adressaten entschädigt sie für alle Mühen.

Schließlich müssen täglich 2 500 bis 3 000 Pakete und Päckchen vom Dohnaer Gewerbegebiet aus verteilt werden. Wie in ganz normalen Zeiten kommt die Fracht aus der Zentrale in Ottendorf-Okrilla. Die Dohnaer Post-Männer beliefern Neustadt, Stolpen, Hohwald, Pirna, Heidenau, Dresden-Zschachwitz, Dohna und Glashütte. Doch genau davon sind weite Teile jetzt unerreichbar. Also gar nicht erst ansteuern? Und vor allem: Sind die Post-Männer überhaupt in den Krisengebieten willkommen? Fragen, die jedem in der Dohnaer Postzentrale – mehrere davon sind selbst unmittelbar betroffen – durch den Kopf gehen. Keiner weiß darauf eine Antwort. Alle Mitarbeiter um Chef Holger Dörwald sind sich schließlich einig: Wir versuchen's!
Die Arbeitsbedingungen sind aber plötzlich ganz andere. Es gibt Personalengpässe. Sieben Zusteller wurden gleich rechtselbisch, da wo sie wohnen, abdelegiert. Sie beliefern von hier aus Neustadt, Stolpen und Hohwald. Von den restlichen Mitarbeitern ist einer im Feuerwehreinsatz, andere sitzen zu Hause fest. Etwa 20 Prozent der Belegschaft wurden evakuiert. Aber die Pakete kommen. Täglich müssen die Bereiche neu abgesteckt werden.
So bahnen sich die Postautos nur zwei Tage nach der Katastrophe ihre Wege in einen Großteil der betroffenen Gebiete. Selbst dahin, wo es schier unmöglich scheint. Beispiel Glashütte. Das Müglitztal ist unpassierbar. Geht es aber oberhalb des Tales über die Dörfer? Die Post-Männer wollen es in Doppelbesatzung probieren, laden 151 Sendungen in den Kleintransporter. Der Weg führt sie über Reinhardtsgrimma, Niederfrauendorf, Luchau bis auf die Höhen der Uhrmacherstadt. Endlich da. Aber wie kommen sie mit der Fracht hinunter an die Leute? Die Pakete werden auf Sackkarren geladen. Wege, teilweise bis zu 500 Meter, sind zu bewältigen. Geschafft. Ein Empfänger nach dem anderen wird erreicht. Am Ende sind 149 Sendungen zugestellt und die beiden Post-Männer um eine Erfahrung reicher: Die Glashütter waren dankbar für diesen Lichtblick. Da hatte es doch tatsächlich ein Dienstleister geschafft, bis zu ihnen vorzudringen. Viele Glashütter – Betriebe wie Privatleute – nutzen den unerwarteten Post-Service gleich dazu, Briefe mitzugeben.
„Die wurden bei uns in Dohna gesammelt und nach Ottendorf in die Zentrale weitergeleitet", beschreibt der Postchef den weiteren Weg. Ähnliche Szenen spielen sich beispielsweise auch in Dohna ab. Sendungen, die tatsächlich nicht den Adressaten erreichen können, werden an den Absender zurückgeschickt – mit dem Vermerk „Hochwasser". „Aber das sind wirklich nur ganz wenige, die meisten versuchen wir an den Mann zu bringen", betont Dörwald.

GABRIELE SCHRUL

Inmitten des größten Chaos sucht sich Heike Rönsch einen Weg zu den Briefkästen. Eine Woche lang erreichte kein Brief den Empfänger. Berge von Post haben sich im Briefzentrum Ottendorf-Okrilla angesammelt. Die junge Frau aus Radeberg hilft ihren Kollegen in Pirna, damit die Verteilung schnellstmöglich wieder in Gang kommt.

Dienstag 20. August

Russische Hilfe für Sachsen

Die Ereignisse des Tages

Zwischen Burkhardswalde und Mühlbach wird eine **Behelfsstraße** in Betrieb genommen.
Einsatzfahrzeuge dringen immer weiter ins Müglitztal vor.
Dort wird das **achte Todesopfer** der Katastrophe im Landkreis geborgen.
Derweil gibt es einen regelrechten Ansturm auf die **Impfstelle** in Pirna. Dort bekommen die Helfer den ersten Schutz gegen Hepatitis A.
Bei der **Prüfung von Wasserproben** werden in Dohna Fäkalienkeime gefunden. Allerdings wird der Grenzwert nicht erreicht. Den Einwohnern wird empfohlen, das Wasser vor dem Verzehr abzukochen.
Damit die Einsatzfahrzeuge nicht behindert werden, lässt **Krisenstabschef Hans Hüsken** die Innenstadt für Privatautos sperren. Den Angaben zufolge hat die Bundeswehr massiv auf diesen drastischen Schritt gedrängt.
Zwischen Meißen und Pirna rollt wieder die **S-Bahn**, allerdings starten die Züge von Pirna aus nur im Stundentakt.
Noch hakt es an vielen Stellen bei der **Versorgung**: So kämpft die Post verzweifelt darum, Briefe und Pakete zu den Adressaten zu bringen.

Während in Elborten die Schlammberäumung voll läuft, kämpfen die Einsatzkräfte in den Nebentälern fieberhaft beim Bau der Straßenverbindungen. Mittlerweile gibt es kleine Lichtblicke, bekommen Haushalte in einigen Gemeinden wieder Strom.

Einsatzfahrzeuge können immer weiter ins Müglitztal vordringen. Zwischen Burkhardswalde und Mühlbach wird am 20. August eine Behelfsstraße in Betrieb genommen. Auch von Burkhardswalde nach Weesenstein dringen die Straßenbautrupps immer weiter vor. Bis Ende der Woche soll das Müglitztal im Kreisgebiet wieder durchgängig befahrbar sein. Hundert Männer arbeiten dafür derzeit fieberhaft. THW-Kräfte beräumen von den Hängen heruntergespültes Geröll. BGS-Technikzüge und Straßenbauer arbeiten Hand in Hand.

IMPFUNGEN. Einen regelrechten Ansturm gibt es auf die Impfstelle der Schandauer Straße in Pirna. Impfungen gegen Hepatitis A seien aber nur in besonderen Fällen nötig. Vor allem geht es dabei um Einsatzkräfte. Bei Beachtung bestimmter Punkte ist Impfschutz nicht nötig. Unter anderem sind das strikte Handhygiene, der Verzehr unbedenklicher Lebensmittel und sauberes Trinkwasser. Beim Aufräumen sollten Gummistiefel und Handschuhe getragen werden, so dass die Haut nicht mit Überschwemmungswasser oder Schlamm in Berührung kommt.

OPFER. Im Müglitztal wird das achte Hochwasseropfer im Landkreis gefunden. Die Behörden rechnen mit weiteren, da noch Menschen vermisst werden.

WARNUNG. Bei Prüfung von Wasserproben werden im Wasser von Dohna Fäkalienkeime gefunden. Allerdings ist der Grenzwert noch nicht erreicht. Das Gesundheitsamt empfiehlt, in Dohna vor dem Trinken das Wasser abzukochen – falls Strom in den Wohnungen vorhanden ist. Deshalb sollte die Bevölkerung im Kreis aber nicht in Panik verfallen. Das Trinkwasser wird ständig untersucht.

HILFE. Zusätzliche Helfer sind sogar aus Russland gekommen. Mit einem Transportflugzeug treffen am Dienstag, dem 20. August, Schwimmwagen und Einsatzkräfte ein, die auf Anweisung von Präsident Wladimir Putin Hilfsgüter bringen. Erstes Ziel ist das rechtselbische Gebiet zwischen Prossen und Halbestadt. Avisiert sind jetzt auch Feuerwehren aus Nachbarkreisen, die ihre erschöpften einheimischen Kollegen ablösen.

KRISENGEBIET PIRNA. Spätesten ab Sonntag, dem 25. August, sollen die Hauptstraßen in der Altstadt wieder befahrbar sein. Die alte Elbbrücke wird heute wieder freigegeben. Viele Gewerbetreibende aus der Altstadt stehen am Rande des Ruins. Deshalb würden keine neuen Kredite, sondern nur Zuschüsse in mehrstelliger Millionenhöhe helfen, sagt Pirnas Oberbürgermeister Markus Ulbig. Heute sind allein in der Altstadt fast 3 000 freiwillige Kräfte bei der Beräumung zugange. Wichtig sei es jetzt, die Wege nach Oberposta und Obervogelgesang freizuschaufeln. In Pirna stehen mittlerweile genügend Hilfsgüter zur Verfügung. Hochwassergeschädigte können Kleidung, Decken und andere lebensnotwendige Sachen in den Tannensälen auf der Bergstraße abholen. PETER HILBERT

Unverhoffte Hilfe kommt aus Russland. Spezialisten ziehen in Stadt Wehlen mit einem Schwimmwagen einen Schiffsanleger ans Ufer. Präsident Wladimir Putin hat die Einsatzkräfte persönlich ins Krisengebiet entsandt.

So sieht die untere Dohnaische Straße
in Pirna nach dem Hochwasser aus.

Verdiente Mittagspause in der Zeltstadt Sonnenstein. 600 Bundeswehrsoldaten leisten im Landkreis Sächsische Schweiz ganze Arbeit beim Katastropheneinsatz und der Beseitigung von Schäden.

Jahrzehnte DDR-Geschichte begräbt das Hochwasser der Elbe. Zurück bleibt der bizarre Anblick von Resten des Zwickauer und Eisenacher Automobilbaus.

Tage nach der Flut bietet sich am Elbufer unweit der Heidenauer Malzfabrik dieses Bild. Nicht nur die verschiedensten Holzteile hat der Fluss angeschwemmt, sogar auch schweres Gerät wie Heizkessel oder einen stählernen Ponton.

Nach dem Aufräumen kommt die Erfrischung gerade recht. Die Sommersonne treibt am 20. August und den folgenden Tagen die Quecksilbersäule in die Höhe.

Ordner der Kämmerei liegen aneinander gereiht auf dem Balkon des Pirnaer Rathauses. Sonne und warme Luft ziehen die Feuchtigkeit aus dem Papier. Das Hochwasser hatte einige Regalreihen in den Verwaltungsräumen im Erdgeschoss überflutet.

Die Hitze trocknet den Schlamm vorm Bad Schandauer Schrammsteinbad. Es bilden sich dicke Schollen.

Die Fußgängerzone auf der Dohnaischen Straße ist nur ein großer Müllplatz. Rechts und links der Häuser türmen sich meterhohe Schuttberge. Sofort nach dem Sinken des Elbepegels krempeln die Pirnaer die Ärmel hoch und gehen ans Aufräumen. Binnen weniger Tage verschwinden Bauschutt und Abfall.

Die Müglitztalstraße in Dohna lässt das Ausmaß der Schäden erahnen. Nach ersten Schätzungen summieren sie sich in der Stadt auf rund 29 Millionen Euro.

Ein alltägliches Bild während des Aufräumens in Dohna: In Gummistiefeln gehen Einwohner und Helfer Tag für Tag an die Arbeit.

Außergewöhnliche Hochzeit: Katrin und Carsten Reichelt geben sich während des Katastropheneinsatzes vor der Sporthalle Sonnenstein das Jawort. Die 24-Jährige und der 30-Jährige wollten eigentlich auf Schloss Weesenstein heiraten. Das Hochwasser durchkreuzte diesen Plan. Dennoch entschlossen sich die jungen Leute vom Katastrophenzug der Johanniter-Unfallhilfe zu heiraten, nur eben unter Umständen, die sich keiner hätte träumen lassen. Pfarrer Andreas Günzel traute die Heidenauer.

Mittwoch 21. August

Geschäftsleute packen an

Trotz der katastrophalen Lage in Pirnas Altstadt ist bei vielen Betroffenen der Aufbauwille ungebrochen. Die Menschen hoffen jetzt allerdings inständig auf die durch Politiker zugesagte Hilfe.

Der 54-jährige Geschäftsmann Roman Hache und seine Frau Gloria (52) stehen in der Pirnaer Altstadt vor dem Nichts. Ihren Laden im wunderschön sanierten Haus Lange Straße 43 hatten sie erst im Sommer eröffnet. Dort vertreiben sie unter anderem kunstvoll verarbeitete Holzprodukte und Tee. Nach der Eröffnung Mitte Juli kamen immer mehr Kunden. Doch nun wurden die Geschäftsleute eiskalt vom Elbehochwasser erwischt.

Über zwei Meter hoch stand es in den Ladenräumen im Erdgeschoss. Die Elektroanlage ist kaputt, der Fußbodenbelag muss herausgerissen werden. Alle Schäden sind noch gar nicht aufgenommen. Nur die wertvolle Holzbalkendecke blieb verschont. Glück im Unglück: Nach der Hochwasserwarnung konnte ein Teil der Waren noch ins Obergeschoss gerettet werden. „Ohne die Hilfe von Nachbarn und vielen anderen Helfern wären wir verloren gewesen", so Gloria Hache. Diesen Menschen ist sie besonders dankbar. Der Schaden am Ladeninventar und an den Waren wird gewiss eine fünfstellige Summe erreichen, schätzen Haches. Besonders hart trifft es die Familie, da sie keine Hochwasserversicherung hat. Ihr Laden liegt im gefährdeten Gebiet. Deshalb habe der Vertreter den Abschluss einer Police für Hochwasserschäden abgelehnt. Dennoch scheint der Optimismus der Geschäftsleute ungebrochen. „Wir wollen so schnell wie möglich wieder öffnen. Es muss ja weitergehen", sagt Gloria Hache. „Uns bleibt auch gar keine andere Chance."

Die Städtische Wohnungsgesellschaft, der das wertvolle Bürgerhaus gehört, will größtmögliche Unterstützung geben. Das versichert Geschäftsführer Dr. Frieder Bahn. Baufachleute werden jetzt schnellstens die Sanierung in die Wege leiten. Diese ist auch auf der Langen Straße 22 dringend nötig. Das Gastwirtsehepaar Ulrich und Astrid Hesse steht sprichwörtlich vor den Scherben seiner Existenz. Ihre Pension mit der historischen Gaststätte „Gerberhaus" wurde von der Elbe bis ins erste Obergeschoss überflutet. „Das ist eine einzige Katastrophe", klagt Gastwirt Hesse. Er schätzt den Schaden an seiner Einrichtung auf rund 150 000 Euro. Auch er ist nicht gegen Hochwasserschäden versichert. Die sofort ausgezahlten Zuschüsse seien ein Tropfen auf den heißen Stein. 500 Euro bekam Hesse pro Arbeitnehmer. Unterm Strich werden 4 000 Euro fießen. Der Gastwirt hat noch den Kredit für die Ausstattung seines 1999 eröffneten Hauses am Hals. Ein neues Darlehen würde er gewiss nicht bekommen. „Ich muss jetzt so schnell wie möglich wieder aufmachen", zeigt sich Hesse entschlossen. „Ohne Hilfe des Staates und der EU wird aber nichts gehen. Sonst können wir nicht weitermachen", ist sich der 46-Jährige sicher. Bis zur Wiedereröffnung muss er sich finanziell über die Runden retten. Morgen werden Hesses zum Sozialamt gehen. „Vom Unternehmer zum Sozialhilfeempfänger. Dank des Hochwassers", so Ulrich Hesses bitterer Kommentar.

PETER HILBERT

Die Ereignisse des Tages

Die **Beräumungsarbeiten** in den hochwassergeplagten Städten und Gemeinden laufen auf Hochtouren. Weitere Helfer treffen aus den Kreisen Kamenz und Bautzen sowie aus dem Niederschlesischen Oberlausitzkreis ein.

Das **Landratsamt** fordert weitere Bundeswehrsoldaten an. Ihre Aufgabe soll es sein, die Müglitz und die Seidewitz in ihre ursprünglichen Flussbetten zurück zu bringen.

Angesichts der anhaltenden **Hilfsbereitschaft** stehen einige Rathäuser sogar vor Problemen. So bittet zum Beispiel die Pirnaer Stadtspitze, keine Kleidung mehr zu spenden. Diese sei reichlich vorhanden.

Ulrich und Astrid Hesse stehen vor den Scherben ihrer Existenz. Ihre Gaststätte „Gerberhaus“ in Pirnas Altstadt wurde vom Hochwasser völlig verwüstet, das Gebäude bis ins erste Obergeschoss überflutet. Allein an der Einrichtung entstand ein Schaden von rund 150 000 Euro. Hesse muss zum Sozialamt, um über die Runden zu kommen.

Die Geschäftsleute Roman Hache (l.) und seine Frau Gloria besprechen mit ihrem Vermieter, wie die Schäden am Gebäude beseitigt werden können. Das soll schnell geschehen, verspricht der damalige Geschäftsführer der Städtischen Wohnungsgesellschaft Pirna, Dr. Frieder Bahn, kurz nach der Katastrophe.

Trotz der Flut haben Manuela Pautzsch und Steffen Achtmann den Humor nicht verloren. Sie schleppen dieses Schild aus dem völlig verwüsteten Geschäft auf der Grohmannstraße in Pirna.

Pirnaer Händler meistern das Dilemma auf ihre Art. Ute Arnold (l.) und Ute Rietzschel von der „Molligen Mode" verkaufen wie viele andere Geschäftsleute schon Anfang September ihre Waren in Ständen auf dem Pirnaer Markt. Indessen werden die Schäden an ihrem Laden auf der Dohnaischen Straße behoben.

„Auf dem sicher langen Weg zur Normalität"

„Auch wir möchten einen Beitrag leisten auf dem sicher langen Weg zu etwas Normalität." Auf kleine Zettel hat die Bäckerei Trepte dies geschrieben und sie an verschiedene Stellen im Ort geklebt. Morgen, von 10 bis 11 Uhr, wird sie in Rathen an der Feuerwehr Backwaren verkaufen. Normalität. Was ist noch normal? Früher war es normal, dass Rathen die meisten Besucher in der Sächsischen Schweiz hatte. Früher, das war noch vor wenigen Tagen. Und es soll tatsächlich bald wieder zumindest einen Hauch davon geben. Deshalb werden so schnell wie möglich die fünf geretteten Blumenkübel wieder aufgestellt, verkündet Bürgermeister Thomas Richter. Er hat jetzt außerdem in Rundfunk und Presse aufgerufen, weitere Blumen für Rathen zu spenden. Sie werden dem Bild einen Farbtupfer geben. Doch was Andreas Köberl, Jens Gehrig und weitere Hoteliers, Gastronomen und Pensionsbesitzer brauchen, ist Geld. Das Elb- und das Amselgrundschlösschen sowie das Erbgericht werden auf Monate dicht sein. Über Schadenshöhen wollen die Chefs noch nicht spekulieren. Dafür ist noch keine Zeit. Noch immer gilt es, aufzuräumen. Jens Gehrig fährt jetzt Bagger und Lkw, Andreas Köberl schlurft in gelben Gummistiefeln durch sein Hotel. Beide haben alle Mitarbeiter entlassen müssen. Trotzdem sind die meisten heute da. Eine 19-jährige Königsteinerin im Amselgrundschlösschen gehört dazu. Seit Montag täglich mindestens zehn Stunden. Was danach wird, ob und wo sie ihre Lehre beenden kann, weiß die junge Frau nicht. Und wieder stemmt sie eine schwere Schubkarre. Drinnen im Haus gibt es nichts mehr – „Alles raus", sagt Gehrig. Kegelbahn, Solarium, Fußböden, Wände, Technik, Toiletten. Bis nachts um drei haben die Leute hoch getragen, was sie konnten. Doch es war nicht alles und nicht hoch genug. Köberl steht vor einem ähnlichen Scherbenhaufen und „tausend technischen Fragen". Mit seiner Allianz-Versicherung sei er zwar sehr zufrieden, doch was die Statiker sagen, steht noch auf einem anderen Blatt. Zu den etwa 30 freiwilligen Helfern gehört im Elbschlösschen Stephan Wehner aus Bischofswerda. Seine Mutter arbeitete hier. Spontan fuhr der 21-Jährige am Sonntag nach Rathen und bleibt, so lange er gebraucht wird. „Bevor ich zu Hause auf dem Sofa sitze, helfe ich hier lieber", sagt der zurzeit Arbeitslose. Eine Frau mit einer Schaufel läuft auf der anderen Seite des Grünbaches gerade an der „Hermann"-Gaststätte vorbei. Sie hat sich einfach ins Auto gesetzt. Will helfen, weil sie früher oft nach Rathen kam und jetzt ein Stück des Weges zur Normalität mitgehen will. Der „Hermann" soll auch wieder öffnen, auch wenn Katrin und

Die Flut geht, der Schlamm bleibt. Auch in der „Destillerie am Elbufer" in Rathen ist großes Reinemachen angesagt. Tagelang kommt Geschäftsführer Klaus Teutoburg-Weiß (l.) kaum noch aus seinen Gummistiefeln heraus.

Herms Dittrich im Moment keine Vorstellung haben, wie das funktionieren soll. „Wir haben zurzeit gar nichts", sagt sie, während er das Türschloss ölt, um wenigstens abschließen zu können. Das Elbschlösschen, der vollständig untergetauchte Rosengarten, das Erbgericht und auch der „Hermann" gehören zu denen, die an erster Wasserfront stehen. Hier ist auch Monika Stollar von der Dehoga unterwegs. Sie erzählt von den vielen Stornierungen auch in Gebieten weit weg von Elbe und Müglitz. „Dadurch werden jetzt auch die nicht Betroffenen zu Betroffenen." Stollar informiert die Rathener über ein Gespräch, das heute 12 Uhr in der Sparkasse auf der Rottwerndorfer Straße in Pirna stattfindet. Köberl schreibt sich den Termin auf. Jeder greift jetzt nach jedem Strohhalm. Für Köberl ist es auch die Chance, nach der Katastrophe endlich das Rathener Streitobjekt Kottesteig zu sanieren.

Lebensmittelhändler Karsch hat vorerst andere Sorgen. Er ist zwei Mal abgesoffen – in Wehlen und in Rathen. Die geretteten Rathener Reste stehen und liegen nun im Gemeindeamt. Kekse, Katzenfutter, Zigaretten und mehr stapelt sich auf Fußböden und Fensterbrettern. Sogar eine richtige Kasse haben sie. Eine alte, die mit Kurbel läuft. Früher nicht weggeschmissen, dann gerettet und nun wieder zu Ehren kommend. Frau Schiffner und Frau Schöbel kehren ihren „Laden" und sortieren die Waren. In einem Korb steht Weichspüler. Den braucht jetzt keiner in Rathen, denn erstens liegen die meisten Waschmaschinen als Müll am Straßenrand, zweitens gibt es noch keinen Strom. Haus für Haus wird angeschlossen, sagt Bürgermeister Richter, sobald die Voraussetzungen gegeben sind. Um den Elektriker muss sich jeder selbst kümmern. Trinkwasser ist kein Problem. Wann Telefon und Gas wieder funktionieren, kann Richter nicht sagen. Er weiß nur: „In Rathen wurde zum Glück kein Haus weggespült." Der erste Schritt auf dem Weg zur Normalität.

Auch eine Frau, die an zwei Krücken geht, möchte ihn mitgehen – kann aber nicht. Beim Helfen ist sie im Schlamm ausgerutscht und hat sich das Knie an einer Glasscherbe aufgeschnitten. Jetzt ist es dick verbunden. Trotzdem, zu Hause sitzen kann sie nicht. „Da werde ich verrückt." Sie fühlt sich schlecht, weil sie jetzt, da alle gebraucht werden, nicht helfen kann.

Aber es sind viele andere da. Aus der Partnergemeinde Öttingheim zum Beispiel, und morgen kommen auch die Felsenbühnen-Künstler zum Einsatz. Sie alle machen mit, weil sie überzeugt sind, irgendwann ist Rathen wieder das Touristenziel in der Sächsischen Schweiz. Die Bastei hoch oben schaut herunter. Und wäre sie ein Mensch, sie würde nicken.

HEIKE SABEL, JULIA SCHMEES

Dieser traurige Anblick bietet sich an der Bar im Hotel Elbschlösschen. Auch andere Bereiche des Hauses, so das Schwimmbad, sind stark beschädigt. Das größte Hotel Rathens wird monatelang geschlossen bleiben.

Milch aus der Turnhalle

Vor zwei Wochen kam er aus dem Krankenhaus. Die Schulter. Deshalb mag es Königsteins Bürgermeister Frieder Haase gar nicht, wenn ihm jetzt jemand aufmunternd draufklopft. Und das wollen viele. Vor nunmehr über einer Woche ging der Mann am Montagmorgen aus dem Haus und ist seitdem nur immer für wenige Stunden zurückgekehrt. Zwei kleine blaue Fässer auf der Pirnaer Straße sorgen für Aufregung. Von giftigen Stoffen ist die Rede. Von wem sind sie? Vom Arzt? Aus der Zahnarztpraxis? Haase schickt Leute los, es zu klären. Andreas Stübner will, dass sie von seinem Haus wegkommen. Der Amtshof-Wirt karrt Schubkarre um Schubkarre Dreck aus dem an Nässe und Schlamm erstickenden Gastraum. Am Fenster hängt noch das Schild „Heute Ruhetag“. Nein, das Haus abreißen kommt nicht in Frage, sagt Stübner. Die Balken schließlich halten schon 150 Jahre. Jetzt muss nur Luft rein, damit sie trocknen. Haase kümmert sich um Heizgeräte. Stübner wie auch die vielen anderen Gewerbetreibenden in Königstein brauchen Geld. Auf dem Rathaus soll sich jeder in eine Liste eintragen. Außerdem verspricht Haase, die nun zu vergebenden Aufträge gehen zuerst an die Einheimischen, die auch mit geholfen haben. Haase hat sogar schon wieder Träume. Dort, wo das Haus Pirnaer Straße 2 Unmengen Wasser geschluckt hat, sieht er schon die Stadthalle stehen. Das alte Gebäude gehört zu den fünf, sechs, die in Königstein abgerissen werden müssen. In den meisten Fällen handelt es sich um leer stehende Häuser. Für viele andere Königsteiner sind in den letzten Tagen aber Träume davongeschwommen. Ein älterer Mann schiebt mit der einen Hand einen Kinderwagen, in der anderen hat er den Gehstock. „Du musst alles vergessen, was du hast besessen“, zitiert er ein Lied. Auch bei Familie Scherz ist mehr als die Decke eingestürzt. Eine ganze Welt. Diejenige, die sie sich für das Rentnerleben aufgebaut hatten. Frieder Haase nimmt die Frau in den Arm. Sie ist verzweifelt: „Schuld haben die Tschechen, die haben uns absaufen lassen.“

Von außen sieht der Königsteiner Edeka-Markt intakt aus. Doch der Schein trügt. Während der Flut ragte nur das Dach aus dem Wasser heraus. Die ganze Einrichtung ist hin.

Ein Vorwurf, der in Königstein immer wieder zu hören ist. Als Haase ihr dann sagt, dass die Decke in der Werkstatt raus muss, scheint ihre Vorstellungskraft für die Bewältigung dieser Arbeit nicht mehr zu reichen. Plötzlich stehen zwei junge Leute vor der Tür. Sie haben Sachen zur ASB-Sammelstelle gebracht und wollen nun helfen. Doch niemand braucht sie, stellen sie enttäuscht fest. Auch Frau Scherz will sie wegschicken. Haase spricht ihr gut zu. Schließlich muss die Werkstatt ausgeräumt werden.

Der Bürgermeister gibt klare Antworten, stellt präzise Fragen, gibt praktische Hinweise. Er macht einen sachlichen, gefassten Eindruck. Ein bisschen spitzbübisch sagt er: „Der Kreis hat von uns nichts gehört, weil wir uns selbst organisiert haben.“ Als Königstein abgeschnitten war und Pirna weit weg, war die Partnerstadt Königstein/Taunus nah. Von dort kommen noch zwei Kehrmaschinen, die Feuerwehr ist schon seit Tagen da. Doch diese Tage sind auch an Haase nicht spurlos vorbeigegangen. Im provisorischen Edeka-Mark in der Schulturnhalle bittet er um eine Schachtel Zigaretten – mit Anschreiben. Anderthalb Schachteln raucht er jetzt pro Tag.

Vom Supermarkt guckte nur noch hier und da ein Stück Dach raus. Haase hat es genau wie die Kläranlage dahinter vom Schlauchboot aus nur ahnen können.

Auf mindestens vier Wochen in der Turnhalle richtet sich inzwischen Marktleiterin Gabi Schmidt mit ihrer Truppe ein. Vorerst werden die Königsteiner vom Rathaus aus versorgt. Für 3 000 Euro stellte Edeka kostenlos Lebensmittel zur Verfügung. Die Festungsbäckerei brachte Brote. Jetzt stehen im Schulhof ein Bäcker- und ein Fleischerwagen. Von hier ist das Basketballnetz zu sehen. Zu drei Vierteln ist es dunkelbraun. So weit hing es im Dreckwasser. Auf ein Brett notiert jemand mit Kreide die Pegelstände am Eingang der Mittelschule.

Vorigen Dienstag heißt es: 6.50 Uhr: 0 Zentimeter; 15 Uhr: 32 Zentimeter. Christian Neumeyer und Andy Rehschuh aus der Zehnten haben jetzt keinen Blick dafür. Sie hängen Türen aus. Haase bricht die Aktion ab. So schnell hat er schließlich keinen Ersatz. Aber er sieht „die Chance für den Neuanfang".

Diese Einstellung scheint sich auf viele Königsteiner übertragen zu haben. Vergessen wird trotzdem nichts. Dazu werden schon die Hochwassermarken beitragen, die Haase an allen Häusern anbringen lassen will. HEIKE SABEL

Mit einer ungewöhnlichen Verkaufsatmosphäre müssen die Königsteiner nach der Hochwasserkatastrophe leben. Der abgesoffene Edeka-Markt ist kurzerhand in die Schulturnhalle umgezogen. Michaela Mutze bedient Georg Rüdrisch und dessen Enkelin Silvana. Weil nach der Flut vielen das Bargeld fehlt, gehen die Waren mitunter erst einmal gratis über die Ladentheke. Es wird angeschrieben.

Donnerstag 22. August

Pirna wird auf Hochglanz poliert

Das Wasser ist auf und davon. Zurück bleibt ein Ausmaß der Zerstörung, wie es wohl die wenigsten schon einmal gesehen haben. Im Schweiße ihres Angesichts arbeiten Tausende Pirnaer seit Tagen, um des Chaos Herr zu werden. Dabei bekommen die Helfer auch jede Menge Unterstützung von außen.

„Das war eine Riesenüberraschung heute früh“, freut sich Christel Ehrhardt aus Oberposta. Dort ist am Morgen ein ganzer Bus mit Hilfskräften aus Bautzen angekommen. Größtenteils sind es Schüler der elften Klasse. „Wir helfen den Leuten hier, ihre Wohnungen zu entrümpeln und den Schlamm aus den Häusern zu schaffen“, sagt Marlies Teuber. Die 16-Jährige ist von oben bis unten schmutzig. Das Lächeln ist ihr trotzdem nicht vergangen. „Es ist eine tolle Erfahrung, wenn man den Menschen helfen kann“, strahlt sie. Ihre Füße stecken in gelben Gummistiefeln. Die haben ihr die Anwohner geschenkt. Eine Frau bringt Brötchen. „Für die fleißigen Helfer“, sagt sie. Die Bautzner sind mit acht Bussen angerückt, verteilen sich über die ganze Stadt. Auf der Gartenstraße waschen sich Sandra, Manuela und Jana gerade die Hände. Die Klamotten der Schülerinnen vom Bautzner Schiller-Gymnasium stehen vor Dreck. „Es ist viel schlimmer, als wir gedacht haben“, meinen sie. Die drei gehen einfach auf die Anwohner zu und fragen, wo sie helfen können. Von überall her kommen die Freiwilligen. So ist zum Beispiel das Technische Hilfswerk aus Lohr bei Würzburg mit einer Spezial-Pumpeinheit vor Ort. Bis zu 5 000 Liter pro Minute können sie aus voll gelaufenen Kellern rausholen. An der Siegfried-Rädel-Straße wird gerade eine Tiefgarage ausgepumpt. „Hier sind fünf Millionen Liter drin“, brüllt Klaus Fischer über den Lärm der Pumpe. Die Männer sind seit letztem Freitag in Pirna, wohnen vorübergehend im Kinderheim. „Das Essen dort ist Klasse, trotzdem freuen wir uns schon auf zu Hause“, sagt Fischer.

Davon kann Michael Luitz ein Liedchen singen. Der Feuerwehrmann aus Baienfurt bei Ravensburg und seine 34 Kollegen sind Ende letzter Woche nach Pirna gekommen. „Warum gerade hierher?

Mit Bürste und viel Geduld wird der Schlamm, den die Flut hinterlassen hat, weggeschrubbt.

Die Ereignisse des Tages

Obwohl das Hochwasser zurückgegangen ist, sucht **Landrat Michael Geisler** händeringend nach Sandsäcken – der Grund dafür sind neue Unwetter- und Hochwasserwarnungen.

In Pirna laufen derweil die **Beräumungsarbeiten** auf Hochtouren. 6 500 Helfer packen mit an, rund um die Uhr wird Dreck beseitigt.

Täglich werden **2 500 Tonnen Müll** zur Deponie in Cotta gefahren – vor der Katastrophe waren es nur 100 Tonnen pro Tag.

Beim Großreinemachen kommt **Königstein** am weitesten. 90 Prozent der Festungsstadt sind gesäubert. Die Heidenauer bringen es hingegen auf 20 und die Pirnaer auf 30 Prozent.

Weil Graupa unser Partnerort ist." Für die Württemberger Ehrensache. Mit sechs Feuerwehrwagen rückten sie an, pumpten Keller aus und helfen jetzt beim Reinemachen. Wo das Auge hinfällt, überall werden Schaufeln geschwungen, spritzt Wasser aus Schläuchen, brummen Notstromaggregate und Tauchpumpen. Auf dem Markt spielen vier Jungs eine Runde Fußball. Sie gehören zu einer Berufsschulklasse aus Pulsnitz. In Dresden hätte man keine Helfer mehr gebraucht, da seien sie halt nach Pirna gegangen. Andere sind aus persönlichen Gründen gekommen. Familie Cramer aus Siegburg hat ein Haus auf der Langen Straße. „Frisch saniert und jetzt komplett abgesoffen", seufzt David Cramer. Wegen des Hauses ist einst die komplette Familie nach Sachsen umgezogen, jetzt müssen sie schauen, was vom Familienstolz noch zu retten ist. Jakob Cramer kommt gerade aus Bern, hat von dort mehrere Raumtrockner und ein Notstromaggregat mitgebracht. Es ist die fehlende Elektrizität, die vielen den Rückweg in die Wohnung verbaut. Bei Thomas Friedrich auf der Bahnhofstraße funktioniert ohne Strom nicht einmal die Toilettenspülung. Er wohnt im ersten Stock und hilft jetzt seinen Nachbarn, die weniger Glück hatten. Sein Onkel, Manfred Dobek aus Pirna, geht ihm dabei zur Hand. Er arbeitete in der Papierfabrik im Müglitztal und hat jetzt viel Zeit. JAN FRANKE

Mit einem Lächeln auf den Lippen geht alles leichter: Freiwillige beseitigen in Pirna Berge von Unrat. Nachdem sich das Wasser zurückgezogen hat, kommen Tausende in die Stadt, um beim Aufräumen zu helfen. Die Müllfahrzeuge rollen im Minutentakt nach Cotta, wo auf der Deponie täglich bis zu 2 500 Tonnen Abfälle abgeladen werden.

Selbst die Träume kennen kein Pardon

Das Wasser steigt und steigt, und mittendrin muss die Heidenauer Freiwillige Feuerwehr einen klaren Kopf behalten.

Keller auspumpen mit Hindernissen: Am Heidenauer Naumannplatz versinkt das Löschfahrzeug der Feuerwehr im metertiefen Schlamm. Nur die Selbstfahrlafette eines Technik-Sammlers kann den Zwölftonner wieder frei bekommen.

Im Depot der Freiwilligen Feuerwehr Heidenau an der Pirnaer Straße scheint zehn Tage nach der Flut-Katastrophe alles seinen gewohnten Gang zu gehen. Friedlich plätschert die Müglitz unmittelbar neben dem Grundstück vorbei. Und auf dem Hof, der noch vor Tagen selbst überflutet war, erledigen Feuerwehr-Männer Putzarbeiten an Fahrzeugen und Geräten.

Doch nichts ist mehr so wie es war. In den Gesichtern zeichnen sich die Strapazen der zurückliegenden Tage ab. Die Truppe ist erschöpft. Ein Stück Normalität – das wäre schön. Doch davon ist die Heidenauer Feuerwehr weit entfernt.

Die zurückliegenden Tage verhießen nichts Gutes. Immer nur Schlamm, Wasser und Müll, mit ein paar Stunden Schlaf dazwischen. Hunderte Heidenauer mussten in Sicherheit gebracht werden. Die Flutwelle, die am Nachmittag des 12. August durch das idyllische Müglitztal schoss, riss alles mit: Häuser, Autos, Straßenpflaster, Bäume. Die Müglitz ergoss sich bis in die Südvorstadt, verschonte auch das Max-Leupold-Stadion nicht. Doch damit nicht genug. Nur Stunden später drückte die Elbe unbarmherzig ins Stadtgebiet.

Jetzt – Tage danach – kann einer der Männer seine Tränen nicht zurückhalten. Er erlitt einen Nerven-Zusammenbruch. Aber zu Hause hält er es nicht aus. Er braucht die Nähe seiner Leute bei der Wehr. Ein anderer kann keine richtigen Sätze mehr bilden, bringt nur noch eilige Stücke heraus, so als kämen die Worte den Gedanken nicht nach. An keinem sind die Tage spurlos vorbeigegangen. Viele hat das Wasser selbst schwer erwischt. Wie Andreas Hoppe, den Sprecher der Feuerwehr, mit seinem kleinen Dienstleistungs-Unternehmen im Müglitztal. „Solange wir hier bei der Feuerwehr arbeiten, ist es gut." Doch irgendwann muss auch der stärkste Mann einmal schlafen. Aber mit der Ruhe kommen die Bilder. Selbst die Träume kennen kein Pardon. Das Gedächtnis hat ganze Arbeit geleistet, lässt ein Löschen des Erlebten nicht zu: das Schleppen unzähliger Sandsäcke, Momente der eigenen Hilflosigkeit, das Umherirren, um Menschen in Sicherheit zu bringen, das Auspumpen von Kellern. Arbeit bis zur völligen Eschöpfung. Weitermachen, weitermachen.

Und dann die große Ungewissheit: Wie geht es den anderen Feuerwehrleuten und ihren Familien? Man kennt sie doch alle schon so lange. Nein, dieses Szenario erwischte sie alle – ganz brutal. Einen sogar tödlich beim Einsatz im nahen Pirna-Zuschendorf. Alle haben sie mittendrin gestanden, in dem Elend im Müglitztal und in Heidenau, da wo das sonst so friedliche Flüsschen in die Elbe mündet. Weiterleben, weitermachen, auch wenn es schwer fällt. Im Depot muss so schnell wie möglich wieder Normalität einziehen.

GABRIELE SCHRUL

Das Technische Hilfswerk fährt in Heidenau schwere Technik auf. Die Helfer beseitigen Schlamm, den die Müglitz an der Bahnunterführung im Kreuzungsbereich Dohnaer Straße/Gabelsbergerstraße hinterlassen hat. Schon droht erneut Hochwasser, denn der Pegel der Elbe steigt weiter.

Freitag 23. August

Die Ereignisse des Tages

Die umstrittene **Sperrung** der Pirnaer Innenstadt für Privatautos wird teilweise aufgehoben.
Nach **ersten Erkenntnissen** sind im ganzen Landkreis 1 400 Häuser beschädigt oder gar zerstört.
Das Landratsamt trifft Vorkehrungen gegen eine **Rattenplage**, indem die Behörde 100 000 Rattenköder bereitstellt.
Das Katastrophengebiet erfährt eine **Welle der Solidarität und Hilfsbereitschaft**. Allein in Pirnas Partnerstadt Remscheid gehen 200 000 Euro auf dem zentralen Spendenkonto ein.

Krippener unterstützen einander

Die Bilder im Oberen Elbtal gleichen sich. Inmitten der verheerenden Verwüstungen räumen die Menschen, wie hier in Krippen, voller Elan auf.

„Es muss weitergehen. Mir helfen Freunde und Bekannte, das Haus wieder in Ordnung zu bringen. Zu tun gibt es viel. Die ganzen Einbauten, wie Fußboden und Decke im Erdgeschoss, sind hin", sagt Helmut Füssel. Sein Haus steht direkt am Weg zur Elbfähre.
„Als wir das Wasser langsam kommen sahen, haben wir alles immer eine Etage höher geräumt. Dann wurden wir zwangsevakuiert, mussten ins Schlauchboot steigen." Das war schon Tage bevor es richtig schlimm wurde. Was danach auf sein Haus zukommt, weiß er nicht. Die Elbe nimmt sich Stück für Stück. Bis zu vier Meter Höhe steht das Haus der Füssels im Wasser. Die Nachbarn und die Anwohner weiter oben im Ort hat es genauso schlimm getroffen.
Inzwischen ist das Wasser wieder weg. Überall machen sich die Krippener jetzt ans Aufräumen. Das, was aus den Häusern entfernt werden muss, wird auf Container-Fahrzeuge gepackt. Die rollen unaufhörlich, und doch reicht es nicht. Von überall her bringen die Krippener von den Fluten zerstörte Fenster, Türen, ganze Wohnungseinrichtungen. „Kann ich hier was mit helfen?", fragt ein Feuerwehrmann in eines der Häuser rein. Am Wasserschlauch auf der Straße wird er im Moment nicht gebraucht. „Klar", schallt es aus dem ersten Stock des Hauses. Im Nachbarhaus wird schon mit dem Presslufthammer an den Wänden gearbeitet. Der Putz muss runter. „Auch wenn der Zusammenhalt im Ort mit der Zeit etwas nachgelassen hatte, jetzt sind sie alle da, helfen, wo sie können. Und das ist gut. Nur so ist es zu schaffen", sagt der Feuerwehrmann. Überall packen viele Menschen mit an, um schnell wieder in die Normalität zurückzufinden. Auch wenn es nicht einfach wird. Es wird dauern, bis der Touristenort wieder so schön wie vor der Katastrophe aussehen wird. Den Einwohnern zumindest fehlt es nicht am Mut.
„Da hilft nur, Ärmel hochkrempeln und los", sagt ein Mann vor der Fleischerei. Auch in dem Haus, in dem Gerd Jansen wohnt, stand das Wasser. „Wir haben bei uns schon angefangen. Zwischendurch helfe ich mal bei Freunden mit. Jede Hand wird gebraucht", sagt er.
Karin Schmidt von der Werkstatt für Behinderte der Arbeiterwohlfahrt auf dem Pirnaer Sonnenstein sucht unterdessen ihre Leute auf. „Mir fehlen die Worte, wenn ich jetzt in die Wohnungen der von uns Betreuten sehe. Viele hat es schlimm getroffen. Wir suchen sie jetzt alle auf, um sie zu informieren, wie es weitergeht, und ihnen zu sagen, wie sie in die Werkstatt kommen. Viele werden mit privaten Fahrzeugen gefahren. Uns hat dabei vor allem die Johanniter-Unfallhilfe unterstützt." ANJA WEBER

Helmut Füssel: Sein Haus steht direkt am Weg zur Elbfähre. Freunde und Bekannte helfen ihm, das Haus wieder in Ordnung zu bringen.

Mit Gummistiefeln und Notizblock unterwegs

Dass am Vormittag des 12. August die Themen-Planung in der Redaktion über den Haufen geworfen wird, überrascht keinen von uns. Schließlich sind wir eine Tageszeitung, die ihre Leser aktuell informiert. Deshalb wollen wir auch berichten, welche Schäden die starken Regenfälle seit der Nacht zum Montag angerichtet haben. Dass die Planung an diesem Tag aber mehrmals gekippt wird, ist schon etwas Besonderes. Denn die Ereignisse überschlagen sich. Am Nachmittag verwandeln sich die sonst so kleinen Flüsschen Gottleuba, Müglitz und Seidewitz zu reißenden Strömen mit verheerender Gewalt. Als am Abend der bereits fertige Beitrag auf den neuesten Stand gebracht werden soll, gibt es die erste Hürde: In der Redaktion wird, wie in großen Teilen Pirnas, der Strom abgeschaltet. Nichts geht mehr. Jetzt ist Einfallsreichtum gefragt. Auf nach Dresden ins Haus der Presse, lautet die Devise. Da kommt das zweite Hindernis: Das Wasser hat bereits von Häusern und Straßen Besitz ergriffen. Kurz entschlossen steigt Fotograf Daniel Förster in die Fluten und kämpft sich bis zum Bahnhof durch. Dort erwischt er eine der letzten S-Bahnen, die noch fahren. In Dresden ruft er Kreisredakteur Peter Hilbert an, der in der Landeshauptstadt dienstlich unterwegs ist, aber im Stau steckt. Schließlich treffen sie sich doch noch in den Redaktionsräumen an der OstraAllee, wenn auch die Mitternachtsstunde heranrückt. Am Dienstag erhalten die Leser eine Ausgabe mit den aktuellen Ereignissen.

Wie es aber an dem 13. August weitergehen sollte, wusste zunächst keiner. In Pirna gibt es keinen Strom, viele Straßen sind überschwemmt. Auch im Dresdner Haus der Presse hieß es für das Erdgeschoss sowie die Technik-Bereiche Land unter. Dort hatte die Weißeritz gewütet und die Zeitungsproduktion lahm gelegt. Wie aber sieht es in der Pirnaer Redaktion aus? Peter Hilbert lässt diese Frage keine Ruhe. „Nachdem ich über die Sachsenbrücke und den Postweg geradelt war, versperrte die Seidewitz mir den Weg“, erinnert er sich. So gibt es nur eine Möglichkeit. Anziehsachen im Rucksack verstaut, und dann in die Fluten. Brusthoch macht unser Kreisredakteur die ungewöhnliche Bekanntschaft mit der Seidewitz. Kurz vor dem Redaktionseingang hatten aber die Wassermassen der Gottleuba ein Einsehen. Auch die dort wachende Polizei. Der Chef darf kurz in die Redaktion und die notwendigsten Sachen, wie die unentbehrlichen Telefonverzeichnisse, holen. In Bautzen soll eine Notausgabe der SZ produziert werden, natürlich auch mit Berichten aus unserem Kreisgebiet. Wiederum muss uns etwas einfallen. Wir brauchen Bilder und Texte. So fährt Fotoreporter Dirk Zschiedrich um das Wasser herum: Von Pirna-Copitz über Sebnitz und Bad Schandau zurück auf die B 172 nach Pirna. Dann hat er das Foto von der überschwemmten Breiten Straße in Pirna im Kasten.

Die Sebnitzer Lokalredakteurin Anja Weber und ich versuchen inzwischen, von Sebnitz aus per Telefon Informationen zu bekommen. So war die Ausgabe gesichert. Auch die wichtigste Frage, wie die Materialien nach Bautzen kommen, kann geklärt werden: Dirk schickt die Sebnitzer Beiträge sowie die Fotos per Funk, Peter von seinem Computer zu Hause per E-Mail in die Notzentrale.

Inzwischen hatten Geschäftsführer Klaus Gertoberens und Kreisredakteur Peter Hilbert die Idee, die aktuellen Ereignisse in einem Buch der Nachwelt zu erhalten. Also erhalten Redakteur Domokos Szabó und ich am Mittwoch den Auftrag, von der Notunterkunft auf dem Sonnenstein sowie in der Rettungsleitstelle eine Reportage zu schreiben. Als Dresdner müssen wir uns jedoch erst bis

Fotograf Daniel Förster gelingt am 12. August das fast Unmögliche. In der SZ-Redaktion ist am Abend der Strom ausgefallen, nichts geht mehr. Mit den Flutfotos im Gepäck kämpft er sich bis zum Bahnhof Pirna durch, erreicht eine der letzten S-Bahnen. In Dresden wird dann in der Zentralredaktion der Sächsischen Zeitung die Pirnaer Lokalausgabe für den nächsten Tag mit den aktuellen Bildern und Informationen vervollständigt.

Der Treffpunkt der Sächsischen Zeitung in Pirna steht beim Elbehochwasser weit über einen Meter unter Wasser. Genauso wie in anderen Geschäften und Büros der Innenstadt werden die Räume völlig verwüstet. Die Büroausstattung, die Technik, Bücher und vieles mehr sind Opfer der Fluten. Nach der Katastrophe muss der SZ-Treffpunkt vorübergehend zwei Etagen höher eingerichtet werden. Die Redaktion hat Glück im Unglück: Die Räume im ersten Stock bleiben trocken.

Als in der Redaktion auf der Pirnaer Schössergasse nichts mehr geht, findet das SZ-Team eine Zuflucht in den Copitzer Edelstahlwerken Schmees. In einem Notbüro entsteht täglich unter schwierigsten Bedingungen der Pirnaer Lokalteil. Im Bild (v. l.): Lokalchef Peter Hilbert, Praktikantin Julia Schmees, Redakteurin Hannelore Angermann, Geschäftsführer Christian Redo und Redakteurin Ute Himmer.

nach Pirna vorkämpfen. In Heidenau versperren Schlamm und Geröll die Bundesstraße. So beschließen wir, das Auto abzustellen und es mit der S-Bahn zu versuchen. Mit Gummistiefeln ausgerüstet, die ich vorsorglich im Auto hatte, ging's zum Bahnhof, dort mit Hilfe von freundlichen BGS-Beamten über die Gleise auf den Bahnsteig. Nun musste nur noch ein Zug kommen. Einen Fahrplan gibt es nicht mehr. Schließlich landen wir doch noch in Pirna. Dort liegt knöchelhoch der Schlamm. Viele Einwohner zeigen sich schon wieder optimistisch.

Auf der Jacobäerstraße wird bereits aus vielen Geschäften Wasser herausgeschrubbt, Dreck beseitigt. Auch wir schöpfen Hoffnung, dass bald wieder in unseren Redaktionsräumen gearbeitet werden kann. Daraus wird aber nichts. Mittwochmittag kommt die Meldung: Die Elbe steigt immer höher. Elf Meter, lautet die Prognose. Das heißt, auch die Innenstadt wird überflutet.

Damit ist die Situation klar. Die Redaktion braucht dringend eine neue Unterkunft. Die Frage war bloß: Wo? Der Geschäftsführung kam der Zufall zu Hilfe. Die Edelstahlwerke Schmees in Pirna-Copitz hatten ein neues Büro eingerichtet und dadurch einen Raum frei. Diesen stellt das Unternehmen samt Computer und Telefonen der Redaktion zur Verfügung. So beziehen wir Mittwochnachmittag unser Notquartier. Schnell werden auch die anderen Kollegen angeklingelt und ein „Schlachtplan" entworfen. Vom 15. August an schwärmen wir dann von den Edelstahlwerken in alle Richtungen aus, um so viel wie möglich von den Ereignissen zu berichten.

Hannelore Angermann schlägt sich über Feldwege, durch Schlamm und Absperrungen nach Weesenstein durch. Heike Sabel übermittelt von ihrer teilweise überschwemmten Heimatstadt Heidenau Berichte. Selbst Gabi Schrul, die eigentlich Urlaub hat, greift vor Ort in Dohna zu Stift, Block und Computer. Auch unsere Praktikanten Oliver Nowak und Jan Franke stehen uns in dieser ungewöhnlichen Situation bei. Wer irgendwie kann, schreibt seinen Beitrag zu Hause auf Diskette. Schließlich müssen wir uns in unserer Notredaktion einen einzigen Computer teilen. Glücklicherweise haben die Mitarbeiter der Edelstahlwerke großes Verständnis für unsere Arbeit. Obwohl unsere Sekretärin Anke Voigt dafür sorgt, dass wenigstens eine gewisse redaktionelle Ordnung herrscht, betätigen sich die Edelstahlwerksmitarbeiter hin und wieder als Boten, bringen uns Faxe oder sagen uns, wo ein weiterer Computer frei ist. Da die SZ-Seiten in der Bautzener Notredaktion von einer Kollegin zusammengestellt werden, müssen auch unsere Beiträge dorthin gemailt werden. Das kostet Zeit und Nerven. Denn nicht wenige Texte müssen einige Male geschickt werden.

Schließlich war nicht nur das Handynetz stark überlastet, auch das Internet. Großes Aufatmen unseres Chefs, wenn am späten Abend die erlösende Meldung aus Bautzen kommt: „Alles klar. Ihr könnt nach Hause gehen".

In dem ganzen Chaos fungiert unsere Redaktion aber auch noch als Auskunftsbüro. Da will beispielsweise jemand wissen, warum sein Müllcontainer nicht weggeräumt wird oder wo er sich zu seiner gebuchten Leserreise einfinden soll. Hier können wir allerdings nicht helfen. Besser gerüstet sind wir dagegen als „Vermittlungsagentur" für Spenden. Viele Kollegen von anderen Zeitungen rufen an, und wollen Namen und Adressen für ihre eigenen Spendenaufrufe. So können wir etwa eine Spende über 250 000 Euro des „Nordkuriers" in Neubrandenburg an den Dohnaer Kindergarten „Bummi" vermitteln.

In den zwölf Tagen in Copitz sind wir alle um Monate gealtert, haben aber auch mehr erlebt und durchgemacht als Jahre zuvor. Hinzu kam, dass einige von uns selbst auch privat von der Flut betroffen waren. Andere wieder hatten zu Hause für Betroffene gesorgt oder ihnen geholfen. Wir haben, wie die meisten Menschen in der Region, den unbeschwerten Sommer hinter uns gelassen. Aber wir sind enger zusammengerückt. Nach und nach „normalisiert" sich die Lage. Am 27. August fließt wieder der Strom. Und auch das Telefon und unsere Computer funktionieren wieder halbwegs. Wir kehren in unsere Redaktion auf der Schössergasse zurück. UTE HIMMER

So sieht der SZ-Treffpunkt nach dem Elbe-Hochwasser aus. Die Aufräum- und Sanierungsarbeiten dauern monatelang.

Als ein Durchkommen auf den Straßen unmöglich ist, springt der BGS in die Bresche. Mit einem Boot der technischen Hundertschaft aus Rosenheim fahren Fotograf Dirk Zschiedrich (l.) und Lokalchef Peter Hilbert zu einer Reportagetour in Richtung Pirnaer Altstadt. Die Grenzschützer machen es auch möglich, dass SZ-Reporter aus Hubschraubern die aktuellsten Ereignisse per Bild festhalten können.

Kaum ist der Elbepegel gesunken, gehen SZ-Mitarbeiterinnen auf der Schössergasse mit Engagement ans Aufräumen. Statt in die sonst übliche Bürokleidung schlüpfen die Frauen nun täglich in Arbeitshosen und Gummistiefel. Binnen weniger Tage bringen sie etwas Ordnung in das Chaos in den Räumen im Erdgeschoss.

Tornados, russische Schwimmpanzer und gesunkene Fähren

„Das war eine wilde Zeit", stöhnt Michael Geisler noch heute. Als Landrat lastete während des Hochwassers die gesamte Verantwortung für die Koordination des Katastropheneinsatzes im Kreis auf seinen Schultern. Kaum Schlaf, ständig neue Schreckensnachrichten, aber auch eine beeindruckende Solidarität aus allen Teilen Deutschlands zählen nicht nur zu seinen Erfahrungen aus diesen Tagen. Besonders beeindruckt ist der oberste Katastrophenstabschef im Landkreis davon, was die von der Flut betroffenen Menschen mit unglaublichem Aufbauwillen binnen kurzer Zeit geschafft haben. Dabei hatte noch am Vormittag des 12. August 2002 kaum einer geahnt, was auf die Menschen in den Tälern der Müglitz, der Seidewitz, der Gottleuba sowie entlang der Elbe zurollte.

„Die gesamte Katastrophe kam auch für mich überraschend", räumt Geisler ein. Bis zum Mittag bereitet er noch einen Kreistagsausschuss vor. Gegen 13 Uhr kommt das erste Warnsignal: Die Hochwasser-Alarmstufe 1, die niedrigste, wird zuerst für die Müglitz und kurz darauf für die Seidewitz ausgerufen – später auch für die Gottleuba. Nachmittags erhält der Landrat die Schreckensmeldungen aus dem Müglitztal. In Mühlbach ist der Pegel des Flusses bereits auf 1,90 Meter angestiegen. Die zweithöchste Hochwasser-Alarmstufe wird angeordnet und später der Katastrophenalarm.

Die Informationslage ist völlig diffus. Der Landrat eilt zum Pirnaer BGS-Chef Heiko Knorren, bittet um Unterstützung mit einem Geländewagen. Geisler will sich im Müglitztal ein Bild von der Lage machen. Bereits hinterm Schloss Zuschendorf strömen gelbbraune Fluten die Felder hinunter. Über Meusegast geht's nach Burkhardswalde. Am Bahnhaltepunkt stehen die Gleise bereits unter Wasser. Mit dem Jeep will Geisler in Richtung Weesenstein. Doch Feuerwehrleute warnen, dass ein umgestürzter Baum die Staatsstraße zur Sackgasse gemacht hat. Also geht's wieder zurück über die Höhen nach Dohna. Am Penny-Markt hat das Wasser die Müglitzbrücke überflutet. Und auch die Hauptstraße durchs Tal ist bereits ein reißender Fluss. Kein Durchkommen mehr. Die Fahrt geht auf anderen Wegen nach Heidenau. Die Müglitz steht nur noch einen halben Meter unter der Brücke auf der Pirnaer Straße. Mit Bürgermeister Michael Jacobs werden weitere Schritte abgesprochen. Mehr Sandsäcke sind dringend nötig. Kurzum wird die relativ hochwassersichere B 172 gesperrt und in eine Packstelle verwandelt.

Kurz nach 19 Uhr eilt Ministerpräsident Georg Milbradt hierher, will sich ein Bild von der Lage machen, um weitere Schritte einleiten zu können. Die Katastrophe nimmt immer größere Ausmaße an. In Dohna ergießen sich jetzt die Wassermassen vom Kuxberg über die Reppchenstraße. Sie steht über einen halben Meter unter Wasser. Selbst der BGS-Jeep schafft es noch gerade so, sich bis zur Straße ins Müglitztal durchzukämpfen. Eins stellt sich schnell heraus: Selbst mit einem Geländewagen ist fast nirgends mehr ein Durchkommen. Also eilt Geisler zurück nach Pirna, um weitere Hilfe zu organisieren. Rettungshubschrauber müssen her. Kurz hinter der Feldschlösschenkreuzung endet die Fahrt auf der B 172 jäh. Die Gottleuba hat die Straße überspült – der Jeep verstummt.

Es folgt eine Tour mit einem Bundeswehr-Lkw, bei der vom Hochwasser Eingeschlossene gerettet werden. Doch Geisler will zur Schaltzentrale, seiner Rettungsleitstelle. Der einzig mögliche Weg führt über die Kohlbergstraße. Der Kreischef watet durch hüfthohes Wasser über die Seidewitzbrücke, kommt letztlich klitschnass in der Leitstelle an. Dort erwartet ihn die nächste Schreckensmeldung: Die Gottleubatalsperre ist voll. Innerhalb von sechs Stunden sind zwei Millionen Kubikmeter Wasser zugeflossen. Es heißt, dass morgens um sieben abgelassen werden muss. Gegen vier Uhr fällt die Entscheidung: Die Pirnaer Südvorstadt wird evakuiert. Da die Flut im Seidewitztal jedoch schon wieder bedrohliche Ausmaße angenommen hat, werden die Menschen zuerst von dort und dann aus der Südvorstadt zur Sporthalle auf dem Sonnenstein gebracht. Glück im Unglück: Die Gottleubatalsperre muss nicht abgelassen werden. In diesem Tal bleibt das Allerschlimmste aus.

Doch im Müglitztal harren noch viele von den Fluten Eingeschlossene aus, hoffen auf Rettung. Auf dem Sonnenstein wird der neue Sportplatz zum Hubschrauberlandeplatz umfunktioniert. Der Platzwart glaubt seinen Ohren nicht trauen zu können, als ihn Landrats-Mitarbeiter Jürgen Zimmermann nachts gegen drei per Telefon zum Aufschließen der Tore heranholt.

Im Morgengrauen des 13. August nahen die ersten Retter aus der Luft mit ihren BGS-Hubschraubern. Mit dem ersten wird die Weesensteiner Familie ausgeflogen, die über zwölf Stunden auf der letzten Mauer ihres fortgespülten Hauses ausgeharrt hat. Geisler macht sich bei einem Flug aus der Luft ein Bild. Ein Anblick des Grauens. „Bei Tageslicht habe ich erst so richtig gesehen, was los ist." Am Nachmittag eine weitere kurze Lagebesprechung in der Pirnaer BGS-Zentrale. Schon 700 Beamte sind vor Ort geeilt, einen Tag später bereits 1 300. Die Ereignisse überschlagen sich. Nachdem der Pegel der Nebenflüsse gesunken ist, steigt die Elbe unaufhaltsam an. Am 16. August kommt die Meldung, die Elbe wird auf 13,60 Meter ansteigen. „Da ist mir heiß und kalt geworden", gesteht Geisler. „Das waren die Stunden, in denen wir uns vorbereiteten, 30 000 bis 40 000 Menschen zu evakuieren." Neben der Zeltstadt auf dem Pirnaer Sonnenstein sind zu diesem Zeitpunkt noch weitere an der Bastei, in Pirna-Copitz und Großsedlitz geplant. Doch mit 12,02 Metern wird der höchste Pegelstand am Morgen des 17. August erreicht. Also bleibt es bei der Zeltstadt

Eine dicke Schlammschicht haben die Fluten auf der Motorhaube dieses Trabbis hinterlassen. Die direkt Betroffenen haben gewiss noch Monate oder gar Jahre mit der Bewältigung der schlimmsten Folgen zu kämpfen.

Sonnenstein. Und das macht genügend Arbeit. Der Aufbau der Zelte ist noch das kleinste Problem. Der Kampf fing bei der Lieferung der Toi-Toi-Häuschen an, erinnert sich Geisler. Als die vollzählig sind, fehlen die Duschen. Kaum sind die da, beginnt das Warten auf Waschbecken. „Das Ganze hat den Aufbau um 48 Stunden verzögert", so der Landrat. Somit sind 1 500 Plätze für Evakuierte geschaffen. „Ich habe dann mal gesagt: Stellt euch vor, wir hätten 30 000 Leute unterbringen müssen", ist Geisler heute noch froh, dass es nicht so gekommen ist.

Obwohl er in der Zentrale sitzt, dringen nicht alle Informationen bis zu ihm vor. „Irgendwann bin ich nachts nach Hause gekommen, habe Bilder von einer Fähre gesehen, die gesprengt wird. Da dachte ich plötzlich: Das ist doch meine." Fähren der kreiseigenen Oberelbischen Verkehrsgesellschaft haben sich losgerissen, werden zur Gefahr und müssen auf diese Weise eliminiert werden. So werden auch tschechische Lastkähne beseitigt, die sich im Nachbarland selbstständig gemacht haben. Doch es kommt die Warnung, einer treibe weiter elbabwärts. Gefahr ist im Verzug. Der BGS fordert die Luftwaffe an. Staunend berichten dann Anwohner, dass zwei Tornados durchs Elbtal gedonnert sind. Doch es gibt Entwarnung aus Tschechien. Bereits in Decin ist der Kahn versenkt worden.

Einen der außergewöhnlichsten Anrufe bekommt der Kreischef am 20. August: „Die Russen kommen!" Mit einem Transportflugzeug sind auf Order von Präsident Putin Schwimmpanzerwagen mit Hilfsgütern eingetroffen. Geisler empfängt die russischen Helfer. Erstes Ziel ist das Gebiet zwischen Prossen und Halbestadt. Dort wird die Straße zu schmal. Kurzerhand wählen die Besatzungen der Schwimmpanzerwagen den Wasserweg über die Elbe. Stunden vergehen. Keiner weiß, wo sie abgeblieben sind. Wo sind die Russen? Es wird schon befürchtet, sie sind untergegangen. Am Abend kommt die erlösende Botschaft: Die Eingeflogenen haben ein Biwak in Bad Schandau eingerichtet.

Die russischen Helfer waren nur einige von Tausenden. „Die Hilfsbereitschaft war und ist riesengroß", freut sich Landrat Geisler noch heute über die Welle der Solidarität.

PETER HILBERT

Bundestagsabgeordneter Klaus Brähmig (r.) unterbricht wie seine Konkurrenten während der Katastrophe den Wahlkampf, um in den Krisengebieten präsent zu sein. Hier informiert ihn Landrat Geisler über die aktuellsten Ereignisse.

Achim Schrön (M.) nach einem waghalsigen Rettungseinsatz mit dem Hubschrauber. Der engagierte Vize-Chef der Pirnaer Feuerwehr hat dabei eine lebensgefährdete Dialyse-Patientin per Seil aus ihrem Haus in Dohna geholt und ins Krankenhaus gebracht. Der aktive Bergsteiger ist in diesen Tagen fast pausenlos auf den Beinen.

Der Sportplatz auf dem Pirnaer Sonnenstein wird in den frühen Morgenstunden des 13. August zum Flugplatz umfunktioniert. Als mit Rettungsfahrzeugen am Boden im Müglitztal nichts mehr auszurichten ist, bringen die BGS-Hubschrauber die lang ersehnte Rettung für viele Menschen im Tal der Müglitz.

Landrat Michael Geisler macht sich als oberster Katastrophenmanager des Kreises in den ersten Tagen mehrfach per Hubschrauber ein Bild von der Lage. So ist es ihm möglich, einen Überblick zu gewinnen, um schnell die weiteren Schritte einleiten zu können.

Der Pirnaer Vize-Grenzschutzamtschef Manfred Remmer, Bruno Stoll (v. r.) und die anderen Männer des Teams haben im BGS-Lagezentrum auf der Rottwerndorfer Straße Tag und Nacht voll zu tun. Weit über 1 000 Grenzschützer geben beim Katastropheneinsatz im Landkreis Sächsische Schweiz ihr Letztes. Die Pirnaer Beamten koordinieren die Einsätze, profitieren dabei auch von ihrer hervorragenden Ortskenntnis.

Nach der Flut:
Der Blick nach vorn

Bilanz der Hochwasser-Katastrophe

Nach der Hochwasserkatastrophe im Landkreis Sächsische Schweiz erarbeitete das Landratsamt einen vorläufigen Überblick der Schäden. Dazu wurde am 4. September ein 71-seitiger Bericht herausgegeben. Darin wurden detailliert der Ablauf und die unmittelbaren Folgen der Jahrhundertflut dargestellt. Nachfolgend ein Fazit.

DIE ALARMIERUNG. Am 12. August wurde im Landkreis Sächsische Schweiz Katastrophenalarm ausgelöst. Zuerst, gegen 15 Uhr, im Müglitztal, etwa zwei Stunden später für das Gebiet Pirna und Umgebung. Gleichzeitig richteten die Behörden auch den verantwortlichen Katastrophenstab ein. Ab 22 Uhr galt der Alarm für den gesamten Landkreis. Am 19. August wurde in den nicht direkt betroffenen Gebieten der Katastrophenalarm aufgehoben.

DIE HELFER. Insgesamt waren während der Flut etwa 8 000 Helfer im Einsatz. Darunter waren 141 Feuerwehrleute und 43 Ortsverbände des Technischen Hilfswerkes. Auch 600 Soldaten der Bundeswehr, 250 Polizisten und 300 Bundesgrenzschützer halfen tatkräftig mit. Jeden Tag fanden sich auch zudem 6 900 Freiwillige zusammen, die Städte und Häuser gegen die Wassermassen verteidigten. Darüber hinaus gab es unzählige engagierte private Helfer, die selbst ihren Urlaub für die Einsätze opferten.

DIE SCHÄDEN. Sie waren teils verheerend. Es gibt acht Tote zu beklagen. Vor allem Gebäude im Müglitztal waren an einigen Stellen dem Erdboden gleichgemacht, die Infrastruktur völlig zerstört. Schwere Verwüstungen gab es auch im Seidewitztal und allen Gemeinden entlang der Elbe. Nach ersten Ermittlungen sind über 1 400 Wohngebäude vernichtet oder beschädigt worden. Bis zu 1 500 Firmen wurden zum Teil stark in Mitleidenschaft gezogen.

Zum Zeitpunkt des Berichtes des Landratsamtes bestand die dringlichste Aufgabe darin, den angeschwemmten Sperrmüll und Schlamm von den Straßen und aus den Gebäuden zu räumen. Außerdem mussten viele Öl- und Gasbehälter entsorgt werden. Für den Katastrophenschutz gab der Landkreis insgesamt rund fünf Millionen Euro aus.

DIE VORBEUGUNG. Zur Vorbeugung von Seuchen wurden Schutzimpfungen und Desinfektionen durchgeführt. Um die Trinkwasserversorgung musste man sich an vielen Stellen extra kümmern. Weil das Hochwasser und seine Folgen viele Menschen auch psychologisch belastete, waren 35 Seelsorger vor Ort. Durch das Gesundheitsamt wurden vorbeugend 549 Bürger gegen Hepatitis A und 424 gegen Tetanus/Diphterie geimpft.

Thomas Otto, Roland Kaulfuß und Jan Wagner (v. l.) halten im Pirnaer Polizei-Lagezentrum auf der Oberen Burgstraße die Fäden in der Hand. Die Beamten müssen in der Krisenzeit unter schwierigen Bedingungen arbeiten. Teilweise ist der Strom ausgefallen, spenden nur Kerzen etwas flackerndes Licht.

Männer von 43 Ortsverbänden des Technischen Hilfswerkes aus vielen Teilen Deutschlands helfen im Landkreis Sächsische Schweiz beim Bewältigen der Katastrophenschäden. Dabei ist auch schwere Technik eingesetzt wie hier im Müglitztal bei Burkhardswalde. Die Arbeiten zum Beräumen des Flussbettes dauern Wochen.

Die erste Flutwelle ergießt sich am 12. August aus den Nebenflüssen Müglitz, Seidewitz und Gottleuba in Richtung Elbe. Hinter dem Pirnaer Berufsschulzentrum Wirtschaft strömt die Flut in die Innenstadt, setzt dort binnen weniger Stunden Straßen und Plätze sowie Geschäfte unter Wasser.

Der Verlauf der Katastrophe

DIE MÜGLITZ. Am 12. August war die Welt für den Landkreis Sächsische Schweiz bis 12.55 Uhr noch in Ordnung. Der Bürgermeister der Gemeinde Müglitztal, Jörg Glöckner, hatte vormittags die untere Wasserbehörde lediglich über „verstärkte Wasserführung" der Müglitz informiert. Dann, gegen 13 Uhr, meldete der Bürgermeister, dass der Pegel des sonst ruhigen Baches auf 170 Zentimeter gestiegen sei. Das hätte normalerweise auf der vierstufigen Hochwasserskala für die Müglitz Warnstufe 2 bedeutet. Weil aber kurz darauf ein Fax bei der Wasserbehörde einging, in dem lediglich 106 Zentimeter vermeldet wurden, rief das Amt Alarmstufe 1 für den Bach aus. Kurz vor 15 Uhr gab Mühlbach den Pegelstand 190 Zentimeter weiter. Daraufhin wurde Alarmstufe 3 ausgelöst.

DIE SEIDEWITZ. Auch in der Seidewitz stieg das Wasser schlagartig an. In Liebstadt wurden noch 13.57 Uhr gerade mal 50 Zentimeter gemessen. Das bedeutete aber schon Alarmstufe 1 für den kleinen Bach. Als gegen 15.10 Uhr schon 82 Zentimeter gemeldet wurden, rief man die zweite Alarmstufe aus. Weitere Messungen gab es nicht mehr.

DIE GOTTLEUBA. Am schnellsten stieg die Gottleuba an. Noch am Vormittag führte der Bach in Neundorf lediglich 40 Zentimeter. Die nächste Messung gab es dann erst wieder gegen 17 Uhr. Da stand die Flut schon zwei Meter hoch; Alarmstufe 3 wurde erklärt.

DIE ELBE. Für die Wasserstandsentwicklung der Elbe ist der Pegel in Schöna ausschlaggebend. Schon am 10. August hatte der Fluss die Sechs-Meter-Marke überschritten. Die daraufhin ausgerufene Warnstufe 3 wurde auch beibehalten, als die Elbe am 12. August auf 551 Zentimeter fiel. Denn die Experten hatten schon einen erneuten Anstieg des Wasserstandes vorhergesagt. Das Ausmaß des Hochwassers sprengte dann jede Vorstellungskraft. Der Höchststand von 12,02 Metern am 16. August 2002 stellte den bisherigen „Rekord" von 9,60 Metern im Jahre 1940 in den Schatten.

DIE EVAKUIERUNG VON PIRNA. Die ersten offiziellen Evakuierungen fanden am späten Nachmittag des 12. August im Pirnaer Ortsteil Zuschendorf statt. Daraufhin bereitete die Pirnaer Feuerwehr erste Ausweichlager für Evakuierte auf dem Sonnenstein vor. Menschen, die aus der überschwemmten Pirnaer Innenstadt geflohen waren, sammelten sich panikartig auf dem Bahnhof. Der Einsatz von Rettungshubschraubern war wegen des starken Regens nicht möglich. In Pirna-Copitz wurde das Berufsschulzentrum als Notunterkunft eingerichtet. Am frühen Morgen des 13. August forderten Polizei und BGS die Einwohner Zuschendorfs, Bad Gottleubas, Berggießhübels und Neundorfs auf, die unteren Etagen zu räumen. Im Laufe des Tages wurde auch die Evakuierung der Pirnaer Altstadt und der Ortsteile Posta, Birkwitz-Pratzschwitz und Obervogelgesang in Gang gesetzt.
Als die Pegel der kleineren Bäche wieder gefallen waren, setzte der Katastrophenstab die Evakuierungen am 14. August kurzzeitig aus. Der weiter ansteigende Elbepegel machte aber alle Hoffnungen zunichte: Am nächsten Tag wurden weitere Teile der Pirnaer Altstadt und ein Großteil von Copitz geräumt. Eine Evakuierung des Kreiskrankenhauses in Pirna schloss man aber aus. Als der Wasserstand gefallen war, gab der Katastrophenstab am 17. August weite Teile von Copitz wieder frei. Am Folgetag wurde beschlossen, dass alle trockenen Gebiete wieder offen sind. Die Evakuierung war beendet.

Bereits in der Nacht zum 13. August werden in Pirna Hunderte Menschen aus dem Zentrum, aus Zuschendorf und aus der Südvorstadt evakuiert. Feuerwehrleute aus Pratzschwitz helfen auf der Karl-Liebknecht-Straße einer Mutter ihr Kind sicher in einen Lkw zu bekommen.

Als das Elbehochwasser naht, werden auf dem Pirnaer Markt fieberhaft Vorbereitungen getroffen. Tausende Sandsäcke sollen das Wasser in den Altstadtgassen stoppen.

Details der Schadensbilanz

GESAMTSCHÄDEN. Insgesamt rund 650 Millionen Euro, davon (auszugsweise):

KOMMUNEN. Knapp 450 Millionen Euro Schaden. Folgende Schäden entstanden den Kommunen im Müglitztal (in Mio. Euro):

- Heidenau: 48,7
- Dohna: 29
- Gemeinde Müglitztal: 38,7

Schäden ausgewählter Kommunen im Elbtal (in Mio. Euro):

- Pirna: 104,9
- Bad Schandau: 98
- Königstein: 33,2
- Rathen: 7,6

LANDKREIS-IMMOBILIEN. Insgesamt rund 5,1 Millionen Euro Schaden, davon (auszugsweise):

- Landratsamt: 2,575 Millionen Euro
- Senioren- und Pflegeheim „Sächsische Schweiz“: 90 000 Euro
- Ärztehaus Siegfried-Rädel-Straße: 600 000 Euro
- Carolabad: 400 000 Euro

VERKEHRSGESELLSCHAFT SÄCHSISCHE SCHWEIZ. Insgesamt 305 000 Euro Schaden. Teilweise oder ganz zerstört waren unter anderem 200 Haltestellen.

OBERELBISCHE VERKEHRSGESELLSCHAFT PIRNA-SEBNITZ. Insgesamt 2,6 Millionen Euro, davon (auszugsweise):

- ein Bus: 10 000 Euro
- Betriebshof Pirna: 338 000 Euro
- die drei Fähren Kaiserkrone, Winterberg, Kohlberg: 1,25 Millionen Euro

BAHNLINIEN. Insgesamt etwa 100 Millionen Euro Schaden. Beschädigt oder zerstört sind:

- Müglitztalbahn Heidenau–Altenberg
- S-Bahn-Strecke Heidenau–Schöna
- Sächsische Semmeringbahn Bad Schandau–Neustadt

WIRTSCHAFT. Im gesamten Landkreis waren rund 1 500 Gewerbetreibende und Freiberufler von der Flut betroffen. Dazu gehören Unternehmen wie:

- Fahrzeugsitze Bad Schandau
- Rohr Schiffswerft Oberelbe
- Holzindustrie Friedrich Hengst Pirna
- Sächsische Sandsteinwerke Pirna
- Dresdner Papier
- Sachsen Malz
- Druckguss Heidenau
- Papierfabrik Müglitztal Dohna
- Fluorchemie Dohna

TOURISMUS. Allein im Tourismus-Bereich erlitten 22 Hotels und 121 Gaststätten Schäden. Zur teilweise stark beschädigten touristischen Infrastruktur gehören:

- Elbradweg
- Fähren
- Kirnitzschtalbahn
- Schrammsteinbad in Bad Schandau und Erlebnisbad in Wehlen
- Schloss Weesenstein
- Stadtmuseen in Pirna und Bad Schandau
- Filmpalast Pirna

LANDWIRTSCHAFT. In der Landwirtschaft waren 54 Unternehmen betroffen. Dazu kommen noch zehn Gartenbau- und Obstbetriebe, unter anderem die Forellenzucht in Rathmannsdorf und der Hopfenbetrieb Kolb in Dohna-Krebs. Der gemeldete Gesamtschaden beläuft sich auf knapp 3,9 Millionen Euro.

Die Fähre „Kohlberg“ liegt gesprengt auf der Elbinsel vor Pillnitz. Die Oberelbische Verkehrsgesellschaft Pirna-Sebnitz hat durch das Hochwasser drei Fähren im Wert von 1,25 Millionen Euro verloren.

ABFALLENTSORGUNG. Es entstand ein zusätzlicher Aufwand von rund elf Millionen Euro. Ein großes Problem stellte der angefallene Schwemm-Müll dar. Um der Mengen logistisch Herr zu werden, wurden im Landkreis fünf größere Zwischenlager für Hochwasser-Müll eingerichtet – in Rathmannsdorf-Höhe, Schmilka, Lichtenhain, Dorf Wehlen und Leupoldishain. Von ihnen wurden etwa 80 000 Tonnen Abfall von rund 150 Firmen endgültig auf die Deponie Klein-Cotta entsorgt. Dort mussten täglich 700 Müllfahrzeuge abgefertigt werden. Während der Flut gingen im Landkreis rund 1 000 Abfallbehälter verloren oder wurden zerstört.

Die Verbindung durchs Müglitztal ist völlig zerstört. Rund 60 Kilometer Staats-, Kreis- und Gemeindestraßen im Landkreis sind stark beschädigt oder überhaupt nicht mehr nutzbar. Allein die Staatsstraßen müssen für 30 Millionen Euro zum Teil komplett erneuert werden.

ABWASSER. Die Beschädigungen an Abwasseranlagen der Zweckverbände belaufen sich nach den ersten vorsichtigen Schätzungen auf zwölf Millionen Euro. Betroffen waren davon rund 32 000 Einwohner. Besonders in Mitleidenschaft gezogen wurden unter anderem Heidenau, Dohna, Bad Schandau, Königstein, Friedrichswalde und Liebstadt, wo Kläranlagen oder Abwassersysteme stark beschädigt oder zerstört wurden.

TRINKWASSER. Auch an den Anlagen der Trinkwasserversorgung ging die Flut nicht spurlos vorbei. Der Zweckverband Pirna/Sebnitz musste an seinen Anlagen fast fünf Millionen Euro Schaden verbuchen. Ein Pumpwerk, Wasserleitungen und Düker müssen ganz oder teilweise erneuert werden.

STRASSEN. Nach ersten Ermittlungen sind rund 60 Kilometer Staats-, Kreis- und Gemeindestraßen und 25 Brücken im Landkreis zerstört oder stark beschädigt. Große Schäden erlitten die Straßen in der Sächsischen Schweiz.
Allein die Staatsstraßen müssen für 30 Millionen Euro zum Teil komplett erneuert werden. Besonders hart getroffen hat es die Müglitztalstraße S 178, die S 176 im Seidewitztal und die S 174 im Raum Bad Gottleuba. Der Landkreis muss für die Instandsetzung seiner Straßen rund 4,58 Millionen Euro bezahlen.
In den Gemeinden entstanden an den Straßen insgesamt 27,3 Millionen Euro Schaden.

KULTURDENKMALE. Auch viele Kulturdenkmäler des Landkreises wurden von der Hochwasserkatastrophe teilweise schwer in Mitleidenschaft gezogen. Hier eine kleine Auswahl:
- Fachwerkhaus „Dornröschen“ in Krippen
- Mühle im Kurort Rathen
- Spätgotischer Altaraufsatz in der Klosterkirche Pirna

KINDERTAGESSTÄTTEN. Eine ganze Reihe sozialer Einrichtungen im Landkreis hat große Schäden erlitten. Darunter befanden sich viele Kindertagesstätten. Einige sind komplett zerstört und müssen neu aufgebaut werden.
Hier eine Auswahl (Schäden in Euro):
- Kita „Bummi“ Dohna: total zerstört
- Kita Bad Schandau: 1,1 Millionen
- Kita „Spatzennest“ Rathmannsdorf: 700 000
- Evangelisches Kinderhaus Pirna: 900 000
- Katholisches Kinderhaus Pirna: 230 000

JUGENDEINRICHTUNGEN. Auch Jugendclubs und -einrichtungen gehören zu den Opfern der Flutkatastrophe. Besonders schlimm traf es dabei folgende Einrichtungen (Schäden in Euro):
- Sportjugend des Kreissportbundes in Pirna: 73 500
- Jugendhaus Faktotum in Heidenau: 60 000
- Jugendklub Bad Schandau: 18 000
- DLRG „Obere Elbe“ in Pirna: 14 500

ALTENHEIME/SOZIALSTATIONEN. Von den Einrichtungen der Alten- und Behindertenhilfe verzeichneten die höchsten Schäden (in Euro):

- Alexa-Wohnpark in Pirna: 1,3 Millionen
- Betreutes Wohnen Heidenau: 661 000
- Johanniter-Pflegeheim Heidenau: 450 000
- Betreutes Wohnen/Sozialstation Bad Schandau: 250 000

SPORTVEREINE. Die im Kreissportbund Sächsische Schweiz organisierten Vereine verbuchten insgesamt einen Schaden von 2,63 Millionen Euro. Davon entfallen allein 921 710 Euro auf Sportgeräte und Inventar. Besonders betroffen sind unter anderem:

- SV Grün-Weiß Pirna: 800 000
- Pirnaer Ruderverein 1872: 519 000
- SV Fortschritt Pirna: 238 000
- Kreissportbund: 235 000
- Hundesportverein Pirna: 177 000
- FSV 1924 Bad Schandau: 153 000
- Heidenauer SV: 93 000

PETER HILBERT u. OLIVER NOWAK

Paula Korn ist voll bei der Sache. Der scharfe Strahl des Hochdruckreinigers wäscht auch den letzten Schlamm aus dem Boot. Nach der Flut ist bei den Pirnaer Ruderern tagelang Großreinemachen angesagt. Der Verein muss rund 519 000 Euro an Schäden verbuchen. Der SV Grün-Weiß Pirna hat unter den Sportvereinen mit 800 000 Euro eine noch größere Last zu tragen.

So sieht der Bad Schandauer Busbahnhof nach dem Elbehochwasser aus. Haltestellenschilder und stählerne Pfosten sind wie Streichhölzer umgeknickt. Allein an kommunalen Verkehrseinrichtungen ist in der Kurstadt ein Schaden von 250 000 Euro entstanden.

In Dohna wird ein Pionierpanzer der Bundeswehr eingesetzt, um das Flussbett wieder in Ordnung zu bringen. Insgesamt sind 600 Soldaten der Panzerartilleriebataillon 285 und des Gebirgspionierbataillons 8 bei der Katastrophe und während der Aufräumarbeiten im Landkreis eingesetzt.

Beamte des Landeskriminalamtes haben soeben an mehreren Stellen in Bad Schandau Wasserproben aus der Elbe entnommen. Dadurch sollen rechtzeitig erhöhte Schadstoffkonzentrationen erkannt werden.

In Schmilka ist eines von fünf Zwischenlagern für Hochwasser-Abfall eingerichtet worden. Für die Entsorgung entstand dem Landkreis ein finanzieller Aufwand von insgesamt elf Millionen Euro. Von diesen Lagern wurden 80 000 Tonnen Abfall zur Deponie Kleincotta gebracht.

Total zerstört ist die Eisenbahnstrecke durchs Müglitztal. Sie war erst 1998 mit großem finanziellen Aufwand saniert worden. An allen Bahnlinien im Landkreis Sächsische Schweiz entstand ein Schaden von rund 100 Millionen Euro.

Hart getroffen hat es diese Firma in Dohna. 1 500 Gewerbebetriebe im Kreis sind durch die Flut geschädigt worden, in Dohna sind es 124.

Bundeswehrsoldaten bauen auf dem Markt in Pirna „Weihnachtsmarktbuden“ auf. Diese Holzhütten können die hochwassergeschädigten Händler als Ausweichverkaufsstelle kostenlos nutzen, bis ihre Läden renoviert sind.

„Fahren Sie nicht in unseren Dreck“

Dohna am Dienstag, dem 20. August, zwischen 15 und 18 Uhr. „Parken Sie Ihr Auto am Röhrsdorfer Schloss, wir holen Sie dort ab“, empfehlen uns die Dohnaer, als sie hören, dass ein Kollege und ich zu ihnen kommen wollen, um „Lichtblick“-Spenden direkt an sie weiterzugeben. „Fahren Sie nicht in unseren Dreck!“

Wir folgen dem Rat. Im Staub an der Müglitz fassen wir das Chaos ringsum nicht. Eine Frau zeigt uns ihr gerettetes Fotoalbum: „Da, sehen Sie, das ist unser Garten, hier spielt unser Ricardo!“ Wir sollen nicht denken, dass das hier immer so aussah. Spuren der vor kurzem noch heilen Welt vermischen sich mit brutalster Zerstörung. Die Küche im ersten Stock eines Hauses hat es fortgerissen, die Dunstabzugshaube ist aber hängen geblieben, auf ihrer Umrandung aus Eiche stehen ordentlich die Gewürzgläschen. Eine Fußgängerbrücke steht ebenfalls noch, es ist die, hinter der „ein Pool im Wasser liegt“, wie uns ein Einheimischer den Weg beschreibt. Wir sehen nicht nur den schräg abgerutschten Pool, eine Ecke „seines“ Hauses ist ebenfalls nicht mehr an ihrem Platz. An einem Mittelpfeiler der Brücke hängt das weißmetallene Gestänge eines Wintergartens. „Sein“ Haus steht stromaufwärts auf der anderen Seite. „Motorradfahren im Hof ist verboten“, befiehlt ein Schild. Wo ist hier ein Hof? Welcher Chaosarchitekt hat hier gewirkt? Welcher Performancekünstler sich verwirklicht? Welcher Narr herumgewütet?
Bewohner der zerstörten Häuser stapeln mit freiwilligen Helfern ihre übrig gebliebenen Wohnungseinrichtungen an einem imaginären Straßenrand. Dazu gehören auch die Spielsachen der Kinder, Einmachgläser mit Mirabellen, Computer, alles nass geworden, unbrauchbar, schweren Herzens weggeworfen. Die Greifer der Müllabfuhr sind schon unterwegs, puff, zwei Fernsehsessel erinnern an Pappkartons.
Wir steigen den Berg hoch zur Gemeindeverwaltung. Der wunderschöne Marktplatz liegt im Sonnenschein. Bürgerhaus, Kirche, Pfarramt, eine Idylle. „Unsere Stadt ist schuldenfrei“, sagt ein Einwohner. Auch das eine Erinnerung an gestern. Das alte, herrschaftliche Dohna – Sitz der Burggrafen, die 1156 von Kaiser Barbarossa mit der Burg an der Müglitz belehnt wurden und dem Ort den Namen gaben – man spürt es noch, seinen Katastrophen zum Trotz: 1407 wegen einer Fehde zerstört, 1813 abgebrannt. Die letzte große Flut kam 1927. Wir wollen zum Bürgermeister, er ist mit seinem Seat im Städtchen unterwegs. Von der Frau Kämmerin in der Stadtverwaltung bekommen wir keine Hinweise auf extreme Härtefälle. Auch nicht vom Pfarrbüro schräg gegenüber. „Nein, wir dürfen keine Adressen herausgeben, erst muss getagt werden.“
Die erste Familie, die 500 Euro bekommen soll, finden wir auch so: Einem Haus fehlt die gesamte Front zum Fluss hin, innen sieht es entsprechend aus. Die Hausfrau kommt uns in Gummistiefeln entgegen. Beim Wort „Spendenaktion“ fällt ihr das Gesicht zusammen. Sollte sie in der ersten Sekunde wirklich geglaubt haben, dass wir zu ihr kommen, um zu sammeln? Die Leute in Dohna halten im Moment alles für möglich, ihre Welt steht Kopf, sie ist aus den Fugen.

MAGDALEN FRANK

Die Dohnaer Familie, deren Haus so von der Müglitz zerstört wurde, erhält 500 Euro von der Aktion Lichtblick der Sächsischen Zeitung.

Weesensteiner wollen klagen

„Eigentlich wollen wir gar nicht mehr darüber sprechen", meinte Petra Schüler zuerst noch. Die 46-jährige Weesensteinerin und ihre Familie mussten in ihrem Haus direkt an der Müglitz das katastrophale Hochwasser vom 12. August hautnah miterleben. Seit einer Woche säubern sie ihr Haus vom meterhohen Schlamm, trocknen Wände, sichern ihr verbliebenes Hab und Gut. Doch nach und nach tauen die Schülers auf. „Die anderen sollen schließlich erfahren, was wir Weesensteiner durchmachen mussten", meint Petra Schüler. So hält die Familie bei ihren Arbeiten inne und berichtet von den vergangenen zwei Wochen.

Das Wasser sei unheimlich schnell gekommen an dem bewussten Montag, ohne Vorwarnung. Da ist sich die Familie einig. Gegen zwei Uhr nachmittags steigt das Wasser der sonst friedlich dahinplätschernden Müglitz an. Unaufhörlich, immer schneller. „Dann dauerte es nicht mehr lange, und die braune Brühe lief in unseren Keller", schildert der 20-jährige Sohn Stefan. Die Menschen bringen Hab und Gut aus den Kellern in Sicherheit, doch das Wasser steigt schließlich auch in die oberen Etagen. Die reißenden Fluten nehmen die Uferböschung mit, spülen Unrat und Treibholz an. Offizielle Hilfe gibt es nicht. „Dem Bürgermeister wurde gesagt, dass es für Weesenstein nicht so schlimm stünde", erinnern sich die Schülers. Doch die Realität belehrte den Ort eines Besseren. Immer höher kriecht das Wasser, so dass einige Bewohner der kleinen Stadt ihre Häuser verlassen. Manchen war das nicht mehr möglich. Ein Familienvater ist mit seinen zwei Kindern im Haus gefangen, hat keine Möglichkeit mehr, durch die tobenden Wassermassen ans trockene Ufer zu gelangen. Die übrigen Anwohner können nur hilflos zusehen, wie die Müglitz das Haus nach und nach wegreißt, bis sich die verzweifelten Menschen auf den letzten kleinen Mauerrest retten, der von ihrem Haus übrig geblieben ist. Natürlich wird Hilfe gerufen. Doch die stößt in der Notrufstation auf taube Ohren. Der Hubschrauber kann wegen des Platzregens nicht starten. Auch die Schülers alarmieren die Rettungsleitstelle. Doch die war hoffnungslos überfordert. „Eine Frau schnauzte mich an, dass ich die Leitung zu räumen habe. Sonst würde ich mich strafbar machen", sagt Tochter Anja Schüler verbittert. Den Weesensteinern wurde erklärt, dass der Ort schon lange geräumt sei. „Wir waren also alle offiziell gar nicht mehr da und in Sicherheit", lacht Stefan Schüler sarkastisch auf. In ihre Ratlosigkeit ob der Wucht der Fluten mischt sich Wut auf die Behörden. „Mühlbach wurde evakuiert, obwohl bei denen die Situation gar nicht so kritisch war wie bei uns", sagt Stefan. Weesenstein sei von dem Katastrophenschutz in den entscheidenden Momenten einfach vergessen worden. Der junge Mann erinnert sich an einen bezeichnenden Wortwechsel zweier Feuerwehrleute nach der Katastrophe. „Die enormen Niederschläge waren doch bekannt. Warum hat den Leuten hier bloß keiner Bescheid gesagt", rief da einer dem anderen zu.

Einige Weesensteiner wollen jetzt gar vor Gericht ziehen. Erwägen eine Sammelklage wegen unterlassener Hilfeleistung. „Denn wir mussten uns hier selber helfen, um klarzukommen«, ziehen die Schülers ein Fazit. Schließlich bringen Hubschrauber die letzten Eingeschlossenen aus ihren Häusern. Die Flüchtlinge quartieren sich bei Nachbarn in höher gelegenen Häusern oder bei Verwandten in anderen Orten ein. Erst nach zwei Tagen dringen erste Hilfskräfte auf dem Landweg in den Ort durch. Unterstützung gibt es auch vom benachbarten Burkhardswalde.

Doch letztendlich hilft alles Klagen nicht. Zupacken müsse man, um die Lage wieder halbwegs in den Griff zu kriegen. Meinen zumindest die Schülers. Denn in dem kleinen Ort, wo jeder jeden kennt, hat es sich längst herumgesprochen: Einige Familien wollen Weesenstein für immer den Rücken kehren. „Und ich kann es ihnen noch nicht mal verdenken", sagt Petra Schüler nachdenklich. Sie zählen auf: Acht Häuser sind in dem Hochwasser untergegangen und weggerissen worden. Fünf weitere sind so schlimm beschädigt, dass sie abgerissen werden müssen. „Wir haben regelrecht Glück gehabt, dass unsere vier Wände überhaupt noch stehen", meint Petra Schüler. Bei den Schülers stand das Wasser etwa dreieinhalb Meter hoch. Der Schlamm stand dort gut zwei Meter hoch. „Nach der Katastrophe war der Statiker hier und hat gesagt, dass bis zu 100 000 Euro investiert werden müssen, um das Haus zu erhalten", rechnet Petra Schüler vor. Der denkmalgeschützte Bau ist seit 1848 in Familienbesitz. Erst kürzlich steckten die Schülers über 2 000 Euro in den Innenausbau, nahmen Kredit auf. Ohne Spende und Fördergelder müssten sie jetzt aufgeben. Dankbar sind die Schülers dafür, denn mit viel Hilfe aus Berlin oder Brüssel rechnen sie nicht. „Die Herren Fischer, Schily und Prodi haben sich vor den Kameras zwar schön in Pose gestellt. Aber wirklich nachfühlen können die unsere Lage gar nicht", ist sich Stefan sicher. Allerdings helfe den Weesensteinern natürlich auch das öffentliche Interesse. Weil dadurch möglicherweise mehr Gelder für den zerstörten Ort bereitgestellt werden.

Die hat die Gemeinde dringend nötig. Die Kanalisation ist zerstört. Die Verbindungsstraße schwer beschädigt und nur notdürftig wieder hergestellt. Wasser, Strom und Telefon gibt es zur Zeit der Reportage in einem Großteil des Ortes noch nicht. Hinzu kommt die Angst. Davor, dass die Fluten zurückkommen könnten. „Letztlich gibt es keine hundertprozentige Sicherheit", sagt Stefan. Die Familie will trotzdem weitermachen. Wieder Geld in das alte Haus stecken, wieder einziehen. Der Furcht zum Trotz. „Denn wir wollen nicht so einfach aufgeben", machen sich die Schülers Mut.

OLIVER NOWAK, JAN FRANKE

Familie Schüler unweit ihres Hauses in Weesenstein. Bis zu 100 000 Euro müssen zur Sanierung des denkmalgeschützten Gebäudes investiert werden.

Der Abschied von einem Pirnaer Helden

„Er war einer unserer Besten. Immer kameradschaftlich, hilfsbereit und zuverlässig." Einen Tag vor der Flutkatastrophe haben sie noch beim Graupaer Ortsfest im Feuerwehrhaus zusammengesessen und zünftig gefeiert. Die Stimme von Graupas Feuerwehrchef Lutz Hoffmann zittert, wenn er von seinem toten Kameraden Frank Köckritz spricht. Heute werden sie ihn unter großer Anteilnahme der Feuerwehrleute, von Freunden und Bekannten zu Grabe tragen. Der 35-jährige Graupaer war beim Einsatz zur Rettung von Menschenleben am Abend des 12. August ums Leben gekommen.

Feuerwehrleute geben dem verunglückten Frank Köckritz das letzte Geleit, bringen bei der Beerdigung einen Trauerkranz zu seinem Grab.

„Wir kämpften uns gegen die Fluten der Seidewitz zum Schmiedelweg in Zuschendorf vor", schildert Pirnas Wehrleiter Peter Kammel die Situation. Er und seine Leute boten alle Kräfte auf, um eine Familie mit Kind zu retten, deren Haus bereits von den Wassermassen eingeschlossen und akut bedroht war. Die Leute hatten wie viele andere auch in ihrem Heim auf Hilfe gewartet. Nun waren höchste Eile geboten sowie Kompetenz und Mut der Feuerwehrleute gefragt.

„Wir standen hüfthoch in der reißenden Flut, und es gelang uns noch mit großer Mühe, die Betroffenen in Sicherheit zu bringen", so Kammel. „Plötzlich kam auf dem brodelnden Strom ein Auto geschwommen und begrub unseren Kameraden unter sich", berichtet Kammel mit tonloser Stimme. „Das ging so schnell. Wir konnten nichts tun, waren machtlos gegen die Naturgewalten." Die Männer hatten nur eins im Sinn, den Verunglückten so schnell es nur irgendwie ging an die Wasseroberfläche zu ziehen. Dann endlich gelang das mit geradezu unmenschlicher Anstrengung. „Wir konnten ihn wieder aufs Trockene bringen. Aber alle sofort eingeleiteten Wiederbelebungsversuche blieben erfolglos", so Kammel.

„Für uns Feuerwehrleute war das ein so schwerer Schlag, dass wir fast vergaßen, in welcher Gefahr wir uns alle befanden. Denn wir waren ebenfalls von dem reißenden Strom eingeschlossen", sagt der Augenzeuge des tragischen Ereignisses. Kammel weiß nicht mehr genau wie, aber irgendwie sei es ihnen dann doch gelungen, sich nach Pirna durchzuschlagen.

Bis heute hat der Wehrleiter das Geschehene noch nicht verarbeitet. „Das kommt erst später, wenn die harte Arbeit und Anspannung nachlässt", sagt er. Und denkt an die Frau und die beiden Mädchen Nadine (4) und Nicole (1), die so früh den Vater verloren haben. Später werden sie ihren Freunden stolz erzählen, dass ihr Vater ein wahrer Held war. Frank Köckritz und seine Frau Tina hatten große Pläne. Sie waren eben erst mit ihren Mädchen aus dem Urlaub auf Rügen nach Hause zurückgekommen. Beide waren voller Hoffnung, dass es mit Franks Festanstellung bei der Pirnaer Feuerwehr klappt. Er hatte seine Stelle auf dem Bau verloren. Da war der Neubeginn bei der Feuerwehr ein Glückstreffer. Frank war schon seit frühester Jugend mit Leib und Seele bei den Floriansjüngern.

Dass alle 150 Feuerwehrleute aus Pirna und seinen Ortsteilen Geld für die Witwe Tina Köckritz gesammelt haben, hält Kammel für eine Selbstverständlichkeit. Vielfältige Unterstützung gibt neue Kraft.

Klar ist für ihn auch, dass die Familie noch vielfältige Unterstützung von der Stadt und vom Kreis braucht. „Ich bin überzeugt, dass es daran nicht mangelt", sagt er. Das gibt Zuversicht, auch wenn damit der Schicksalsschlag nicht ungeschehen gemacht werden kann. Graupas Wehrleiter Hoffmann hofft indessen, „dass so etwas nie wieder passiert". Die Lücke, die Frank Köckritz reißt, wird sehr schwer zu schließen sein, ist er sich sicher.

Schließlich war der 35-Jährige nicht nur ein Vorbild für die Jüngeren, sondern auch von der Pike auf dabei. Zuerst bei der Jugendfeuerwehr in Graupa, später bei der „richtigen" Truppe. Zuletzt gehörte er zur Kernmannschaft in Pirna und hatte dort einen befristeten Arbeitsvertrag. Zusammen mit Köckritz hat Hoffmann viele Brände gelöscht. Zum Beispiel, als die Musikfabrik oder die Fahrzeugelektrik in Flammen standen. Gut findet er, dass in der Kameradschaft auch junge Leute mitmachen. „Wir Feuerwehrleute wissen: Eintritt und Austritt sind freiwillig. Alles andere ist unsere Pflicht."   HANNELORE ANGERMANN

Das Grab des Feuerwehrmanns ist mit einem Meer von Blumen und Kränzen überdeckt.

Der lebenslustige Frank Köckritz wenige Wochen vor seinem Tod bei der Feier eines älteren Feuerwehrkameradens in Graupa.

Aus diesem Haus in Zuschendorf retteten Pirnaer Feuerwehrleute die Familie Guttowski vor den Fluten der Seidewitz. Frank Köckritz verlor dabei sein Leben.

Hilfe für Zuschendorf

Am 29. August kommt ein Lichtblick nach Pirna-Zuschendorf. Im wahrsten Sinne des Wortes. Denn die SZ-Spendenaktion „Lichtblick" überreicht dem Ehepaar Ingeborg und Bodo Mickel 1 000 Euro. Ihm war das Haus von den Hochwasser-Fluten der sonst friedlichen Seidewitz buchstäblich leer gespült worden.

Im Inneren des trauten Heims stand das braune Schlammwasser etwa 1,20 Meter hoch. Außen tobten die Fluten noch einen halben Meter höher. Das gesamte Erdgeschoss ist mit der kompletten Wohnungseinrichtung hin. Kleidung, Erinnerungsstücke, Mobiliar – untergegangen binnen weniger Stunden. Auch Bodo Mickels Kaninchenzucht mit 30 Langohren – sein ganzer Stolz – ist für immer verloren. Erst 1998 waren die letzten Bauarbeiten beendet worden, zog das Ehepaar in das damals schmucke Haus ein. Noch vor drei Jahren hatten sie sich eine neue Inneneinrichtung gekauft. Die Mickels wollten sich das Leben dort so angenehm wie möglich gestalten, denn sie sind zusätzlich gestraft: Beide Eheleute sind schwer krank. „Sogar meinen Rollstuhl hat die Seidewitz fortgeschwemmt", klagt Ingeborg Mickel. Weil das Haus nach der Wende gebaut wurde, bestand keine Elementarschadenversicherung mehr. Die hätte Hochwasserschäden abgedeckt. Eine neue Versicherung konnten die beiden nicht abschließen, denn kein Versicherer war bereit, den finanziellen Schutz für das hochwassergefährdete Grundstück direkt am Ufer der Seidewitz zu übernehmen.

An jenem verhängnisvollen Montag konnte das Ehepaar nicht viel mehr als das nackte Leben retten. Und den Collie „Tasso". Von der Feuerwehr wurden sie in einer halsbrecherischen Rettungsaktion buchstäblich in letzter Sekunde evakuiert, bevor die Fluten endgültig über dem Haus zusammenschlugen. Wie knapp die Mickels mit dem Leben davonkamen, zeigt das traurige Schicksal des Graupaer Feuerwehrmannes. Der war nicht weit entfernt beim Rettungseinsatz ums Leben gekommen. „Wir haben bei allem doch noch Glück gehabt", meint Bodo Mickel.

Aber das Heim ist hin. Die Zukunft ungewiss. Dabei wollen die Eheleute gerne in Pirna bleiben. Zwar haben viele Nachbarn und Freunde tatkräftig mit zugepackt, und die Mickels sind dankbar für jede Art Hilfe. Doch natürlich ist in erster Linie Geld nötig, um das ruinierte Haus wieder bewohnbar zu machen. „Auch wenn es nur ein Anfang ist, macht es doch Mut. Es ist schön, dass andere Menschen bereit sind zu helfen", sagt Ingeborg Mickel. Und dankt den vielen Spendern, welche die „Lichtblick"-Aktion unterstützt haben. OLIVER NOWAK

Die Zuschendorferin Ingeborg Mickel freut sich über eine 1 000-Euro-Spende aus der Aktion Lichtblick der Sächsischen Zeitung. Überbracht wurde das Geld vom Geschäftsführer der Pirnaer Redaktions- und Verlagsgesellschaft, Christian Redo, am 29. August.

„Morgen einen ABMer und einen Bohrhammer bitte“

Für Günter Döring gab es kein großes Überlegen. „Ich wollte einfach helfen. Es ist schön, wenn man wieder gebraucht wird“, begründet Döring sein Engagement und legt ein Stück Decke in einem Königsteiner Friseursalon frei. „Das Hochwasser ist bis zum ersten Obergeschoss gedrungen. Da müssen die nassen Balken alle raus“, erklärt er. Döring hat Zerspaner gelernt. „Seit eineinhalb Jahren fiel mir zu Hause in Gohrisch regelrecht die Decke auf den Kopf.“ Denn so lange war er schon ohne Job. Seit Mittwoch ist das nun anders. Döring gehört jetzt zu den Hochwasser-ABMern, so wie Rüdiger Pennuttis.

Günter Döring (l.) und Rüdiger Pennuttis gehören zu den Neu-ABMern, die in Königstein und in den Ortsteilen Hochwasserschäden beseitigen. Zur großen Freude der Betroffenen.

Der 38-Jährige ist von Beruf Dachdecker. Doch sein Firmenchef ging in Rente, und damit war auch für den Familienvater Schluss. „In den alten Bundesländern hätte ich bestimmt etwas bekommen“, meint Pennuttis. „Aber ich habe hier ein Häuschen. Was soll ich da in der Fremde?“ So freute er sich, „etwas Ordentliches tun zu können“. Damit die Schäden, die die Fluten angerichtet haben, schnell beseitigt werden können, sucht das Arbeitsamt nach Möglichkeiten, um zu helfen und gleichzeitig Arbeitslosen eine Job-Chance zu verschaffen. Die Hochwasser-ABM ist geboren.

„Bei dem Berg Aufräumarbeiten bin ich froh, dass wir noch die Hochwasser-ABM einrichten konnten“, freut sich Petra Enterlein. Die engagierte Mitarbeiterin des Königsteiner Bauamtes braucht viele helfende Hände. „Den Gewerbetreibenden und auch den betroffenen Leuten muss jede Unterstützung zuteil werden, damit sie wieder auf die Beine kommen.“ Und das soll sehr schnell passieren. Denn die Urlaubsschiene darf nicht zu lange abbrechen. „Sonst stirbt alles“, spricht sie über die Ängste in der Region.

Die Sächsische Schweiz und damit auch viele Bewohner von Königstein leben mit vom Tourismus. Die Hochwasserfluten haben nicht nur das Hab und Gut zahlreicher Bewohner fortgeschwemmt. Auch viele Ferienwohnungen und -zimmer sind davon betroffen. Über 2 000 Übernachtungsmöglichkeiten im Landkreis wurden ein Opfer des Wassers. Aber die Urlauber bleiben selbst in den Gebieten aus, die nicht von der Flut heimgesucht worden sind. „Dabei sind die Wanderwege noch da, auch ringsrum ist vieles intakt“, beklagt Enterlein die Misere. Wieder etwas in Gang zu bringen, lautet deshalb die Devise der Königsteiner. Und von der Hochwasser-ABM können nach Enterleins Meinung alle profitieren: „Die Arbeitslosen erhalten eine sinnvolle Beschäftigung und die Händler und Handwerker jemand, der mit zupackt.“ So haben die Königsteiner auch nicht lange gezögert und die Bürokratie beiseite geschoben. „Wir hatten einen Zettel, wer in der Verwaltungsgemeinschaft Interesse an einer ABM hatte. Diese Leute haben wir angesprochen. Nächsten Tag drei viertel acht waren alle da“, erzählt Petra Enterlein.

60 zusätzliche Kräfte hat sie auf diese Weise bekommen. Sie versucht, die Hilfen gerecht zu verteilen. Bei ihren Rundgängen durch die Stadt erkundigt sie sich, wie es mit den Aufräumarbeiten vorangeht, wie diese unterstützt werden können. Da heißt es schon mal: „Morgen könnte ich einen ABMer und einen Bohrhammer gebrauchen“, sagt Christian Großmann. Obwohl der 63-Jährige seine Drogerie nicht wieder selbst aufmachen will, soll der Gewerberaum jedoch wieder hergerichtet werden. Deshalb muss der Putz von den nassen Wänden runter. Ein kurzer Blick von Petra Enterlein auf ihre Einsatzliste. „Das klappt.“ Und schon ist sie beim nächsten Haus und bespricht dort die Lage. UTE HIMMER

Detlef Rittner aus Schmilka lässt die Kettensäge in Aktion treten. Zusammen mit Egbert Adler aus Stolpen zerkleinert er Treibgut am Elbufer in Bad Schandau. Finanziert wird diese Aktion über ABM. Tausende Arbeitslose bekommen damit eine Aufgabe in den Katastrophengebieten. Die meisten zögern nicht lange, mit anzupacken.

Neue Fluten im Landkreis

Voll gelaufene Keller. Schlammig trübe Fluten in Häusern und Straßen. Feuerwehr und Technisches Hilfswerk im Dauereinsatz. In der Sächsischen Schweiz werden am Abend des 29. August schlimme Erinnerungen wach. Bei Betroffenen liegen die Nerven blank. Vielen schießt es in den Kopf: „Nicht schon wieder!“

Nach kurzen, aber heftigen Gewitter-Schauern nimmt das durchweichte Erdreich die Wassermassen vielerorts nicht mehr auf. Die Folge: Sturzbäche und Überschwemmungen. Vom Großsedlitzer Berg schießt die Flut hinab in die Pirnaer Kunstseidensiedlung.
Die B 172 zwischen Heidenau und Pirna steht knietief unter Wasser, muss kurzzeitig gesperrt werden. Zusätzlich drückt das steigende Grundwasser die stinkende Brühe aus den Gulli-Deckeln. Abfließen kann sie nicht, weil die Kanalisation noch immer durch den Unrat des letzten Hochwassers verstopft ist. Für die Bewohner des Stadtteils ist es bereits die zweite Katastrophe binnen kurzer Zeit. Vielen Anwohnern wurde so die Aufräumarbeit der vergangenen Tage wieder zunichte gemacht. Bei Möbel-Graf staut sich das Wasser an der Lieferrampe und droht die tiefer gelegene Lagerhalle zu fluten. Feuerwehrleuten aus Heidenau und Pirna gelingt es, durch Pumpen Schlimmeres zu verhindern. In Heidenau steht die Bahnunterführung an der Geschwister-Scholl-Straße unter Wasser. Schlamm verhindert den Abfluss in die Kanalisation. Im leidgeprüften Pirnaer Ortsteil Zuschendorf laufen erneut die Keller voll. Felder in Niederseidewitz stehen unter Wasser und gleichen einer Seenlandschaft. Bis zum Mittag des 30. August ist die Feuerwehr hier auf Achse. In Obervogelgesang schwillt der Struppenbach an, überschwemmt Wege.
An der Straße zwischen Krebs und dem Seidewitztal rutschen aufgeweichte Erdmassen die Hänge hinab und versperren die Durchfahrt. Helfer vom THW werden deshalb aus dem Müglitztal hierher gerufen. Wegen abgesoffener Grundstücke ist auch die Feuerwehr vor Ort. In Meusegast sitzen Einwohner vier Stunden lang im Dunkeln. Ein umgestürzter Baum hat eine Stromleitung gekappt. In Sebnitz sind die Auswirkungen des Unwetters ebenfalls zu spüren. Auf dem Ulbersdorfer Weg in der Stadt muss die Feuerwehr Keller auspumpen. Die waren durch den Platzregen voll gelaufen. Weil die Kanalisation überlastet ist, steht das Wasser teilweise auch auf den Straßen. OLIVER NOWAK, DANIEL FÖRSTER

Wo sonst ein Weg am Pirnaer Lindigt ist, bahnen sich Schlammfluten ihren Weg. Hilflos muss eine Anwohnerin zusehen, wie die braune Brühe in Häuser und Keller fließt.

Nicht schon wieder! Die Einwohner von Zuschendorf greifen zu Hacke, Spaten und Schaufel, versuchen, das Schlimmste zu verhindern.

Unheimliche Ruhe statt Grenzverkehr

Die Straße von Bad Schandau nach Schmilka wirkt friedlich. Da wo sich sonst die Autokolonnen nach Tschechien wälzen, fährt man jetzt allein und ungestört in Richtung Grenze. Auf den ersten Blick erinnern nur die riesigen Sperrmüllberge am Straßenrand an die Elbeflut der vergangenen Wochen. Keine eingestürzten Häuser wie im Müglitztal – die Zerstörung verbirgt sich hinter den Mauern.

„Fast die gesamte Inneneinrichtung unten kann ich wegschmeißen. Die Holztäfelung, die Bar, alles“, sagt Petra Petters. Sie ist die Chefin der familieneigenen Gaststätte „Zum Grenzeck“ und vom Hochwasser doppelt betroffen. Zum einen stand die braune Schlammflut etwa zwei Meter hoch im Eingangsgeschoss des Gasthauses. Zum anderen muss Petters damit rechnen, dass auf längere Zeit viele Kunden wegbleiben. Denn der Grenzübergang in Schmilka, rund einen Kilometer vom „Grenzeck“ entfernt, wird wohl noch längere Zeit geschlossen bleiben.

Der Ort muss erst wieder zu neuem Leben erwachen. Tagelang sind 54 evakuierte Einwohner im sicheren Ferienheim „Friedmannhütte“ untergebracht. Haben teilweise nur durch den Revierförster Kontakt mit der Außenwelt. Der ist auf Schleichwegen im Wald unterwegs, kann so Kurierfahrten machen.

Als die Einwohner aus dem unteren Teil Schmilkas zurückkehren, beginnt die wirkliche Arbeit erst. Den Schlamm wegkarren, saubermachen. Das Wenige, das die Flut überstand, wieder herrichten. Der Anblick des zerstörten Eigentums fällt den meisten Rückkehrern schwer. Den wirtschaftlichen Schaden will etwa der Familienbetrieb Petters lieber noch gar nicht schätzen. Einfach erst mal anfangen mit Aufräumen. „Dann sehen wir weiter.“

Weitermachen wollen die Petters auf alle Fälle. Dafür sind aber finanzielle Hilfen notwendig, denn allein schafft das die Familie nicht. „Wir haben die Förderanträge abgegeben, hoffen wir das Beste“, sagt die Chefin. Denn irgendwie müsse man ja weitermachen. Geld haben sie noch keins bekommen, aber dankbar sind sie dennoch.

„Die Hilfe der Bundes- und der Feuerwehr bei den Aufräumarbeiten war viel wert“, meint Elfriede Stegmann, die Mutter der Chefin. Denn als das Wasser zurückging, blieb der Schlamm. Dick und stinkend lag er auf den Straßen, in den Gärten und überschwemmten Wohnungen. Jetzt säubern Petters und ihre drei Angestellten mühselig die verbliebenen Küchengeräte und Einrichtungsgegenstände. Versuchen zu retten, was zu retten ist. „Denn ich weiß noch nicht, ob's Geld von der Versicherung gibt“, sagt die Chefin. Ähnlich skeptisch ist auch Pensionsbesitzer Hans-Peter Richter. Seine Zimmervermietung „Villa Waldfrieden“ direkt an der Elbe ist während des Hochwassers komplett abgesoffen. Der Keller stand vollkommen, der erste Stock etwa 70 Zentimeter unter Wasser. Erst im Winter hatte der 56-Jährige im Keller Solarium und Sauna eingebaut, etwa 40 000 Mark investiert. „Die Gästezimmer sind hin, wahrscheinlich geht der Schaden an die 100 000 Euro“, sagt Richter. Eine Versicherung für das Haus hatte er nicht abgeschlossen. „Die haben wegen der Nähe zum Fluss utopische Beiträge verlangt“, erklärt er. Doch er habe auch Einnahmen gehabt, lacht der Pensionsbesitzer sarkastisch. „Irgendwelche Chemiefässer und Teile der Verkaufsbuden aus der Tschechei liegen bei mir im Garten“, erzählt Richter. Die Buden seien Sperrmüll, aber „niemand weiß ja genau, was in solchen Fässern drin ist“. Deshalb benachrichtigt er erst mal das Rathaus. Kaum einer, der verschont blieb. Ortsvorsteher Karl Mrazek informiert, dass 32 Häuser in der kleinen Gemeinde vom Wasser beschädigt wurden. Einige ältere Bürger wollen wahrscheinlich auch aus Schmilka wegziehen, hat Elfriede Stegmann gehört.

Allerdings grünen schon zarte Pflänzchen der Hoffnung. „Es gibt wieder Strom, und die SZ wird geliefert“, berichtet Elfriede Stegmann. Mit dem Auto kommt man in das Grenzstädtchen. Außerdem überquert die Fähre wieder die Elbe, und viermal am Tag fährt ein Bus bis nach Schmilka. Freiwillige Helfer aus Dresden sind unterwegs, um bei den gebeutelten Anwohnern mit anzupacken. Ab 1. September legen 20 ABM-Kräfte in Schmilka und Krippen mit Hand an. Ortsvorsteher Mrazek hofft auch auf möglichst viele Spenden und Fördergelder für seine Gemeinde.

OLIVER NOWAK

Petra Petters aus dem „Grenzeck“ in Schmilka hat Hilfe in der Not zur Seite: Thomas Reinisch kam extra aus Schirgiswalde, um anzupacken, und Birgit Ehrlich aus Postelwitz ist auch dabei. Es gibt viel zu tun, schließlich stand die Schlammflut zwei Meter hoch in der Gaststätte. Doch für die Wirtin steht fest: Sie macht weiter.

Geldautomaten spucken wieder Bares aus

In diesen Tagen werden Erinnerungen wach. So manch einer denkt an die Wendezeit zurück, als die freie Marktwirtschaft hier zu Lande Einzug hielt.

Auch Tage nach der Flut ist an der Sandsteinfassade der Sparkasse in der Pirnaer Grohmannstraße klar zu erkennen, wie hoch das Wasser stand. Die Mitarbeiter müssen auf die erste Etage ausweichen.

Zu jener Stunde null wollten die Banken nicht warten, bis repräsentative Vertretungen gebaut werden konnten. Sie stampften Provisorien aus dem Boden, um von Anfang an dabei zu sein. Das tut jetzt die Deutsche Bank 24 in Pirna noch einmal. Vor der Filiale an der Jacobäer-/Ecke Grohmannstraße sind Bauarbeiter dabei, einen zweigeschossigen Bankcontainer hochzuziehen. „Er geht Anfang nächster Woche in Betrieb", sagt Geschäftsstellen-Chef Hubert Mangold. In dem Blechschloss bekommen die Kunden den gleichen Service wie vor der Überschwemmung in der benachbarten Filiale. Diese soll in den nächsten Monaten ebenso wie die Ableger der anderen von der Katastrophe heimgesuchten Geldinstitute wieder aufgebaut werden. Mit am härtesten hat's dabei die Sparkasse getroffen. Allein im Landkreis soffen vier Filialen ab. Ende dieser Woche soll zunächst in der Pirnaer Gartenstraße der Notbetrieb starten. Auch die Volksbank klagt über hohe Schäden. „Wahnsinnig katastrophal" sei die Lage in Dohna, sagt Mario Eichler vom Marketing. Eine Prognose, wann dort wieder Konten geführt werden, ist nicht möglich. Die Filiale an der Dresdner Straße in Bad Schandau kann hingegen in etwa acht Wochen wieder ans Netz gehen.

Obwohl die Geldinstitute selbst Opfer der Flutkatastrophe wurden, spendeten und spenden sie für andere Betroffene. Allein die Deutsche Bank stellt fünf Millionen Euro zur Verfügung, während Dresdner-Bank-Mitarbeiter bislang 1,2 Millionen Euro sammelten. Das bedeutet aber noch lange nicht, dass die Banker mit Geld um sich werfen.

Für verschuldete und zusätzlich hochwassergeplagte Unternehmer heißt das: Stundungen ja, neue Kredite kaum. „Wir vergeben das Geld unserer Kunden und müssen damit verantwortungsvoll umgehen", sagt Deutsche-Bank-Mann Hubert Mangold. Im Gegensatz zu Sparkassen-Chef Joachim Hoof spricht sich Mangold gegen eine Entschuldung betroffener Firmen aus. „Der Staat sollte lieber ähnlich einer Versicherung für die Schäden aufkommen und Unternehmen, die weitermachen wollen, durch höhere Zuwendungen fördern." DOMOKOS SZABÓ

Wenn schon, denn schon: Das Hochwasseropfer Deutsche Bank 24 lässt in Pirna ein stattliches Blechschloss hochziehen, damit die Kunden ihre Bankgeschäfte weiterhin wie gewohnt erledigen können. Das Provisorium wird die überschwemmte Filiale in der Jacobäerstraße (im Hintergrund) für die Zeit des Wiederaufbaus ersetzen. Die Heidenauer Filiale ist von der Flut nicht betroffen. Da die Deutsche Bank nun aus eigener Erfahrung weiß, was Hochwasser bedeutet, spendet sie insgesamt 165 000 Euro für das Stadtmuseum Pirna, das Altenheim auf der Robert-Koch-Straße und den ASB-Kindergarten Spatzennest in Copitz.

Elbfähren liegen auf Grund

Eines der am ärgsten gebeutelten Unternehmen im Kreis ist die Oberelbische Verkehrsgesellschaft Pirna-Sebnitz (OVPS). Im Hochwasser gingen drei ihrer acht Elbfähren auf Grund. Hinzu kommen immense Schäden am Gleisbett der Kirnitzschtalbahn und dem neuen Pirnaer Betriebshof. Bilanz: Einbußen in Höhe von drei Millionen Euro. Dennoch, fünf Wochen nach dem Hochwasser ist die komplette Belegschaft noch an Bord. Und die erste positive Überraschung perfekt. Die OVPS-Flotte bekommt Verstärkung durch einen nagelneuen Omnibus, gesponsert von MAN München.

Mit derartigen Geschenken hatte am 12. August keiner gerechnet. Als die Innenstadt schon unter Wasser stand, sah es am Betriebshof auf der Bahnhofstraße noch relativ ruhig aus. Zwar drückte sich die Gottleuba langsam, aber sicher aus dem Flussbett. Aber sie war noch ein reichliches Stück vom Gebäude entfernt. Die meisten Busse wurden vorsorglich auf ein höher gelegenes Nachbargrundstück gestellt. Alles schien unter Kontrolle. Die Situation änderte sich schlagartig. Kurz vor 19 Uhr kam die erste Schreckensnachricht. Bei Liebstadt hing ein Bus in einem Erdrutsch. Dahinter war die Straße weggebrochen, Steine prasselten gegen das Blech. Ernsthaft zu Schaden kam glücklicherweise niemand. Es sollte eine lange Nacht werden.

Am Reißigerplatz in Königstein können allenfalls Boote Station machen, nicht aber Linienbusse. Auch ist der freundliche Hinweis überflüssig. Wohl kaum einer würde auf die Idee kommen, hier zuzusteigen.

Wenige Stunden später klingelte bei OVPS-Geschäftsführer Roland Henkel abermals das Telefon. Am anderen Ende war der Krisenstab. „Ich sollte sofort in den Betriebshof fahren. Das Wasser wäre dramatisch gestiegen.“ Als Henkel am Ort des Geschehens eintraf, hatte die Gottleuba den Fuhrpark bereits eingeschlossen. Ein Bus stand mit dem Heck komplett unter Wasser. Dennoch, vorerst hielten sich die Schäden in Grenzen. Die Situation schien sich zu entspannen.

Im Laufe des Dienstags schickte Henkel seine Fahrzeuge in die Evakuierung. Mit knapp 20 Bussen wurden die Leute nach Copitz und auf den Sonnenstein gebracht. Schon in der Nacht begannen seine Leute mit den Aufräumarbeiten. Im Erdgeschoss stand das Wasser einige Zentimeter hoch, die Teppiche mussten rausgerissen werden. Mittwochnachmittag war das Gröbste geschafft. Die Schäden waren noch in einem erträglichen Rahmen.

Als Henkel nach Hause fuhr, bekam er wieder einen Anruf. „Der Krisenstab riet mir, zu retten, was zu retten ist. Ich wollte das nicht glauben.“ Er und viele seiner Mitstreiter hatten seit Montag nur wenige Stunden geschlafen. Trotzdem fand sich eine Hand voll Leute, die im Betriebshof mit anpackten. Zusammen schafften sie einiges in den ersten Stock, versuchten so viel zu sichern wie möglich. Was sie nicht wussten: Später würde das Erdgeschoss komplett geflutet sein. Gegen 4 Uhr morgens gingen alle nach Hause. Knapp drei Stunden später waren er und einige andere Mitarbeiter schon wieder im Betriebsgelände. Der einzige Weg ins Haus führte von hinten über die Bahnschienen. Die Gottleuba stieg jetzt rasend schnell. Der OVPS-Chef schickte seine Leute nach Hause, wollte sich im Gebäude verschanzen, um die Evakuierung zu koordinieren. Dieses Vorhaben gab er nach wenigen Stunden auf. „Ich habe noch den Hauptschalter umgelegt und mich dann in Sicherheit gebracht.“

Sein nächster Weg führte ihn wieder ans Wasser. Die Motorfähren „Kaiserkrone“ und „Winterberg“ waren in Bad Schandau vertäut. Dort hingen sie direkt vor der Promenade, mit Stahlseilen am Ufer festgezurrt. Der Elbpegel war schon zu hoch, als dass man sie noch unter der Autobrücke hätte durchbugsieren können – die Sicherheit des Prossener Hafens war in weite Ferne gerückt. Es kam, wie es kommen musste. Das Wasser stieg weiter und mit ihm auch die Fähren samt Ponton. Irgendwann schwammen sie senkrecht über der Vertäuung. Die Betonpoller hielten der enormen Zugkraft nicht mehr stand. „Da wirkten weit über 100 Tonnen. Die Betonfüllungen flutschten raus, wie Korken.“ Führerlos trieb das Dreiergespann flussabwärts. Zu diesem Zeitpunkt waren kein halber Meter mehr zwischen Wasseroberfläche und Brückenunterseite. Knirschend schoben sich die Fähren unter den Beton, kenterten und gingen wenig später unter.

Am Sonnabend kam es noch schlimmer. In Pirna riss sich auch die „Kohlberg“ los. Henkel wusste sofort: „Wir müssen sie wieder einfangen.“ Zwei seiner Männer zogen sich Schwimmwesten über und nahmen in einer anderen Fähre die Verfolgung auf. Letztlich gelang es ihnen, an dem verwaisten Schiff festzumachen. Die „Kohlberg“ sicher ans Ufer zurückzubringen erwies sich jedoch als aussichtsloses Unterfangen. Die herausgerissenen Betonpoller hingen immer noch an den Stahlseilen. Sie wirkten wie Schleppanker und machten das Schiff vollkommen manövrierunfähig. Kurz vor Pillnitz kappten die Fährleute das Tau und ließen die „Kohlberg“ auf die Insel treiben. Der Plan ging auf. Das Schiff verfing sich in den Bäumen an der Spitze des Eilandes und schien gerettet. Wenig später wurden all die Bemühungen zunichte gemacht. Der Katastrophenstab in Dresden ordnete die Sprengung an – aus Sicherheitsgründen. In Bruchteilen einer Sekunde flogen 350 000 Euro in die Luft. Ende September scheint die OVPS auf dem richtigen Weg. Die fünf verbliebenen Fähren setzen über die Elbe. Im Kirnitzschtal fährt die Straßenbahn wieder planmäßig. Die Reparaturen im Betriebshof schreiten zügig voran. Henkel ist zuversichtlich: „Zwischen 75 und 90 Prozent des Schadens sollen ersetzt werden. Außerdem kommen Spenden von befreundeten Verkehrsbetrieben." Diese Gelder jedoch sollen ausschließlich vom Hochwasser betroffenen Mitarbeitern zugute kommen.

JAN FRANKE

Es sieht mehr nach Erdbeben als nach Hochwasser aus. In Wirklichkeit wurde die Wehlener Anlegestelle nicht von den Kräften der Erde bewegt, sondern einfach von der Elbe an Land gespült. Nun bemühen sich Einsatzkräfte, den Stahlkoloss an seinen angestammten Platz zurückzubringen. Dann kann es in Wehlen und Pötzscha wieder heißen: „Fährmann, hol über!"

Der Pirnaer Busbahnhof der Oberelbischen Verkehrsgesellschaft (OVPS) während des Hochwassers. Die OVPS ist eines der am ärgsten gebeutelten Unternehmen im Landkreis Sächsische Schweiz. Mit jedem Tag häuften sich die Verluste der Firma. Drei Elbfähren gingen auf Grund, an der Kirnitzschtalbahn entstanden enorme Schäden.

Bis vor kurzem verkehrte die „Kaiserkrone“ zwischen Schöna und Hrensko. Beim Hochwasser wurde die Fähre am Schandauer Elbkai weggerissen und flussabwärts getrieben. In Höhe Königstein sank sie schließlich. Ein Kran hievt nun das Wrack nach oben. Was mit dem Gefährt passiert, entscheiden die Inspekteure in der Laubegaster Werft.

Druckguss Heidenau ohne Kurzarbeit

Eine kaputte Straße und viel Staub und Schlamm begleiten den Besucher auf seinem Weg zum Druckguss Heidenau. Dazwischen schmutzbeschmierte Leute mit Schaufeln und Wasserschläuchen. Solche fleißigen Helfer haben auch unermüdlich in dem Unternehmen gewirkt. Wer durch das Werksgelände geht, sieht auf den ersten Blick von den Schäden, die das eigentlich kleine und harmlose Flüsschen Müglitz hier angerichtet hat, nicht mehr viel.
Aber auch hier hat das Hochwasser gewütet. In den Hallen und Gebäuden stand es bis zu einem Meter hoch, sagt Geschäftsführerin Ursula Schuchardt. Sie schätzt den Schaden an Maschinen und Anlagen sowie durch den Produktionsausfall auf rund 6,5 Millionen Euro. Dennoch rollen große Lkw aus dem Gelände. „Bis jetzt konnte das Unternehmen die Kunden noch beliefern", ist die Chefin froh. „Unser Glück, dass wir vorgearbeitet haben."
Die Unternehmensgruppe arbeitet für die Automobilindustrie. Fahrwerksteile, Getriebegehäuse, Öl- und Wasserpumpen sowie Teile für die Elektronik gehen von dem Standort im Müglitztal in die ganze Welt. „Die Kunden zeigen viel Verständnis für die Situation und sind sehr kooperativ", sagt Ursula Schuchardt. Was sie und ihre Mitarbeiter aber nicht verstanden haben: Dass sich keiner um sie gekümmert hat. Immerhin sind sie der größte Arbeitgeber in der Kommune. „Es gab weder eine Vorwarnung noch später Hilfe von außen. Deshalb waren wir auch nicht für die Katastrophe gerüstet", kritisiert die Chefin die Behörden.
Das wäre aber bitter nötig gewesen. Schließlich werden in der Gießerei Aluminium und Magnesium gegossen. „Da die Öfen nicht heruntergefahren werden konnten, bestand Explosionsgefahr", wagt Schuchardt gar nicht daran zu denken, dass das Wasser noch ein Stück höher gestanden hätte. Denn kommt geschmolzenes Magnesium mit Wasser zusammen, entsteht ein ungeheures Explosionsgemisch. Glücklicherweise blieb das Hochwasser kurz vor den Schmelzöfen stehen.
In dem Unternehmen wird dreischichtig gearbeitet. „Jetzt nach der Flut auch sonnabends und sonntags", sagt die Chefin. Alles ist auf ein Ziel ausgerichtet, die Produktion schnellstens wieder in Gang zu bringen. Schließlich warten die anderen Firmen auf die Zulieferungen. „Unter diesen Umständen möglichst alle Kundenwünsche zu realisieren, zumal auch die Maschinen repariert werden müssen, grenzt an eine logistische Meisterleistung", zollt sie ihren Mitarbeitern Anerkennung. Großes Lob auch für die unwahrscheinliche Einsatzbereitschaft der Leute. Das hat schon beim Beräumen des Hochwasserunrats begonnen. Noch wird es aber einige Zeit dauern, bis alles wieder in Ordnung ist, schätzt Ursula Schuchardt. Der Betrieb schaut nach vorn: Für die 350 Mitarbeiter gibt es deshalb weder Entlassungen noch Kurzarbeit. „Wir möchten damit ein Signal für die Region setzen", so Ursula Schuchardt.
Auch die 34 Auszubildenden, die Gießereimechaniker, Werkzeugmacher, CNC-Fräser und Industriekaufmann lernen, haben gute Chancen, hier einen festen Arbeitsplatz zu finden. Ebenso gibt es keine Abstriche an den Unternehmenszielen: So werden beispielsweise für dieses Jahr 50 Millionen Euro Umsatz angepeilt. Im Vergleich zum Beginn im Jahre 1993 ist das mittlerweile das Achtfache. Dass nur einwandfreie Qualität das Unternehmen verlässt, ist für die Heidenauer Druckgusswerker eine Frage der Ehre.

UTE HIMMER

Ralf Böhme (l.) und Ralph Krüger (r.) reparieren mit Jost Paulick im Druckguss Heidenau Maschinen. Einen halben Meter hoch stand das Wasser hier. Damit entging die Firma knapp einer Katastrophe. Wäre das Nass mit dem Magnesium in den Schmelzöfen in Berührung gekommen, hätte es eine Explosion gegeben.

So viel Müll wie sonst in zwei Jahren

Vielerorts im Landkreis gehört der Müll schon zum Stadtbild. In Bergen türmt er sich an den Straßen und Plätzen auf. Schränke, Sofas, Teppiche und Treibholz. Auf Hochtouren arbeiten die vielen Entsorgungsunternehmen, um der Situation Herr zu werden.

Die Mitarbeiter der Sebnitzer Abfall-Firma Rethmann etwa schuften auch am Wochenende, um die Müllberge abzutragen. „Der meiste Abfall ist jetzt aus den Innenstädten raus", zieht Niederlassungsleiter Andreas Uhlig Bilanz. Allerdings warte jetzt erst das zweite Stück Arbeit auf die Müllmänner. „Denn alles ist provisorisch zwischengelagert. Jetzt muss der Hochwasserabfall auf die endgültigen Halden geschafft werden", erklärt er. So befinde sich etwa in Schmilka noch eine ganze Menge Sperrmüll. Der werde jetzt nach und nach abgefahren. Rethmann koordiniert dort den Abtransport. Auch bei der Dohnaer Entsorgungs-Firma Jantke machen die Arbeiter Doppelschichten. Sie waren hauptsächlich in Heidenau, Dohna und Pirna unterwegs und beseitigten tonnenweise Schlamm und Sperrmüll aus den Städten. Sogar zwei zusätzliche Männer wurden zur Verstärkung eingestellt, um die Mehrarbeit zu bewältigen. Wo der ganze aufgeschwemmte Krempel aus dem Landkreis hinkommt? „Der wird auf die Deponie nach Pirna-Cotta gebracht", informiert Ilka Knigge, Sprecherin des Abfallzweckverbandes Oberes Elbtal (ZAOE). In den Hauptzeiten zwischen sieben und 17 Uhr warteten 600 Müllautos mit insgesamt 3 000 Tonnen Ladung auf Abfertigung. Im Minutentakt musste deren Inhalt gewogen, abgeladen und verdichtet werden. Auf der Deponie wurde in zwei Schichten gearbeitet. Elf zusätzliche Arbeiter halfen den 16 Cottaer Müllmännern. Insgesamt 53 000 Tonnen Hochwasserschlamm und Unrat wurden bis jetzt schon im Landkreis beseitigt. Darüber informierte Abfallamtsleiter Ralph Gruner. Er rechnet damit, dass am Ende etwa 70 000 Tonnen zusätzlicher Müll anfallen werden. Doppelt so viel wie sonst in einem Jahr. Deshalb waren schätzungsweise 150 Unternehmen aus der Sächsischen Schweiz und von weiter her im Einsatz, den Müll aus dem Landkreis zu beseitigen. Zum Teil sogar unentgeltlich. Um den Abfalltransport zu koordinieren, wurden vorübergehend sieben Zwischenlager angelegt. „Wenn die Transporter das alles gleich in die Cottaer Deponie geschafft hätten, wären riesige Warteschlangen dort und ein Verkehrschaos in der Stadt die Folge gewesen", sagt Gruner.

Ein Multicar bahnt sich seinen Weg durch Müllberge in Postelwitz. Um die Elb-Gemeinde vom Unrat befreien zu können, wird die B 172 für Wochen gesperrt.

Die Zwischenlager sind inzwischen geräumt. „Die wurden nur in der Notsituation angelegt", betont der Abfallchef. „Der Missbrauch durch Privatleute ist strafbar." Er erklärt, dass am Anfang immer noch ein Auge zugedrückt wurde. Auf dem Weg zurück in die Normalität muss auch dem Mülltourismus ein Riegel vorgeschoben werden. Wer illegal Abfall auf die wilden Halden bringt oder gar auf der Straße ablädt, wird bestraft. Das zählt nämlich als Ordnungswidrigkeit. In schweren Fällen wird die mit bis zu 5 000 Euro Bußgeld belegt.

„Es geht nicht darum, Flutopfer zusätzlich zu strafen. Aber unsere Nachsicht in der Ausnahmesituation wird jetzt zunehmend ausgenutzt", sagt der Abfalloberste des Landkreises. Vor allem viele Nicht-Hochwasserbetroffene nützten die Chance, ihren angehäuften Müll bequem loszuwerden. „Die Firmen räumen den Sperrmüll aus den Zwischenhalden weg, und am nächsten Morgen sind von Mülltouristen wieder neue Abfallberge abgeladen worden", beschreibt er das Dilemma. Das bestätigen auch die Entsorger-Firmen. OLIVER NOWAK

Müllberge, wohin das Auge blickt. Nun haben Entsorgungsfirmenviel Arbeit, um die Hinterlassenschaften der Flut zu beseitigen. Und die Zeit drängt, denn der Schlamm wird bei Sommertemperaturen binnen Stunden zu Beton. Das Landratsamt rechnet mit 70 000 Tonnen zusätzlichen Mülls, so viel fällt normalerweise in zwei Jahren an.

Längere Wartezeiten für Bahn-Pendler

„Es ist ein ganz schöner Mehraufwand, im Elbtal unterwegs zu sein“, berichtet Rolf Bäns.

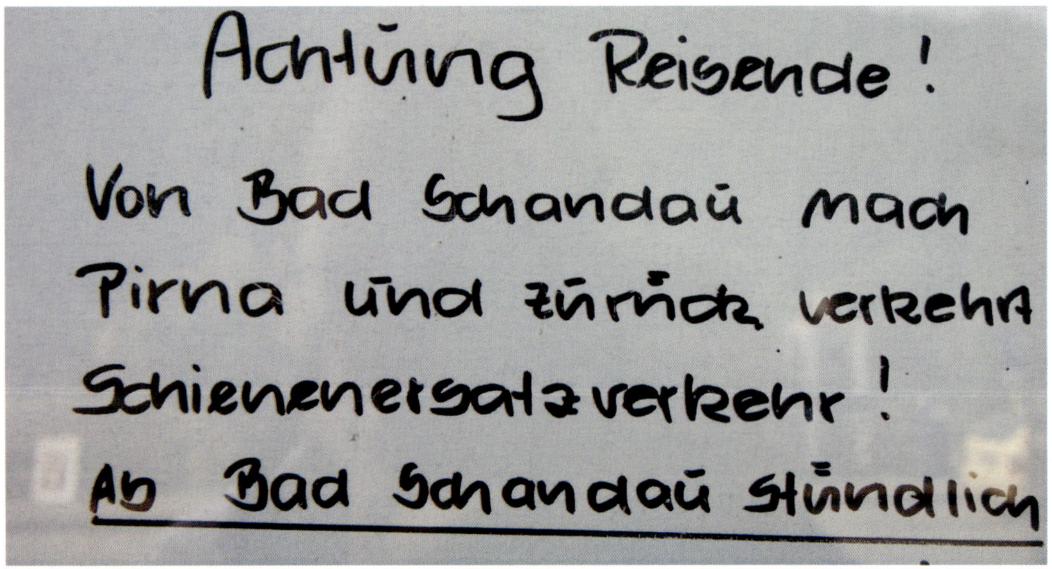

Wer im Elbtal unterwegs ist, muss Unannehmlichkeiten in Kauf nehmen. So rollt die S-Bahn wochenlang nur auf dem Abschnitt Meißen–Pirna. Weiter nach Schandau oder Schöna gibt es nur Schienenersatzverkehr. Aber auch auf der B 172 stehen die Autos stundenlang im Stau.

Der 51-jährige Pirnaer ist Musiklehrer. Er muss jeden Freitag in Bad Schandau unterrichten. Sonst hat er dafür die Bahn von Pirna in Richtung Schöna benutzt, doch die fährt seit dem Elbehochwasser nicht mehr.
Stattdessen ist dort Schienenersatzverkehr eingerichtet. Von 5.37 Uhr an starten jede Stunde bis 23.37 Uhr zwei Busse in Richtung Bad Schandau. Einer fährt 30 Minuten direkt über Königstein, der andere 50 Minuten über Ebenheit, Obervogelgesang und Rathen. In Bad Schandau müssen die Pendler dann in Busse nach Schöna umsteigen, die abgestimmt darauf auch einmal in der Stunde fahren. Für Rolf Bäns bedeutet die Notlösung, dass er viel mehr Zeit für seine Fahrt in die Außenstelle einplanen muss. Denn der Schienenersatz hält am Schandauer Bahnhof, Bäns muss aber auf die rechtselbische Seite. „Die Fähre fährt immer noch nicht. Deshalb nehme ich lieber die Linie 241, die fährt weiter nach Hinterhermsdorf“, sagt Bäns.
So kann er direkt am rechtselbischen Elbkai in Bad Schandau aussteigen, ohne den weiten Weg über die Brücke zu laufen. Natürlich dauert diese Tour viel länger. Wann wieder Normalität in den Zug-Fahrplan einkehrt, ist noch nicht klar. An einigen Stellen sind die Gleise unterspült und Bahndämme aufgeweicht. Die Arbeiten an der Strecke werden sich noch eine ganze Weile hinziehen, teilt die Deutsche Bahn mit. Doch nicht nur die Pendler in Richtung Schöna müssen ihren Zeitplan mächtig umstellen. Wer von Pirna nach Dresden will, kann nur einmal pro Stunde einen Zug nehmen. Normalerweise würde die Bahn aller halben Stunden zum Hauptbahnhof fahren. Verkehr in beide Streckenrichtungen ist aber bis Pirna wegen Hochwasserschäden noch nicht möglich, weil nur ein Gleis befahrbar ist. OLIVER NOWAK

Endstation Pirna: Diese S-Bahn blieb kurz vor dem Bahnhof auf der Strecke. Das Elb-Hochwasser legt nicht nur den Nahverkehr lahm. Auch die Route Berlin–Prag ist gekappt. Wer mit der Bahn nach Tschechien fahren möchte, muss sich auf eine längere Reise und einige Umwege gefasst machen. Die Züge rollen über Nürnberg. Erst vier Wochen nach der Flut passiert wieder ein ICE Pirna.

Sieht nach einem terroristischen Anschlag aus, doch in der Tat war es das Hochwasser. Eine Bushaltestelle in Schandau, nachdem sich die Elbe zurückgezogen hat.

Eine neue Zeitrechnung beginnt

Statt gut betuchter Kur- und Sommergäste prägen Frauen und Männer in Gummistiefeln und schlammverschmierten Hosen das Stadtbild. Auch drei Wochen nach der Flut wird an allen Ecken des einst so schmucken Städtchens noch aufgeräumt und abgespritzt. In Schandau hat mit dem Hochwasser eine neue Zeitrechnung begonnen.

Die zählt die ersten optimistischen Stunden. Am total demolierten Busbahnhof warten wieder Fahrgäste auf den Linienbus. Die Apotheke an der Ecke bietet in der ersten Etage Medikamente an. Die Damen an der Rezeption im Nationalparkhaus blicken dem Ankommenden freundlich entgegen. Doch die Gäste bleiben aus. So wie in der gesamten Region. An Normalität ist noch lange nicht zu denken. Das wird sofort klar, wenn man sich die Schäden an öffentlichen und privaten Gebäuden ansieht. Mehr als zwei Drittel der privaten Wohnhäuser, das sind etwa 400, hat das Wasser heftig beschädigt, wie es Bürgermeister Andreas Eggert ausdrückt. Er hat deren Schäden auf 40 Millionen Euro geschätzt. Hinzu kommen an die 20 Millionen Euro im öffentlichen Bereich wie Kindergarten, Schulen, Schrammsteinbad, Nationalparkhaus. Noch haben nicht mal alle wieder Strom.

Das Rathaus ist zur Zentrale der Hilfsmaßnahmen geworden. Auf dem riesigen Tisch im Saal türmen sich Anfragen, Angebote, Adressen, Telefonnummern. Bauamtschefin Monika Hickmann und viele Mitarbeiter rennen zwischen Handyklingeln und ratsuchenden Bürgern hin und her. Ein scheinbar auswegloses Chaos.

Trotzdem scheint alles wie am Schnürchen zu klappen. Ein paar ABMer dorthin, Werkzeug dahin, andernorts geht ohne schwere Technik nichts mehr. Wieder klingeln die Nothandys. Auf normale Telefonanschlüsse wagt hier gar keiner in den nächsten Tagen zu hoffen. Zwar kennt niemand die Nummern der rasch an die Schandauer verteilten Handys. Die Einwohner können aber zumindest selbst mit der heilen Welt da weit draußen Kontakt aufnehmen.

Auch mit den Maltesern. Die haben im benachbarten Altendorf ihre Zelte aufgeschlagen. Sie nehmen Spenden an, sortieren Hilfsgüter, verpflegen die Helfer in der Innenstadt. Selbst noch jetzt, da der Katastrophenalarm aufgehoben ist und das Geld „von außen" versiegt. In der Mittelschule Prossen wird seit 26. August wieder unterrichtet. Für die Grundschüler war da der Schulweg noch zu gefährlich, entschied der Bürgermeister. Sie durften zwei Tage länger zu Hause bleiben. Sportunterricht wird lange nicht mehr richtig möglich sein. Zu schwer betroffen sind Sportplätze und Turnhallen. Für den zerstörten Kindergarten gibt es Hoffnung. Spenden für den Wiederaufbau gehen überall in der Stadt ein. Heute kommt ein Hilfstransport an, der die neue Einrichtung für die Kita bringt, vom Bundesgrenzschutz aus Berlin. Die Flut von Spenden und Hilfsgütern treibt manchem Schandauer eine Träne ins Auge. Anderen jedoch inzwischen auch Sorgenfalten auf die Stirn. Wohin mit neuer Einrichtung, wenn noch nicht mal Fußboden im Haus ist?

Eine riesige Hilfsaktion rief Potsdam ins Leben. An nur einem Tag kamen 23 000 Euro zusammen. Und Sachspenden, die gezielt gesammelt wurden. Die Aktion läuft weiter. Und auch die Helfer vor Ort können bleiben. Obwohl deren Unterbringung nicht mehr bezahlt wird, haben viele Schandauer Pensionen kostenlos oder preisgünstig Quartier angeboten. Das dürfte noch eine Weile gebraucht werden. Längst noch nicht sind das Kirnitzschtal, die Flussläufe, die Ortsteile und auch Teile der Innenstadt wiederhergestellt. Wann die Fähren wieder übersetzen werden, ist noch völlig offen. Zu schwer beschädigt sind Schiffe und Anlegestellen. HEIDI KÖRNER

Wer es nicht weiß, würde es nie erraten: Ilona Peschke und ihr Mann betrieben hier eine Zoohandlung. Alles, was vom Bad Schandauer Geschäft übrig geblieben ist, sind die Tiere. Die konnte das Ehepaar in die höheren Etagen bringen. Der BGS erlaubte sogar, trotz Evakuierung immer wieder nach den Tieren zu schauen und sie zu füttern.

Verschnaufen nach Flut und Helferansturm

Statt Eis wird im Wehlener „Marktstübchen“ Mörtel angerührt. Inhaber Frank und Marlene Schönherr sind entschlossen, das Café wieder aufzubauen. Das Hochwasser verursachte dem Familienbetrieb einen Schaden von weit über 80 000 Euro. Wenn es nach den Schönherrs geht, werden hier die Touristen in wenigen Monaten wieder Kaffee schlürfen können.

Marlene Schönherr aus Wehlen kann wieder Luft holen. Nach Tagen des Schuftens erledigen momentan Trockner die Arbeit für sie. Sie brummen im „Marktstübchen“, dem Eiscafé ihres Sohnes. Nur ab und zu muss sie das Wasser, das die Maschinen aus den Wänden saugen, ausleeren.

An der Elbe ist ein wenig Frieden eingekehrt. Enten schwimmen auf dem Fluss. Ein junger Mann sitzt auf dem Rasen, während sein Sohn am Ufer spielt. Die Sonne scheint zum Tagesende. Es ist Abendbrotzeit. Von einem Balkon des Hauses gegenüber dringt Besteckklappern zum Elbeparkplatz. Das Leben geht weiter. Aber die geborstenen Fenster im verlassenen Erdgeschoss sprechen Bände. Es ist die berühmte Ruhe nach dem Sturm. Erst kam das Wasser, dann die Helfer. Emsig wurde entschlammt, gesäubert, geräumt. Jetzt ist das Zentrum wie ausgestorben, dort wo sonst Touristen flanieren. Kaum ein Mensch ist auf der Straße, doch alle Türen und Fenster der Häuser sind geöffnet.

Kerstin Stammwitz sammelt in ihrem Garten Steine auf. Der gesamte verfallene Pavillon des Nachbarn hatte sich über ihr Grundstück verteilt. Wie alles begann, sie kann sich kaum noch erinnern. „Ich bin nur froh, dass das Wasser weg ist“, sagt die 39-Jährige. Sie wurde mit ihrer Familie nach Dorf Wehlen evakuiert. Immer wieder sahen sie nach, wie hoch das

Wasser stand. Die Tage bestanden aus Hoffen und Bangen: „Als das Erdgeschoss verloren war, bibberten wir, dass der erste Stock verschont bleibt."

Im Erdgeschoss riecht es nach Keller, und es sieht auch so aus. Pure Betonwände und kein Fußboden mehr. In der Ecke stehen ein paar Gummistiefel. Die hübsche Deckenlampe, die Gardinenstange mit der Spitzenbordüre und der Fensterbogen aus buntem Glas über der Tür erinnern daran, wie schön es hier einmal war. Eine Geranie, die von der Decke der Veranda baumelt, steht in krassem Gegensatz zur verstaubten Rose am Boden.

Im Nachbarhaus in der Rosenstraße 14 steht die Tür offen. Drinnen endet eine Treppe im Nichts. Die Decke existiert nicht mehr, Wände fehlen und geben den Blick auf die Zimmer in der oberen Etage frei. Draußen an der Fassade rankt Wein, dessen Trauben unecht aussehen, so schön glänzen sie.

Ohnmacht überkam Kerstin Stammwitz, als sich die Elbe zurückzog. Doch auch da blieb nicht viel Zeit zum Nachdenken. Es ging ans Aufräumen. Bis aus der Partnerstadt Wangen im Allgäu kamen die Helfer, um die Wehlener zu unterstützen. Deren Feuerwehr blieb eine Woche. Ein Konvoi des THW brachte Motorsägen, Notstromaggregate, Lebensmittel und Hygieneartikel. Familie Stammwitz kam schnell voran, und bald war Land in Sicht. „Zumindest wissen wir jetzt, was wir im nächsten halben Jahr zu machen haben." Sie schätzt jedoch, dass zwei bis drei Jahre vergehen, bis es wieder so schön sein wird wie vorher – oder noch schöner.

Frank Schönherr vom Eiscafé „Marktstübchen" steckt schon wieder voller neuer Ideen und Tatendrang. Bereits seit einigen Tagen gibt es bei ihm wieder Kaffee, Kuchen, Eis und Getränke. Richtig eröffnet wird allerdings erst Ostern. Ein Schaden von über 80 000 Euro muss behoben werden. Das Wasser stand bis zur Decke. Auch Franks Mutter Marlene kann sich kaum noch erinnern, wann der Albtraum begann. „Wir hatten ein schönes, erfolgreiches Wochenende, das weiß ich noch." Auf dem Marktplatz hatte ein Konzert stattgefunden. Dann kam das Wasser. Sie beobachteten, wie es von beiden Seiten den Marktplatz hochkroch, sich schloss und immer dichter kam. „Wir haben geräumt und geräumt. Doch alles konnten wir nicht retten", erinnert sie sich. Es war ein mulmiges Gefühl, als das Wasser über einen Meter hoch stand und ihr Sohn sagte: „Jetzt muss ich fluten, sonst gehen die Scheiben kaputt."

Jetzt will Frank Schönherr einiges anders machen, falls wieder eine Flut kommt. Er will so bauen, dass der Laden in fünf Wochen wieder öffnen könnte. Zum Beispiel: kein fest installierter Tresen mehr. Die Familie hofft, dass auch die Experten gelernt haben und nächstes Mal früher warnen.

Die 59-jährige Mutter Marlene ist ein wenig traurig. Auch ihr Sohn ist noch dabei, einen Kredit abzuzahlen: „Und wie jetzt alles aussieht." Auf der anderen Seite beruhigt sie die Energie ihres Sohnes: „Wir sind nicht am Boden zerstört, sondern werden damit fertig. Wir haben wieder Mut." KATJA SCHREIBER

Daniel Welz (l.) und Dirk Böhme sind in Stadt Wehlen dabei, die Mauern eines Bungalows trockenzulegen. Nach der Flut musste das Gebäude entkernt werden.

Vor dem Tal heißt es: Stopp

Entwarnung kann nicht gegeben werden. Es herrscht der Katastrophenfall im Müglitztal. Daran wird sich voraussichtlich auch so schnell nichts ändern. An allen Zufahrtsstraßen ins Tal heißt es deshalb: „Durchfahrt verboten". Große wie kleine Verkehrsschilder versperren den Weg.

Die Konsequenz: Wer im Tal nichts zu suchen hat, muss derzeit Umwege in Kauf nehmen, im schlimmsten Fall über Dresden. Hinein ins Müglitztal dürfen lediglich Anwohner und all diejenigen, die am Aufräumen und Helfen sind. Kontrollen stehen auf der Tagesordnung. Rund 30 Polizisten von der Bereitschaftspolizei Dresden und aus der hiesigen Region versehen momentan hier ihren Dienst, freundlich, aber bestimmt. Denn Räumtechnik und Baustellenfahrzeuge müssen agieren können. Derzeit sind allein in Dohna rund 120 Lkws, 35 Bagger, auch etliche tonnenschwere Greifer im Einsatz. Der Krisenstab hofft zudem auf drei Schwerstfahrzeuge, die zusätzlich im Flussbett ganze Arbeit leisten sollen. Rund 130 Soldaten der Bundeswehr bilden Sägetrupps, beräumen die Müglitz, leisten von früh bis abends unendlich kräfteraubende Handarbeit.
Fortschritte gibt es täglich, aber einen ganzen Berg neuer Probleme, die von den Krisenstäben in Dohna und Müglitztal zu bewältigen sind. Immer wieder heißt es deshalb koordinieren. Zu viel ist kaputt, vor allem auch Brücken. Zum Glück hat die Mühlbacher Brücke am Abzweig Maxen den Fluten getrotzt. „Sie ist voll tragfähig, auch wenn es erst nicht so aussah. Gott sei Dank", zeigt sich Jörg Glöckner, Bürgermeister der Gemeinde Müglitztal, erleichtert. Denn damit ist die Verbindung weiter hinauf ins Müglitztal nicht jäh unterbrochen.
Und wie sieht momentan die Verkehrslage aus? Aus Richtung Heidenau heißt es: Stopp! in Höhe Druckguss. Bis hierher sind alle Nebenstraßen erreichbar. Streng geht es am Viadukt Gamiger Straße und an der Brücke auf der Dresdner Straße zu. Anlieger müssen hier ihre Ausweise

Allein die weiße Markierungen deuten darauf hin, dass das hier einmal eine Straße war. Die wütende Müglitz zerstörte die Verbindung zwischen Heidenau und Altenberg fast komplett.

zücken. Wer in die Pestalozzistraße, Georgstraße, Alte Gärtnerei, in den Mühlenweg, zum Taschenberg und in die Dresdner Straße will, muss den Weg über die Oberstadt nehmen. Die Zufahrt für die Dippoldiswalder Straße, Müglitztalstraße 1 bis 11 und 2 bis 22 ist über die Oberstadt und die Weesensteiner Straße möglich. Aber die Regelungen sind das eine, die Praxis das andere. Kraftfahrer, die keine Anlieger sind, schlängeln sich unentwegt durch. Die Krisenstäbe in Dohna und Müglitztal wissen das, setzen deshalb auf mehr Verständnis für die Absperrungen. Wohl wissend, dass mit der Aufhebung des Katastrophenzustandes auch die Sonderregelungen im Straßenverkehr aufgehoben werden. Schon deshalb hat der Straßenbau Priorität. Denn die Hauptmagistrale durchs Tal ist so gut wie zerstört. Lediglich das erst vor kurzem ausgebaute Stück in Höhe Schlossmühle in Dohna hat den Fluten halbwegs standgehalten. Ansonsten wechseln sich Pflastersteine, Asphaltfetzen, Dreck und Erde ab. Hinzu kommt, dass es auch so gut wie alle Leitungen unter der Erde für Gas, Strom, Trink- und Abwasser schwer getroffen hat.
Ein großes Ziel ist ins Auge gefasst: Die Müglitztalstraße zwischen Heidenau und Mühlbach soll bis zum Jahresende wieder befahrbar sein. Die Trasse wird dann zwar noch nicht endgültig ausgebaut sein. Aber immerhin so weit, dass eine grobe Asphaltschicht wieder drauf ist. Der Rest wird dann nach dem Winter erledigt. Auch an einigen Abschnitten der Straße zwischen der Autobahnbrücke in Dohna und dem Abzweig Sürßen sind die Arbeiten im Gange. Für den Abschnitt Ortsausgang Heidenau bis Autobahnbrücke ist gerade die Vergabe erfolgt. Auch hier soll bis zum Winter die Straße fertig gestellt sein. Das Gleiche trifft auf die Müglitztaler Ortsteile Weesenstein und Mühlbach zu. Das nächste Jahr bringt die Feinarbeiten, zumindest für die Straße. GABRIELE SCHRUL

Unterspülte Straße im Müglitztal. Das Wasser suchte sich einen Weg unter dem Asphalt und setzte den Leitungen für Strom, Gas, Trink- und Abwasser arg zu.

Land unter vor und in der Wehlener Kirche. Das evangelische Gotteshaus am Markt ist eines der am ärgsten betroffenen im Landkreis.

Nur mit Kollekte ist nichts zu machen

Die Mitglieder der katholischen Gemeinde in Pirna haben einen ungewöhnlichen Auftrag. In Schichten bewachen sie die Kirche am Klosterhof. Damit das Gemäuer so schnell wie möglich austrocknet, sind dessen Türen von früh bis spät sperrangelweit geöffnet. 2,50 Meter hoch stand die Elbe in der Klosterkirche. Das bittere Fazit: Totalschaden am Inventar.

„Der Verlust der Bänke ist schmerzlich. Tragischer ist jedoch, dass wir die beiden wertvollen Altäre nicht retten konnten", sagt Pfarrer Norbert Büchner. Der gotische Flügelaltar stand bis zur Hälfte im Wasser und liegt jetzt im Kirchenschiff, um auszutrocknen. Noch ist unklar, wann das hölzerne Kunstwerk saniert werden kann. Allein die Versicherungsprämie für den Transport in eine Werkstatt ist astronomisch hoch, so Pfarrer Büchner. Ähnlich schlecht bestellt ist es um den Press-Altar. Ebenfalls aus Holz, löste er sich im Wasser teilweise auf und wird zurzeit nur von Schraubzwingen zusammengehalten. Die frei stehende Orgel kippte um, lag tagelang im Wasser und ist jetzt nur noch Schrott.

Allen widrigen Umständen zum Trotz findet schon wenige Tage nach der Flut der erste Gottesdienst statt. Die Bänke kommen aus der Pfarrkirche auf der Dr.-Wilhelm-Külz-Straße. Dort stand das Wasser zwar nur wenige Zentimeter hoch. Dennoch sind Parkett und Heizung futsch. Um dem wuchernden Schimmel Einhalt zu gebieten, muss der komplette Putz von den Wänden.

Jetzt geht es ans Beheben der Schäden. „Aber ohne finanzielle Unterstützung geht hier nichts", weiß Pfarrer Büchner. Ob die angelaufenen Spendenaktionen ausreichend Geld in die Kirchenkassen spülen, ist fraglich. Beim Bonifatiuswerk, einem Hilfswerk der katholischen Kirche, sind bisher etwas mehr als 50 000 Euro eingegangen. „Dazu kommen allerdings noch mehrere hunderttausend Euro von anderen Bistümern", sagt Pressesprecherin Ute Hücker. Angesichts der Millionenschäden ist das jedoch nur ein Tropfen auf den heißen Stein. Im anderen christlichen Lager ist die Situation weniger angespannt. Zwar sind im Landkreis gleich mehrere evangelische Gotteshäuser dem Hochwasser zum Opfer gefallen. Aber die Evangelische Kirche in Deutschland hat sofort 30 Millionen Euro lockergemacht.

Dazu kommen noch mal 2,5 Millionen Euro von der Landeskirche Sachsen. Ein Lichtblick – auch für etliche andere evangelische Einrichtungen. „Momentan schätzen wir die Schäden im Kirchenbezirk Pirna auf 2,3 Millionen Euro", macht Gudrun Schneider vom Evangelischen Büro für Baupflege in Dresden deutlich. Allein 1,2 Millionen Euro entfallen auf den evangelischen Kindergarten in Pirna. Um das Pfarrhaus in Königstein wieder herzurichten, werden mindestens 150 000 Euro gebraucht.

In Heidenau, Wehlen und Bad Schandau ist der Flut weiteres Kirchengut zum Opfer gefallen. Den Schandauer Pfarrer traf das Hochwasser doppelt. Er wohnt direkt neben der Kirche, wurde zwangsevakuiert. Als er zurückkehrte, bot sich in Kirche und Pfarrhaus ein Bild der Verwüstung. „Die Pfarrräume haben wir erst letztes Jahr ausgebaut", bedauert Johannes Nicolaus. Die Christenlehre kann dort auf unbestimmte Zeit nicht mehr stattfinden.

Doch der Pfarrer ist guter Dinge. „Die Grundschule hat uns sofort ein Zimmer in Aussicht gestellt." Außerdem gibt's noch einen Raum im Kirchturm, unterm Uhrwerk. Auch dorthin könnten die Unterrichtsstunden verlegt werden. Andere Probleme werden weniger einfach zu lösen sein. „Die Heizung ist komplett hinüber. Das Heizhaus ist einsturzgefährdet und muss abgerissen werden", sagt Nicolaus. Zwar war die Erneuerung der Heizanlage schon seit geraumer Zeit im Gespräch. Aber dass jetzt auf die Schnelle ein Ersatz herbeigeschafft werden kann, ist unwahrscheinlich. Frostige Aussichten für kommende Gottesdienste.

JAN FRANKE

Pfarrer Norbert Büchner zündet eine Kerze der Hoffnung an. Die katholische Klosterkirche in Pirna wurde völlig leer gespült. Auch der gotische Flügelaltar fiel den Wassermassen zum Opfer. Der Holzaltar von Friedrich Press wird von Schraubzwingen zusammengehalten. Allein an den Pirnaer Kirchen entstehen 400 000 Euro Schaden.

Dramatische Rettungsaktion zahlt sich aus

Fast alle Exponate gerettet, Haus verloren. Die Bilanz der Hochwasserkatastrophe im Pirnaer Stadtmuseum und -archiv lässt sich mit einem Satz zusammenfassen. Obwohl in einer dramatischen Rettungsaktion Originalgraphiken von Marc Chagall, jahrhundertealte Urkunden und andere Kostbarkeiten in Sicherheit gebracht werden konnten, ging der Klosterhof in den Fluten unter. Bereits nach dem Wüten der Gottleuba stand das Wasser im Museum kniehoch. „Das wäre noch zu verkraften gewesen“, sagt Leiter Manfred Hickmann. Wäre nicht nachfolgend die Elbe mit dem „höchsten Pegel aller Zeiten“ über die Ufer getreten.

Doch gerade das geschah, und der Kapitelsaal versank in den Fluten. Zwischen den Sandsteinmauern erstreckte sich tagelang ein drei Meter tiefer See. Verunreinigt durch das Hydrauliköl aus dem Fahrstuhl, setzte das Wasser den wertvollen Sandsteinplastiken und Grabsteinen arg zu. „Die Sanierung beider Häuser wird mindestens 640 000 Euro kosten“, resümiert Museumschef Hickmann. Wann die Einrichtung wieder öffnet, steht in den Sternen. Nicht nur der Kapitelsaal wurde in Mitleidenschaft gezogen, sondern auch das Eingangsgebäude, wo ein Pegel von 1,55 Metern gemessen wurde. Mobiliar und Technik erlitten Totalschaden.

Stark betroffen ist auch das Stadtarchiv. Es hat seine Räumlichkeiten verloren und ist notdürftig in einer Schule untergekommen. Als der Hochwasseralarm kam, begannen Mitarbeiter und Helfer, die Exponate in die oberen Geschosse zu tragen. Doch angesichts der sich immer weiter verschärfenden Warnungen entschied sich die Museumsleitung für eine vollständige Evakuierung der Bestände. Allerdings wurde die Aktion zeitweise unterbrochen, weil die Polizei auf ein Verlassen der Gebäude drängte, berichteten Augenzeugen. Vorschnell, wie sich später herausstellte. Denn die Flut kam erst einen halben Tag später.

Museumschef Hickmann lobt nun die Arbeit der rund 40 Helfer. „Durch ihr selbstloses Engagement sind die Sammlungen und Bestände des Museums wie auch des Archives zum überwiegenden Teil gerettet worden.“ Trotzdem hatten etwa fünf Prozent der Archivalien und Museumsgegenstände Wasserkontakt, darunter auch eine stadthistorisch wichtige Urkunde von 1325. Hickmann: „Sie sind sehr schnell eingefroren worden und können demnächst restauriert werden.“ Metallexponate, Sandstein- und andere Plastiken, einige bemalte Bauernmöbel, Altfotografien und Glasplatten-Negative seien ebenfalls gesichert. Das kostet aber.

Für die Restaurierung der beschädigten Sammelstücke veranschlagt die Museumsleitung etwa 200 000 Euro. Benötigt werden auch rund 150 000 Euro für die Wiederbeschaffung von diversen Regalen, Schränken sowie weiterem Mobiliar für Magazine und Arbeitsräume. In dieser Situation ist Hausherr Hickmann für jede Hilfe dankbar.

Besonders gerührt war er, als der Chef eines Museums nahe Rammstein noch während der Katastrophenwoche spontan anbot, die Einnahmen eines Sommerfestes für Pirna zu spenden. Immerhin kamen bei diesem Anlass rund 1 500 Euro zusammen. DOMOKOS SZABÓ

Nicht nur die gotische Schönheit des Kapitelsaals im Pirnaer Stadtmuseum bekommen diese Siebtklässler aus Heidenau zu sehen. Gerburg Sturm zeigt ihnen auch die Schäden, die das Hochwasser hinterließ.

Zwei Häuser werden abgerissen, Notverkauf im Altenheim

17,5 Millionen Euro Schäden an kommunalen Gebäuden, dazu die 775 000 Euro an der Schule. 3,7 Millionen werden für Straßen und Wege in der Stadt gebraucht, 670 000 Euro für Brücken. Bürgermeister Frieder Haase könnte die Zahlenreihen fortsetzen. Trotzdem versprüht er Optimismus und gewinnt der Katastrophe sogar noch Positives ab. So habe sich kaum jemand vorstellen können, wie eng die Festungsstädter in der Not zusammenrücken. Die viele Hilfe von außen dazu, das habe selbst manch starkem Charakter ein paar Tränen in die Augen getrieben. So kamen aus der Gegend der Partnerstadt im Taunus 151 Freiwillige, um anzupacken. Nachbarorte waren behilflich, wo es nötig war. Und die Wismut gab, was gebraucht wurde, bis zu Gummistiefeln, Helmen und Handschuhen fürs große Aufräumen. Das dauert noch. Aber auch erste Lichtblicke sind zu finden. Am Reißigerplatz leuchten frische Pflanzen zwischen den Schuttbergen hervor. Die Händler bieten nebenan ihre Waren feil. Und zwischen all den schlammverschmierten Arbeitern pilgern erste Touristen durch die Stadt.

In all dem steckt so viel Kraft für den Wiederaufbau, dass der Bürgermeister für die langsam begonnene Innenstadtsanierung gar einen Quantensprung erwartet. Immerhin müssen jetzt Gebäude abgerissen werden, die den Planern noch Jahre Kopfzerbrechen bereitet hätten. Zwei sind bereits gefallen. Eines an der Bielatalstraße. Und das „Deutsche Haus“ im Zentrum ist auch nur noch ein riesiger Berg Schutt. Erst einmal muss das alltägliche Leben aber wieder angekurbelt werden. In der Schule muss schrittweise wieder jeglicher Unterricht ermöglicht werden. Geschäftsleute haben mit einem Notverkauf im einstigen Krankenhaus, das zuletzt als Pflegeheim genutzt wurde, begonnen. Sogar eine neue Frisur kann man sich dort schon wieder zulegen. Und der Lebensmittelmarkt in der Turnhalle der Schule versorgt die Königsteiner bereits seit Wochen mit dem Nötigen. Von Normalität kann trotz aller Bemühungen noch lange nicht die Rede sein.

„Aber wir waren vorbereitet“, sagt Frieder Haase. So mancher habe seiner Warnung vertraut und sein Hab und Gut in Sicherheit gebracht. „Als am 13. August gegen Mittag ein Pegel von 9,50 Metern steigend für Schöna angekündigt wurde, habe ich die Leute informiert.“ Da war ihm klar, das Wasser würde mindestens die Geländer der Bielabrücke am Reißigerplatz übersteigen. Heute sind neben vielen anderen auch 100 ABM-Kräfte dabei, die Folgen der Flut zu beseitigen. Auch die Firmen der Region hätten reichlich zu tun. Haase rechnet damit, dass die Arbeitslosigkeit in Königstein nur noch um die fünf Prozent liegt. Wieder ein positiver Aspekt, den er in all dem Elend findet. Mit diesem Optimismus wolle er die Königsteiner weiter anstacheln. HEIDI KÖRNER

Gebannt schauen die Königsteiner auf das Wasser. Es steigt und steigt, und ein Ende ist nicht abzusehen. Der Scheitelpunkt wird erst bei knapp zwölf Metern erreicht.

Nur noch für den Abrissbagger taugt das „Deutsche Haus“ in Königstein. Bei Lichte betrachtet ein Glücksfall für die Stadt, denn die Immobilie bereitete den Planern jahrelang Kopfzerbrechen. Insgesamt werden zwei Häuser dem Erdboden gleichgemacht. Die Schäden an Privatgrundstücken belaufen sich in Königstein auf rund 13,2 Millionen Euro, an öffentlichen Einrichtungen sind es gar 17,5 Millionen Euro. Die gesamte Innenstadtsanierung wird noch einmal zu überdenken sein.

In Königstein versucht ein Bagger, den getrockneten Schlamm aus der Biela herauszuschaufeln. Durch die hoch stehende Elbe lagerte sich vor der Mündung besonders viel Sediment ab. Allerorts im Katastrophengebiet spülten die Wassermassen tonnenweise Lehm an. Nachdem die Flutwelle vorbei ist, plätschert der Bach unschuldig vor sich hin. Er richtete nicht so schlimme Verwüstungen wie die Müglitz, die Gottleuba und die Seidewitz an.

Bach setzt Fachwerkhaus übel zu

Rainer Stocks liebevoll gepflegtes Fachwerkhaus ist nicht wiederzuerkennen. „Das Wasser stand einen Dreiviertelmeter hoch im Hof und drang durch Tür und Gebäudewände ins Innere. Küche, Wohnzimmer, Bad, die gesamte Einrichtung ist futsch", klagt der Rosenthaler. Schuld daran war der sonst so harmlose Dorfbach, der durch den sintflutartigen Regen binnen kurzer Zeit zum reißenden Strom wurde. Stock hatte doppeltes Pech, denn auch der Feuerlöschteich auf der anderen Grundstücksseite lief über. Nahezu 10 000 Euro Schaden sind seine traurige Bilanz. Inzwischen packten viele Dorfbewohner mit zu, um die Schäden zu beseitigen. Und von der Stadt Königstein erhielt er 2 000 Euro. „Wenigstens ein Anfang", freut sich Stock. Er kann hoffen, bald noch mehr Hilfe zu bekommen. Sein Betrieb, die Wismut GmbH in Leupoldishain, will ebenfalls Geld spenden. Und auch das Altenpflegeheim Bielatal, in dem Stocks Frau arbeitet, sagte Unterstützung zu.

Ingrid und Jürgen Henker, die direkt an der Biela wohnen, hat es auch schlimm getroffen. In ihrer unmittelbareren Nähe am Gasthof Reichstein brach die Ufermauer auf einer Länge von 20 Metern. Das gesamte Erdgeschoss ihres Hauses ist abgesoffen. Das sind nur zwei von 30 Fällen in Rosenthal-Bielatal. Für sie will sich Bürgermeister Bernd Gottschald (Freie Wähler) stark machen. Er ist zuversichtlich, weitere Mittel zu bekommen. Das wird auch nötig sein, denn allein an kommunalen Straßen und Brücken entstand ein Schaden von etwa 1,3 Millionen Euro. So ist besagte Bachmauer an der Biela zu erneuern. Auch die Straße am Zwiesel muss in Stand gesetzt werden. Hinzu kommen Durchläufe und Abflüsse im Bereich Ottomühle und Schweizermühle, die total ausgespült und jetzt vorbeugend zu verbreitern sind. Neu zu ordnen ist in der Gemeinde mit starkem Gefälle und einem Flächenanteil von 47 Quadratkilometern die gesamte Melioration. „Das wurde beim Bau in den achtziger Jahren nicht bis zu Ende gedacht", sagt Gottschald. In einigen Fällen müssten auch Grundstückseigentümer an den Kosten beteiligt werden. HANNELORE ANGERMANN

Auch im Bielatal wurden Straßen stark zerstört, wie hier unweit der Schweizermühle. Zwar hat die Biela nicht so gewütet wie Müglitz oder Seidewitz. Trotzdem wurden auch in der Gemeinde Rosenthal-Bielatal Gebäude beschädigt, Straßen und Bachmauern zerstört.

Kai Hering (l.) und Bernd Vogel setzen unweit des Sägewerks eine Stützmauer im Bielatal in Stand. Die durch das Hochwasser verursachten Schäden an den Straßen und Nebenanlagen werden in der Gemeinde Rosenthal-Bielatal auf rund 1,3 Millionen Euro geschätzt.

Kreistag legt kleinliche Querelen ad acta

Der Kreistag macht es sich über Parteigrenzen hinweg zur Aufgabe, wirksam zum Wiederaufbau nach der Katastrophe beizutragen. Darum dreht sich der Hauptteil der ersten Sitzung nach der Flut.

583 Millionen Euro – das ist die erste Bilanz der Hochwasserschäden im Landkreis Sächsische Schweiz. Weit über 1 400 Gebäude sind zerstört oder beschädigt. Hart hat es auch die Wirtschaft getroffen. 1 500 Firmen sind von der Flutkatastrophe betroffen, 450 davon haben Schäden an Gebäuden oder Anlagen zu beklagen. Das hat erhebliche Auswirkungen. So ist in jedem fünften Betrieb derzeit Kurzarbeit angesagt, in vielen anderen dreht sich überhaupt kein Rad mehr. Arg zugesetzt haben die Fluten auch der Infrastruktur. Rund 60 Kilometer Staats-, Kreis- und Gemeindestraßen und 25 Brücken sind zerstört oder stark beschädigt. Allein an den Staatsstraßen gibt es Schäden von zirka 30 Millionen Euro. Übt sich der Kreistag oftmals in kleinlichem politischem Gezänk, so wird nach der Flut Einigkeit demonstriert. Einstimmig verabschieden die Abgeordneten einen so genannten Entschließungsantrag zur Hochwasserkatastrophe. Darin ist ein ganzer Katalog von Aufgaben und Forderungen formuliert, die jetzt Priorität haben. Nachfolgend einige Punkte:

- **Ein Aufbauprogramm** soll zwischen Kreis und Kommunen abgestimmt werden.
- **Rahmenbedingungen** werden angestrebt, die es ermöglichen, Aufträge zum Wiederaufbau bevorzugt an regionale Unternehmen zu vergeben.
- **Der Freistaat** soll alle Kosten für die Katastrophenbewältigung übernehmen. Allein für die Müllentsorgung fielen elf Millionen Euro an.
- **Die Rettungsleitstelle** muss erhalten bleiben. Geplant war vom Freistaat, diese zu schließen.

Freistaat, Bund und EU sollen schnell die nötigen Gelder für den Wiederaufbau bereitstellen. Diese müssten nach einem gerechten Schlüssel verteilt werden. Sparkasse und Banken sollen mit Betroffenen bei bestehenden Krediten und Liquiditätsproblemen großzügig nach Lösungen suchen. Für CDU-Fraktionsvize Michael Jacobs ist klar, dass der gemeinsame Antrag des Kreistags nicht die Lösung ist. Er sei jedoch zumindest der Versuch, „den Betroffenheiten zu begegnen". Der CDU-Mann ruft das Parlament dazu auf, die bevorstehenden Aufgaben gemeinsam zu bewältigen. Dem pflichtet PDS-Fraktionschef André Hahn bei. Für ihn war besonders die Welle der Solidarität beeindruckend. „Ich wünsche mir, dass dieses Zusammengehörigkeitsgefühl auch über die Flut hinweg erhalten bleibt."

SPD-Fraktionssprecher Hans Hüsken engagierte sich während der Flut. Er leitete zuerst den Krisenstab in Bad Schandau und dann in Pirna. Dort griff der Rechtsanwalt hart durch, ließ zeitweise die Innenstadt für Privatfahrzeuge sperren, um die Wege für Transporte und Rettungsfahrzeuge freizuhalten.

Hahn resümiert, dass während der Katastrophe viele gravierende Fehler gemacht worden seien. Die müssten jetzt detailliert erfasst werden. Dabei drehe es sich nicht um individuelle Schuldzuweisungen. Es gehe vielmehr um Fehler im System des Katastrophenschutzes.
Nötig sei ein Konzept, was es bis jetzt nicht gibt. Sowohl Jacobs als auch Hahn danken im Namen ihrer Fraktionen den zahlreichen Helfern für ihr großes Engagement. Das steigt Hans Hüsken, SPD-Sprecher im Kreistag, in die Nase. „Es ist schwer, zwischen einem katholischen und einem evangelischen Hochwasser zu unterscheiden. Nötig ist der Dank von allen." Hüsken, der unter anderem als Katastrophenstabschef in Schandau und Pirna eingesetzt war, mahnt zu schnellem Handeln. „Wenn wir nicht aufpassen, wird im Streit um die Finanzierung der Folgen des Hochwassers eins untergehen: die Bereitschaft, wie wir solchen Ereignissen künftig besser begegnen." Benötigt würden abgestimmte, einheitliche Strukturen über die Kreisgrenzen hinaus. „Schließlich wissen wir nicht, ob das Jahrtausend-Hochwasser in diesem, im nächsten Jahr oder erst in 1 000 Jahren wiederkommt." PETER HILBERT

Wehlens Bürgermeister Klaus Tittel (l.) stimmt sich mit Sachsens Finanzminister Horst Metz am 16. August, als die Elbe am höchsten steht, über die Hilfsmaßnahmen ab. Das Kabinettsmitglied hat seit Jahren eine ganz persönliche Beziehung zu dem Elbestädtchen. Schließlich liegt dieses in seinem Wahlkreis als Landtagsabgeordneter.

Der CDU-Landtagsabgeordnete Klaus Leroff betätigte sich zuerst in Pirna und später als Berater im Krisenstab Dohna. Hier überlegt er gerade mit einem Bundeswehrsoldaten im Müglitztal, wie die Aufräumarbeiten im Schadensgebiet weitergehen sollen.

Pirnas Oberbürgermeister Markus Ulbig ist in den Tagen des Hochwassers mit dem Boot unterwegs, macht sich hier auf der Breiten Straße ein Bild von der Lage.

Sportler beklagen Schäden in Millionenhöhe

Das ganze Ausmaß der Hochwasserkatastrophe auch bei den betroffenen Sportvereinen wird immer deutlicher sichtbar. Mitte September haben 21 von ihnen ihre Schäden beim Kreissportbund (KSB) gemeldet. Dessen Geschäftsstelle ist selbst stark beschädigt. Vieles, was die Sportler in den vergangenen Jahren in ihrer Freizeit und mit Unterstützung von Sponsoren aufgebaut hatten, ist vom Hochwasser vernichtet worden. Es gehört viel Optimismus dazu, gerade jetzt in die Zukunft zu sehen und die Hoffnung nicht zu verlieren. Aber der Grundtenor ist auch: Es muss doch weitergehen.

Der Pirnaer Ruderverein 1872 hat enorme Schäden hinzunehmen. Mehrere Boote werden zerstört.

Für viele wird es einen kompletten Neubeginn geben müssen. Denn sie haben alles verloren. Der geschätzte Schaden bei den im Landkreis betroffenen Sportvereinen wird inzwischen auf 2,5 Millionen Euro beziffert.

Wieder sind es die vielen Sportler, die unterstützt von freiwilligen Helfern die Ärmel hochkrempeln und daran gehen, die Schäden zu beseitigen. Schlamm, Unrat, zerstörte Sportanlagen, kaputte Sportgeräte. Es wird ihnen viel zugemutet. Aber hier zeigt sich das große Gefühl des Zusammenhaltens, der Solidarität und der Gemeinsamkeit. Der Landessportbund Sachsen will zwar besonders betroffenen Vereinen unter die Arme greifen. Dennoch werden die Tatkraft der Mitglieder und die finanziellen Zuschüsse nicht ausreichen. Die Vereine sind auch auf Spenden angewiesen.

Der Kreissportbund Sächsische Schweiz sammelt deshalb Spenden für die betroffenen Organisationen.

Folgende Vereine sind nach einer ersten Übersicht betroffen: FSV 1924 Bad Schandau, ESV Lok Bad Schandau, Kneipp-Verein Bad Schandau, SV Einheit Krippen, SV Sachsen Müglitztal, SV Chemie Dohna, Heidenauer SV, Kegelsportverein Heidenau, SV Fortschritt Pirna, SV Grün-Weiß Pirna, Pirnaer Ruderverein 1872, Tauchsportclub Pirna, Hundesportverein Pirna, MSV Sächsische Schweiz, SSV Planeta Heidenau, Königsteiner Volleyball-Gemeinschaft, ESV Lok Pirna, Verein für Deutsche Schäferhunde Heidenau, SV Pirna-Süd, TSV Graupa, Motorbootclub Pirna-Copitz, Deutsche Lebensrettungs-Gesellschaft (DLRG) Bezirk Obere Elbe und Heidenau, SSV Heidenau und Frauengymnastik I Königstein. WOLFGANG VOGT

Die Müglitz beschädigte auch Sportstätten in Heidenau. Die Radrennbahn und der Fußballplatz werden überflutet.

Bad Schandau: Vertrieben aus dem Paradies

Das Schlimmste war nicht das Wegmüssen, sondern das Zurückdürfen. Als Christel Glöckner von ihrem Sohn fest an die Hand genommen wurde, weinte sie erst einmal. Das tut sie immer wieder. Auch heute, Wochen nach der Katastrophe. „Das dürfen Sie natürlich nicht schreiben", sagt sie und lächelt den Besuch wieder an. In ihrem Garten am Bad Schandauer Elbufer sitzt es sich schön, die Spätherbst-Sonne strotzt so richtig vor Kraft. Dann schaut Christel Glöckner ein bisschen trotzig, ein bisschen beschwörend und sagt: „Das war mal ein Paradies, und das wird es wieder." Angesichts der Zerstörungen braucht es eine große Portion Zuversicht, daran zu glauben.

Gottfried Glöckner und seine Frau Christel haben den Mut zum Neuanfang. Trotz all dem, was mit ihrer Schandauer Villa passierte. Das Hochwasser richtete in ihrem Reich schwere Verwüstungen an.

Seit über 40 Jahren lebt die heute 69-Jährige mit ihrem Mann Gottfried in der geräumigen Villa an der Dresdner Straße. Hier sind die Kinder geboren, aufgewachsen und ausgeflogen. An Haus und Garten hing sie schon immer. „In all den Jahren fuhren wir nur einmal in den Urlaub, weil hier immer was zu tun war", erinnert sie sich. Seit Mitte August gibt es das Idyll nicht mehr. Wie ein hungriges Ungeheuer kam die Elbe und fraß Erinnerungen – und einen Teil der Villa auf. Gottfried Glöckner zeigt mit einer Holzlatte, wo das Wasser stand: 1,60 Meter in der ersten Etage. Heute können die Glöckners von ihrem Flur direkt in den Keller gucken, im Haus stinkt es nach Heizöl. Klagen wollen die beiden aber trotzdem nicht. Die Soforthilfe haben sie bereits bekommen, und ihre Versicherung überwies eine erste Rate. Was ihnen am meisten imponierte, war jedoch die spontane Hilfsbereitschaft. So wird das Ehepaar die kleine Frauentruppe, die aus Löbau angereist war, nie vergessen. Man versuchte noch, ihnen die Sache auszureden. Das alles sei doch Männerarbeit. Die sagten aber: „Wir probieren's." Und sie blieben. Unverhofft kam auch der Besuch von der SZ-Aktion „Lichtblick", der 1 000 Euro überbrachte. Die Glöckners freuen sich nicht nur über das Geld. Sie fühlen sich, als hätten sie auch Mut geschenkt bekommen. Mut zum Bleiben. Mut zum Neuanfang. Beräumt ist heute im Haus alles, wieder aufgebaut noch nichts. Das betagte Ehepaar muss dort anfangen, wo andere mit 25 stehen. Wegziehen kommt für sie dennoch nicht in Frage. „Der Garten hat uns ernährt und gut durchgebracht, wir können das Grundstück nicht verlassen." Daran denken sie, wenn sie jeden Tag früh mit dem Werkeln beginnen. Ihre Kraft gibt am Nachmittag nach, doch der Wille ist da. „Das war mal ein Paradies, und das wird es wieder." DOMOKOS SZABÓ

Das sonst so schmucke Elbufer in Bad Schandau bietet nach der Flut einen bizarren Anblick. Der Strom hat hier Treibgut wie Baumstämme und Unrat hinterlassen.

Elbe-Bagger räumt angeschwemmten Kies weg

Das Hochwasser hat nicht nur in den Häusern Verwüstungen angerichtet. Auch unterhalb des Wasserspiegels blieb ein Chaos zurück. „Unmengen von Kies, Bäumen und weggeschwemmten Containern liegen auf dem Flussgrund", sagt Wolfgang Schwehla vom Wasser- und Schifffahrtsamt in Dresden. Die werden jetzt nach und nach weggeräumt. Ein Schwerpunkt ist zur Zeit Pirna. Auf der Stromaufwärts-Seite der alten Elbebrücke hat sich der Schwemmkies angestaut. Seit Tagen ist deswegen eine Klappschute vor Ort. Auf dem Schiff ist ein Bagger, der den Kies in den riesigen Laderaum befördert. Schätzungsweise 10 000 Kubikmeter liegen davon vor den Brückenpfeilern. Wohin damit? „Der wird an tiefen Löchern in der Elbe bei Zeichen wieder hineingekippt", informiert Schwehla. Die Arbeiten führt eine private Spezialfirma aus. Insgesamt sind vier Arbeiter im Einsatz. Die haben eine Menge zu tun.

„Hochwasserkiese wegräumen und die Fahrrinne freibaggern ist ja Routine. Aber das Ausmaß der Ablagerungen nach der Jahrhundertflut ist enorm", urteilt der Experte. Normalerweise müssen im späten Frühjahr alle Bachmündungen freigebaggert werden. „Dort bringen die Gebirgsströme das meiste Geröll", weiß Schwehla. Auch in den Hafeneinfahrten lagert sich viel ab. Aber nach der großen Flut hat die Elbe die Mündungen der kleinen Zuflüsse freigespült – und den Schlamm an den Brückenuntiefen wieder liegen lassen. Die Schwemmkiese sind auch nicht das einzige Problem für die Elbeschifffahrt. Am Ufer muss Treibholz weggeräumt werden. Außerdem fängt der vielerorts dichte Uferbewuchs die Schwemmteilchen auf, so dass sich Sandbänke und Untiefen bilden. „Alles gefährlich für die Schifffahrt. Und hochwasserfördernd dazu", warnt Wolfgang Schwehla. Gerüchte, dass die Elbe zubetoniert oder begradigt werden soll, weist er zurück. „So etwas wird es auch nicht geben."

Oft taucht jetzt auch die Forderung auf, die Elbe einfach tiefer zu baggern, um Hochwasser zu verhindern. Was sagt der Experte dazu? „Unrealistisch." Eher müssten die eigentlichen Probleme beseitigt werden. So zum Beispiel Auenwälder und dichte Uferbepflanzung, denn die behinderten den zügigen Abfluss der aufgestauten Wassermassen. In Bad Schandau und Dresden etwa sei die Elbe sowieso schon zugebaut. „Da ist ein Hochwasserrisiko noch erhöht worden. Im Nachhinein kaum mehr zu beheben", schätzt Schwehla. OLIVER NOWAK

Nach dem Hochwasser gibt es für die Elbe-Bagger wie hier in Pirna viel zu tun. Unter anderem werden die Fahrrinne und Bachmündungen frei gemacht. Das Ausmaß der Ablagerungen ist enorm.

Die Elbe hat nicht nur Kies, Sand und Schlamm angeschwemmt. Pfeiler der historischen Pirnaer Elbbrücke werden zur Endstation für losgerissene Bootsanleger.

„Bummi“ bekommt 250 000 Euro

Nach dem Hochwasser profitieren vor allem soziale Einrichtungen von der Spendenflut. Besonders beliebt: Kindertagesstätten. Der völlig zerstörte Dohnaer Kindergarten „Bummi“ kann dank einer Riesenspende aus Mecklenburg-Vorpommern optimistisch in die Zukunft blicken.

Der Dohnaer Kindergarten „Bummi“ wurde 1954 gebaut. Viele der Kinder von damals schickten ihre Kinder wiederum dorthin. „So wäre es sicherlich weitergegangen“, vermutet Kindergartenleiterin Evelyn Freitag. Doch nach dem Hochwasser waren von dem Flachbau nur noch Trümmer übrig. 65 Steppkes zwischen ein und sechs Jahren verloren über Nacht ihre geliebte Spiel-Oase. Dabei konnten alle Beteiligten noch froh sein, dass niemand ernsthaft zu Schaden kam. Wenige Stunden vor der Flutwelle evakuierten die Erzieherinnen und ein paar Eltern noch 20 Kinder in höhere Gefilde.

Jetzt haben sie ihren Kindergarten wieder. Binnen kürzester Zeit wurde an anderer Stelle ein großer Container aufgestellt. Die Malteser spendierten 1 200 Quadratmeter Rollrasen als provisorische Spielwiese. In den Zimmern türmen sich Spielsachen. „Hier kamen so viele wunderbare Spenden an. Einiges haben wir weitergegeben, weil der Platz nicht ausreichte“, sagt Kindergartenleiterin Freitag.

Die Kinder waren erst sehr neugierig und haben sich mittlerweile gut eingelebt. Es ist ein bisschen enger. Doch damit können alle bestens leben. Schließlich sind Kindergärten in Containern keine Seltenheit, wie Evelyn Freitag weiß.

Zum Dauerzustand wird das Leben in der Blechdose nicht. In dieser Woche spazierte ein älterer Herr bei „Bummi“ rein und überbrachte eine unglaubliche Nachricht. 250 000 Euro werden sie bekommen. Der Herr heißt Christian Stelzer und ist Redakteur beim Mecklenburger Nordkurier. In der Aktion „Helfen mit Herz“ spendeten dessen Leser binnen kurzer Zeit 350 000 Euro. Man entschied, die komplette Summe nach Sachsen zu bringen, da die Hochwasserschäden in Mecklenburg und Brandenburg verschwindend gering ausfielen. Hinzu kommen noch mal etwa 13 000 Euro von zwei Rotary-Clubs aus Detmold-Oerlinghausen in Nordrhein-Westfalen und Lichtenstein in Sachsen.

„Als Herr Stelzer uns die Botschaft überbrachte, kehrte urplötzlich die Hoffnung zurück. Das war das Signal, dass es weitergeht“, sagt Evelyn Freitag. Die 40-Jährige und ihre sieben Kollegen werden noch ein bis zwei Jahre im Container bleiben müssen. Dann soll der neue Kindergarten stehen. Im Moment sucht die Stadt ein geeignetes Grundstück. Auf die alte Stelle wird nicht mehr gebaut.

Nur eines ist noch nicht gelungen. Im Container gibt's immer noch kein Telefon, nicht mal Handy. JAN FRANKE

In einem Container hat der Kindergarten „Bummi“ in Dohna ein neues Domizil gefunden. Die stellvertretende Leiterin Sylvia Liebscher und die Kleinen genießen das schöne Wetter der letzten Sommerwochen im Freien. Fester Wille der Stadt ist, ein neues Haus zu bauen. Dafür gibt es Spenden aus ganz Deutschland.

Am 27. September kommt der höchste Repräsentant der Bundesrepublik nach Bad Schandau. Bundespräsident Johannes Rau (l.) trifft sich dort mit Betroffenen und Verantwortlichen. Hier spricht er mit Bürgermeister Andreas Eggert (M.) und dem Vizechef des Nationalpark- und Forstamtes Sächsische Schweiz, Jürgen Phoenix. Rau verspricht den Bürgern, sich nach den Hilfsgeldern zu erkundigen. Gleichzeitig will er mit seinem Besuch Zeichen setzen, dass wieder mehr Touristen in die Region kommen.

Nach der Flut geben sich hochrangige Politiker in den betroffenen Städten des Landkreises Sächsische Schweiz die Klinke in die Hand. Am 25. September kommen Vertreter des Kuratoriums Fluthilfe nach Bad Schandau, darunter Altbundespräsident Richard von Weizsäcker (l.) und Sachsens einstiger Ministerpräsident Kurt Biedenkopf. Sie informieren sich über die Situation, beraten mit den Menschen vor Ort, wie am schnellsten und am effektivsten geholfen werden kann.

Trotz der verheerenden Katastrophe geben die betroffenen Menschen nicht auf, kämpfen nach dem Motto: „Jetzt erst recht" – wie die Inhaber einer Bäckerei in Pirna.

Spendenübersicht

21. August

Rabatt für Flutopfer

Baumärkte wie Baywa oder Marktkauf in Pirna bieten Flutopfern Rabatte bis zu 20 Prozent an. Viele verlangen jedoch einen schriftlichen Nachweis der Bedürftigkeit. Dem Obi-Markt in Pirna reicht hingegen eine eidesstattliche Erklärung.

Welle der Hilfsbereitschaft

Rund um Sebnitz rollt eine Welle der Hilfsbereitschaft. So gibt es Sonderrabatt vom Sebnitzer Fensterbau für Flutopfer. Die Robert Bosch GmbH schnürt ein Hilfspaket von einer Million Euro. In Sebnitz und weiteren Bosch-Betrieben gefertigte Geräte werden zur Schadensbeseitigung eingesetzt. Sebnitzer Feuerwehrleute sind über ihren regulären Einsatz hinaus in der Nachbarstadt Bad Schandau beim Aufräumen vor Ort.

23. August

Benefiz-Turnier und Sitzungsgeld

Bei einem internationalen Tennisturnier in Sebnitz werden 1 000 Euro für Schandau gespendet. Die Stadträte von Sebnitz verzichten zum gleichen Zweck auf ihr Sitzungsgeld und hoffen, dass ihnen andere Städte und Gemeinden folgen. Hohwald tat das schon wenige Tage später.

26. August

Ohne Essen keine Kraft

Täglich 5 000 kostenlose Essen stellt in den ersten Wochen nach der Flut die Dresdner Tafel für die Stadt Dresden und das Müglitztal bereit.

27. August

Vielfältige Hilfe

Alle vier Ortsfeuerwehren der Gemeinde Hohwald waren von Beginn an mit im Hochwassereinsatz. Gemeinsam mit dem Arbeiter-Samariter-Bund Neustadt und dem Gymnasium wurden zudem Hilfsgüter angenommen und gelagert.

Aschaffenburger helfen direkt

Eine aus Graupa/Pirna stammende Familie, die nun schon seit Jahren in Aschaffenburg lebt, organisiert finanzielle Hilfe. Das Geld soll direkt an Betroffene ausgezahlt werden.

Kleidung für Evakuierte

Frau Gutterwitz aus Heidenau rief Bekannte an und bat um Hilfe. Unterstützt werden sollten zirka 20 alte Leute aus dem Pflegeheim Sächsische Schweiz in Pirna, die im Naundorfer Caritas-Heim untergebracht waren. Ihnen fehlten persönliche Dinge. Und so packten Frauen aus Heidenau Nachthemden, Unterwäsche und mehr zusammen.

28. August

Partnergemeinde in Röhrsdorf

Die Röhrsdorfer Partnergemeinde Waldbrunn im Odenwald ist seit Tagen vor Ort. Die Waldbrunner brachten vier Schlauchpumpen und ein Notstromaggregat mit.

29. August

Geld aus Nordenham

Die niedersächsische Stadt Nordenham hat für Pirna rund 100 000 Euro gesammelt. Kindergärten und Schulen starteten zudem ein Hilfsprogramm für Schwestereinrichtungen in Pirna.

Wasser und Gas kostenlos

Zehn Kubikmeter Wasser kostenlos stellen die Stadtwerke Pirna Hochwasseropfern für die Reinigung der Grundstücke zur Verfügung. Die Gasversorgung Pirna bietet 2 500 Kilowattstunden Erdgas unentgeltlich, um die Gebäude zu trocknen.

Bautzener Verein hilft

Trockner, Entfeuchter und Einrichtungsgegenstände für Läden und Büros trägt der Verein Innenstadt Bautzen zusammen, um Pirnas Gewerbetreibende zu unterstützen.

Mineralwasser für Helfer

Die Einsatzkräfte von Bundeswehr, Technischem Hilfswerk, Hilfsorganisationen, Feuerwehren und Freiwillige erhalten nicht nur im Müglitztal kostenlos Mineralwasser von Margon. Die Gerolsteiner Gruppe sammelt zudem für die betroffenen Kollegen im Müglitztal. Das Mutterunternehmen will die Summe kräftig aufstocken.

30. August

Haariges und Feierliches

Mehr als 700 Euro haben die Mitarbeiter der Sebnitzer Friseur- und Kosmetik GmbH für Bad Schandau gesammelt. 1 500 Euro überwies der Gesundheitspark Bad Gottleuba für die Hochwasserhilfe. Das Geld war eigentlich für das Sommerfest der Klinik gedacht. Das fällt in diesem Jahr aus.

Feuerwehren Hand in Hand

Die Neustädter Feuerwehr war, wie auch die Nachbarn aus Sebnitz, tagelang an den Brennpunkten der Hochwasserkatastrophe vor Ort. Auch die Neustädter Partnerwehr aus Neustadt an der Donau half. Sie startete eine Hilfsaktion und brachte Arbeitsgeräte, Gummistiefel und viele andere dringend benötigte Dinge im Wert von 5 000 Euro in die Sächsische Schweiz.

Doppelte Freude

Das Berufsschulzentrum Wirtschaft an der Pirnaer Rädelstraße kann gleich zwei Spenden an einem Tag entgegen nehmen. Das Berufsschulzentrum Löbau und die Berufsschule Greifswald wollen beim Wiederaufbau helfen.

Einstiger Pirnaer sammelt für Heimat

Der Pirnaer Heiko Wolf lebt seit Jahren schon in Würzburg. Die Bilder der Flut haben ihn seiner alten Heimat näher gebracht. Er startete eine Hilfsaktion. Die Geld- und Sachspenden trafen am 29. August in Pirna ein.

Mit der Spende gleich dageblieben

80 Tonnen Hilfsgüter kommen nach Struppen. Bürger aus Heimstadt-Bargen in Rhein-Neckar-Kreis trugen sie zusammen. Damit alles auch gleich an den Mann oder die Frau gebracht werden kann, blieb Frau Schober aus Bargen mit ihrem VW-Bus da.

31. August

Geschäftspartner spenden

Von einer Flut der Hilfsbereitschaft wird die selbst weniger betroffene Fahrzeugelektrik Pirna erreicht. Allein Geschäftspartner spendeten über 50 000 Euro für in Not geratene Beschäftigte. Die Firma selbst legte nochmal 10 000 Euro drauf. 30 der 200 Mitarbeiter wurden Opfer der Flut.

Remscheid sammelt 200 000 Euro

Für ihre Partnerstadt Pirna sammelten die Remscheider 200 000 Euro. Die sind der Erlös einer Benefiz-Gala.

2. September

Sportler mit Herz

1 000 Euro kamen an Spenden beim Hinterhermsdorfer Kleinfeld-Fußballturnier zusammen. Das Geld wurde an die Hochwasseropfer von Bad Schandau weitergeleitet.

Benefizkonzert

Unter dem Motto „Es muss weitergehen! – Kultur für Pirna“ fand ein spontanes Benefiz-Konzert für den Fortbestand der Kleinkunstbühne Q 24 statt. Auf dem Kirchplatz in Pirna spielten Thomas Stelzer und die Gospel Passengers. Hunderte Besucher waren gekommen, um der Musik zu lauschen, und spendeten für den Erhalt der Bühne.

Erste Großspende

Die erste Großspende, die im Kreis ankommt, ist an den zerstörten Kindergarten im Müglitztaler Ortsteil Mühlbach gegangen. Gespendet hat die 100 000 Euro die Wochenblattstiftung aus den Landkreisen Harburg und Stade. Verleger und Organisator Martin Schrader legte aus der eigenen Tasche nochmal 10 000 Euro drauf.

Berliner Grenzschützer bringen neue Möbel in den Bad Schandauer Kindergarten. Diese haben die BGS-Beamten gespendet. Darüber hinaus wird eine stattliche Summe übergeben.

3. September

Für Durchblick

Obwohl ihr Pirnaer Laden selbst abgesoffen ist, will die Optikerkette Fielmann den Opfern der Flutkatastrophe helfen. Gestern wurde im Rathaus ein Scheck im Wert von 10 000 Euro übergeben.

Kneipe macht mobil

Einzelhändler, Gewerbetreibende und Angestellte aus Neusalza-Spremberg sammelten unter Regie der Ratskeller-Wirtsleute für die Hochwasseropfer in Pirna. Es kamen fast 2 000 Euro zusammen.

4. September

Schlafzimmer aus Pirna für Pirna

Mehr als 30 Schlafzimmer sowie Polstermöbel, Couchtische, Essgruppen und Haushaltwaren verschenkt die Pirnaer Firma Möbel-Graf an Opfer der Flutkatastrophe aus Pirna und Umgebung. Die Aktion, die von der deutschen Möbelindustrie unterstützt wird, hat einen Umfang von über 100 000 Euro.

DaimlerCrysler wird aktiv

Sieben sächsische Städte – darunter Weesenstein, Dohna und Pirna im Landkreis Sächsische Schweiz – haben Spenden der DaimlerChrysler AG in Höhe von jeweils 50 000 Euro in Empfang genommen. Das Geld stammt aus einem Eine-Million-Hilfsfonds, den der Stuttgarter Konzern für vom Hochwasser geschädigte Kommunen auflegte. Pirna will mit der Spende die Kleinkunstbühne „Q 24" und eine Seniorenwohnanlage der Stadt-Stiftung wieder aufbauen, sagte Bürgermeister Eckhard Lang. Dohnas Bürgermeister Friedhelm Putzke kündigte an, das Geld für einen neuen Kindergarten einzusetzen. In Weesenstein wandern die 50 000 Euro zunächst in einen großen Topf.

Geld statt Feuerwerk

Das Lohmener Herbstfest findet statt. Verzichtet wird jedoch auf das große Abschlussfeuerwerk. Die eingesparten Kosten kommen den vom Hochwasser betroffenen Wehlener Einwohnern zugute. Außerdem erklärten sich viele Lohmener Vereine bereit, einen Teil der Einnahmen ebenfalls als Spende für Stadt Wehlen zur Verfügung zu stellen.

5. September

Benefizball bringt 23 395 Euro

Auf Einladung des Landkreises, der Sparkasse und der Sächsischen Zeitung war kürzlich die Prominenz aus der Sächsischen Schweiz im „Panoramarestaurant Bastei" zu einem Benefizball erschienen. Der Erlös eines während der Veranstaltung von den Gästen gemalten und für 8 060 Euro versteigerten Bildes und die Eintrittsgelder in Höhe von 14 515 Euro sowie weitere 820 Euro kommen den Flutopfern im Landkreis zugute.

6. September

10 000 Teller für Flutopfer

7,5 Tonnen Tassen, Untertassen, Teller, Platten und Schüsseln, aber auch 50 Glas-Tischlampen lud ein Laster der Weidener Feuerwehr ein. Die traditionsreichen Porzellan- und Glasfirmen der Region folgten einem privaten Spendenaufruf. Vor kurzem sind die zerbrechlichen Spenden in einer Heidenauer Lagerhalle eingetroffen.

7. September

Großherzige Pfälzer

Ein Angebot aus der Pfalz, Betroffene des Hochwassers mit Möbeln, Hausrat und Kleidung zu unterstützen, erreichte die Einwohner von Zuschendorf. Die Firma Avis-Autovermietung stellte kostenlos einen Lkw zur Abholung der Sachen bereit. Die Hilfsbereitschaft war so groß, dass schon eine zweite Fahrt geplant ist.

Weit weg vom Schlamm-Einerlei

Für 500 hochwassergeschädigte Schulkinder aus Sachsen beginnt am 14. September eine einwöchige Reise auf die kroatische Halbinsel Istrien. Die Reise wurde von einer kroatischen Initiative gestiftet.

Saubere Wäsche

Im Rahmen ihrer allgemeinen Spendenaktion bietet die Firma Procter & Gamble Service GmbH allen Flutopfern ihre Hilfe an. Ihr Waschmobil steht u.a. vor dem WalMart Center Heidenau und in Copitz.

9. September

Versicherung

Die Kreishandwerkerschaft Südsachsen freut sich über die großzügige Hilfe der Versicherung Signal-Iduna. Diese spendet 35 000 Euro. Das Geld wird umgehend in die Reparatur der schwer beschädigten Kreisgeschäftsstelle gesteckt.

Heizungsanlagen

Die Haase GFK-Technik GmbH und die Firma Röthig Heizungsanlagenbau spendieren der Kindertagesstätte „Spieloase" in Pirna-Copitz eine neue Heizungsanlage für 12 000 Euro.

Für Familien

Die humanitäre Organisation „Islamic Relief" sammelt deutschlandweit Spenden für Flutopfer. Jetzt übergab sie 30 000 Euro an die Stadt Pirna. Das Geld soll vom Hochwasser besonders hart getroffenen Familien zugute kommen.

Reinigungsgeräte

Auf dem Dohnaischen Platz in Pirna werden Reinigungsgeräte an Hochwasseropfer gegen einen behördlichen Nachweis kostenlos durch die Ha-Ra Umwelt- und Reinigungstechnik übergeben.

10. September

Gymnasium

Greifswald hat Geld für das Pirnaer Schiller-Gymnasium gesammelt. Bisher sind schon 28 000 Euro zusammen gekommen und vor Ort übergeben worden. Die Aktion, die von der Ostseezeitung und dem Förderverein Sozialarbeit Vorpommern initiiert wurde, läuft aber weiter. Gespendet haben bisher Bürger aus allen Schichten, darunter Schulklassen, Alkoholkranke und Asylbewerber.

Gerätschaften

Eine gezielte Sammlung von Haushaltsgeräten, Möbeln und Kleidung hat die Stadtilmer SPD im Ort organisiert. Die Güter sind inzwischen im Heidenauer Sachspendenlager bei Möbel-Roller eingetroffen.

Hilfe für Kinder

Mitarbeiter der Deutschen Flugsicherung GmbH aus Radebeul, die in Berlin arbeiten, haben unter ihren Kollegen 3 500 Euro gesammelt. Das Geld wurde auf das Vereinskonto eingezahlt und soll jeweils zur Hälfte der Kindertagesstätte in Krippen sowie dem evangelischen Kinderhaus in Pirna zugute kommen.

Grundschüler aktiv

Die beiden Fünftklässler Michael Bieberle und Adrian Stommel von der Gesamtschule Gießen-Ost sammelten in Eigenregie 876 Euro und Sachspenden an ihrer Schule. Am 11. September werden die zwei Schüler an der Pirnaer Lessing-Grundschule zur Übergabe der Sammlung erwartet, teilt Schulleiter Lutz Reinhold mit.

Scheck

Die Median-Klinik Berggießhübel hat dem Bürgermeister Jörg Glöckner von der Einsatzstelle Weesenstein/Müglitztal einen Scheck von 3 000 Euro übergeben. Die Klinik-Mitarbeiter entschieden sich spontan, auf eine geplante Betriebsfahrt zu verzichten. In bar überreichte Verwaltungsleiter Schmieder 700 Euro, die Patienten der Klinik spendeten.

11. September

13 000 Euro für die Kirche

Eine Flut-Hilfsaktion hat der Lionsclub Hagen in Westfalen ins Leben gerufen. Kürzlich kamen Sach- und Geldspenden in Pirna an. Der Club hatte Kontakt zu den hiesigen Lions aufgenommen, um gezielt helfen zu können. Und so konnten hochwassergeschädigte Pirnaer sofort am Lkw notwendige Hilfsgüter in Empfang nehmen. Ergänzt wird die Aktion durch Geldspenden ihrer Mitglieder. 13 000 Euro brachte der Hagener Jürgen R. Alzer mit. Die sollen kirchlichen, vor allem den Kindereinrichtungen zugute kommen.

Gerätehaus selbst betroffen

Während die Feuerwehrleute aus Birkwitz-Pratzschwitz über zwei Wochen lang im Hochwassereinsatz waren, wurde ihr Feuerwehrdepot selbst auch von der Elbe

Julia, Tom und Sandy (v. l.) sowie die anderen Mädchen und Jungen des Kindergartens Mühlbach freuen sich: Die Wochenblattstiftung aus den Landkreisen Harburg und Stade unterstützt den Wiederaufbau des zerstörten Kindergartens mit 100 000 Euro. Das ist die erste Großspende, die im Landkreis ankommt.

überflutet. Dabei ging die Einrichtung kaputt. Der Geschäftsführer der Firma Möbel-Fritsch in Dresden spendierte jetzt den Feuerwehrleuten Schrankwand, Schreibtische und Sitzmöglichkeiten für ihr Gerätehaus. Damit ist der Grundstock für den neuen Schulungsraum gelegt.

Spontane Hilfe von den Nachbarn

Nicht nur die Einwohner in den vom Hochwasser betroffenen Orten sind in den letzten Wochen zusammengerückt. Auch innerhalb der Verwaltungsgemeinschaften sind engere Kontakte entstanden. Das konnten auch die Krippener spüren. Spontan hatten Einwohner von Reinhardtsdorf-Schöna über 4 000 Euro für die arg geprüften Nachbarn im Tal gesammelt. Und es kamen viele fleißige Helfer aus dem Umland, berichtet Ortsvorsteher Gerd Englick. Ihn freut besonders, dass viele junge Leute mit zupacken.

13. September

Hilfspaket

Ein umfangreiches Hilfspaket für die Hochwasseropfer aus Bad Schandau hat das hessische Rudolf-Walther-Kinderhilfswerk geschnürt. Zum einen hatte der 78-jährige Chef Rudolf Walther persönlich 200 000 Euro lockergemacht. Zum anderen organisierte die Stiftung über Firmen neue Möbel und Geräte für Betroffene. Außerdem soll eine Aktion gestartet werden, bei der ehrenamtliche Handwerker Bad Schandauer Familien unterstützen. Bereits im August organisierte die Stiftung einen 36-köpfigen Aufräumtrupp für die gebeutelte Elbestadt. Sie überließen zusätzlich 37 Heizlüfter zum Trocknen der durchnässten Mauern.

Konzert-Spende

Der Quandt-Verein Dittersbach spendete die Einnahmen des jüngsten Konzertes im Belvedere Schöne Höhe von 400 Euro dem hochwassergeschädigten Kunstgewerbemuseum Pillnitz.

Hilfe für die Helfer

Einen Gesamtschaden von rund 375 000 Euro verzeichnet der DRK-Kreisverband Pirna. Er enstand in der Rettungswache Bad Schandau, im Kinder- und Jugendhaus Heidenau und in der Geschäftsstelle am Pirnaer Markt. Erste Spenden zum Wiederaufbau in Höhe von 30 000 Euro kamen vom DRK Kassel. Helfer aus Reichenbach und Zwickau unterstützen derzeit die Geschäftsstelle in Pirna. Unterstützung haben Cuxhaven und Otterndorf zugesagt.

Vielfältigste Unterstützung

2 082 Euro sind das Ergebnis einer Spendensammlung der Volkssolidarität. Ausgegangen war die Initiative von der Ortsgruppe 22 in Pirna-Copitz. Über 30 000 Euro kann sich das Altenpflegeheim der Johanniter in Heidenau freuen. Den Scheck der Stiftung „Daheim im Heim“ übergibt morgen die Ex-Ministerin Hannelore Rönsch (CDU). Besuch aus Hildesheim erhielt die Goethe-Mittelschule Pirna in der vergangenen Woche. Schüler, Lehrer und Eltern der dortigen Michelsenschule sammelten 6 650 Euro, die nun für die Neuanschaffung von Sportgeräten in der Turnhalle verwendet werden.

14. September

Potsdam hilft Bad Schandau

In Potsdam wurde eine Spendenaktion für Bad Schandau gestartet. Die Idee zur Aktion „Potsdam hilft Bad Schandau“ hatte ein Wirt vom Nauener Tor. Cafés, Läden und Firmen ließen sich interessante Angebote einfallen, um Mittel zu sammeln. Mittlerweile ist eine Spendensumme von 33 000 Euro zusammengekommen. In Bad Schandau sind auch schon zwei Transporte mit Sachspenden eingetroffen, darunter Waschmaschinen, Kühlschränke und Büromöbel.

Geld und warmes Essen

Die Deutsche Börse AG hat dem Berufsschulzentrum Wirtschaft Pirna und dem Schulzentrum für Gastgewerbe Dresden insgesamt 150 973 Euro übergeben. Die Lehrlinge des Kolping-Bildungszentrums Pirna haben während der Flutkatastrophe rund 19 000 Essen für die Helfer gekocht. Außerdem wurden über 58 000 Lunchpakete gepackt.

18. September

Für saubere Wäsche

50 neue Waschmaschinen für Hochwasseropfer in der Sächsischen Schweiz und im Weißeritzkreis stellt Dortmund zur Verfügung. Deutschlandweit werden von hier aus weitere Sachspenden gesammelt.

Für Pirnas Bahnhof

Per S-Bahn aus München kamen am Sonnabend Baumaterialien für den Wiederaufbau auf dem Pirnaer Bahnhof an. Außerdem hatte Organisator und Lokführer André Demmrich 300 Stühle für eine Schule der Stadt geladen.

19. September

T-Shirt für Flutopfer

Die Landratsämter Sächsische Schweiz und Weißeritzkreis verteilen Gelder aus dem Erlös eines T-Shirts. Das Teil ist der Flut gewidmet und trägt ein Logo sowie den Slogan „Wir halten zusammen“. Initiiert wurde die Aktion von der Sparkasse Freital-Pirna. Die T-Shirts werden in Nordrhein-Westfalen produziert.

Malteser helfen mit einer Million Euro

Ein Unterstützungspaket von einer Million Euro lässt der Malteser Hilfsdienst Bad Schandau zukommen. Kürzlich unterzeichneten Bürgermeister Andreas Eggert und der Generalsekretär der Malteser, Heinz Himmels, eine konkrete Vereinbarung über die Hilfen in den nächsten sechs Monaten.

Brückenzoll für Hilfsaktion

Besondere Hilfsbereitschaft zeigen der Tischler Volker Bellebaum und sein Freund Egbert Schmidt aus Iserlohn-Letmathe bei Dortmund. Die beiden Männer haben in ihrer Heimatstadt eine Spendenaktion initiiert und die gesammelten Güter jetzt zum wiederholten Male nach Pirna gebracht. Dabei handelt es sich um

48 fabrikneue Haushaltsgeräte, darunter Elektroherde und Waschmaschinen. Um diese zusammenzubekommen, ließ sich der findige Tischler viel einfallen. So wird auf der Letmather Brücke Zoll verlangt, um die Spende zu finanzieren.

Karnevalsverein aus Nordbayern hilft

Der Karnevalsverein Röttenbach aus Nordbayern brachte kürzlich acht Tonnen Sachspenden nach Pratzschwitz. Der Gemeinderat stellte 5 000 Euro für Baumaterial zur Verfügung, das Ende September nach Pratzschwitz transportiert wird. Hier werden die Vereinsmitglieder im Oktober beim Wiederaufbau helfen.

Gedichtbände für Pirnaer Bibliothek

Die Stadtbibliothek Pirna erhält eine wertvolle Sammlung von Gedichtbänden. Diese werden noch in der Open-Air-Bibliothek der Baden-Württembergischen Landesgartenschau in Ostfilden bei Stuttgart ausgestellt. Ursprünglich sollten die 1 500 Bände von Brecht bis Zuckmayer dem Literaturhaus Stuttgart übergeben werden. Als die Flutkatastrophe kam, war dem Reutlinger Lyriksommer-Organisator Peter Reifsteck, der Landesgartenschau-Gesellschaft und dem Literaturhaus Stuttgart schnell klar, dass geholfen werden muss. Nun wird die vom Hochwasser stark betroffene Stadtbibliothek Pirna die wertvolle Gedichtband-Sammlung erhalten.

Hamburger Spende für Awo-Werkstatt

Die Heidenauer Werkstatt für Behinderte der Awo Sonnenstein hat eine Spende von 70 000 Euro erhalten. Das Geld wurde vom

In der Spendenhalle Altendorf helfen Mitglieder der Jugendfeuerwehr des Dorfes, Sachspenden zu sortieren. Diese wurden von der Berliner Polizei für die Flutopfer bereit gestellt.

Arbeiter-Samariter-Bund Hamburg und Medien im Rahmen der Aktion „Hamburg hilft den Flutopfern“ gesammelt. Mit der Spende wird die Werkstatt für 35 Behinderte neu eingerichtet.

Pfadfinder kehren Geld zusammen
Pfadfinder aus Altforweiler im Saarland wollen mit einer „Kehrblechwoche“ Familien aus Weesenstein helfen, die ihr Hab und Gut verloren haben. Dafür reinigen Jugendliche in ganz Altforweiler die Straßen und spenden das so erarbeitete Geld. Bis jetzt sind bereits 8 200 Euro zusammengekommen. Außerdem haben die Pfadfinder ein Spendenkonto eingerichtet und bei der Einführung des neuen Pastors Streichhölzer verkauft. Die Kollekte wird noch bis Oktober weitergehen. Dann soll eine Abordnung mit Pfadfinderchef Gernot Ladwein an der Spitze das Geld direkt nach Weesenstein bringen.

Kindergarten erhält 8 300 Euro
Für den völlig zerstörten Dohnaer Kindergarten „Bummi“ gibt es eine weitere Spende. Der Erlös eines Benefizkonzertes der Carolus Magnus Kaiserpfalz Bläser Ingelheim und eines Tages der offenen Tür der Kreisverwaltung kommt der Einrichtung zugute. Insgesamt sind knapp 8 300 Euro gesammelt worden.

Turnier um den Helfer-Pokal
Am 27. September spielen zehn Mannschaften zu Gunsten des DRK-Jugendhauses Faktotum Heidenau um den Helfer-Pokal. Veranstaltet wird das Turnier von der DAK und dem Bowlingcenter im PEZ Pirna. Die Startgebühr von 50 Euro je Mannschaft wird zum Wiederaufbau der Jugendeinrichtung gespendet.

20. September

Polizisten sammeln 6 666 Euro
Die Festungsstadt Königstein hat eine Spende von 6 666 Euro und zwei Lkw-Ladungen erhalten. Gesammelt wurden die Mittel vom Polizeiunterstützungsfonds „Grüner Stern“. Die Geld- und Sachspenden wurden von Berliner Polizisten aufgebracht und auch in die Festungsstadt transportiert.

Makler helfen Pirnaer Kinderhaus
Der Ring Deutscher Makler wird 5 000 Euro an das Kinderhaus Pirna übergeben. Der evangelische Kindergarten war von der Hochwasserkatastrophe stark geschädigt worden. Das Geld wurde vom Landesverband Hamburg des Rings gesammelt.

Botschaft unterstützt Weesenstein
Die britische Botschaft in Berlin will den Flutopfern in Weesenstein direkt helfen. Zwei große Lkws voll gespendeter Möbel sind in den Ort gebracht worden. Die Sofas, Stühle, Tische und Schränke sollen mit Hilfe des Pfarrers verteilt werden.

21. September

Pestalozzi-Gymnasium hilft Schülern
Das Pestalozzi-Gymnasium in Heidenau übergab gesammelte Gelder an zwei hochwasserbetroffene Familien der Schüler. Finanzielle Hilfe an weitere Flutopfer unter den Schülerfamilien sind geplant. Dies teilte Lehrerin Marion Schymanski mit. Auf dem Konto des Pestalozzi-Fördervereins waren 16 162 Euro zusammengekommen. Davon stammen 10 000 aus der Schweizer Partnerschule in Wettingen. Dort hatten Schüler Infostände und Spendenveranstaltungen für die Heidenauer Hochwasseropfer organisiert.

Feuerwehrleute kicken in Remscheid
Zwei Pirnaer Feuerwehrleute geben den Anstoß für ein Benefizfußballspiel in Remscheid. Im Röntgen-Stadion im Ortsteil Lennep kickt der FC Remscheid gegen den VfL Bochum, erste Bundesliga. „Uwe Morawietz aus Neundorf und Frank Schieritz aus Copitz werden uns etwa fünf Minuten auf dem Rasen vertreten“, so Pirnas Feuerwehrchef Peter Kammel. Die Einnahmen des Spiels kommen der Familie des tödlich verunglückten Feuerwehrmannes Frank Köckritz aus Graupa zugute. Er ertrank, als er mit Kollegen in Zuschendorf eine Frau vor den Hochwasserfluten der Seidewitz rettete. Die Witwe des Verunglückten nahm bei der Fernsehgala des Mitteldeutschen Rundfunks zum Gedenken an die verstorbene Entertainerin Helga Hahnemann für ihren Mann den „Sonderpreis Flutheld“ entgegen.

24. September

Spendenübergabe an die Stadt Pirna
Die Stadt Pirna hat Geldspenden aus Soltau erhalten. Davon werden 25 000 Euro der Sanierung der Stadtbibliothek zugute kommen.

OVPS bekommt Bus geschenkt
Einen Linienbus stellt MAN der Oberelbischen Verkehrsgesellschaft Pirna-Sebnitz (OVPS) zur Verfügung. Heute soll das Fahrzeug mit einem Wert von rund 200 000 Euro auf dem Pirnaer Firmensitz übergeben werden, teilt Roland Henkel, technischer Geschäftsführer der OVPS, mit. Der Schaden nach dem Hochwasser betrage für das Unternehmen 3,1 Millionen Euro.

Hilfe für Fußballverein
Hilfe aus Thüringen hat der vom Hochwasser schwer betroffene Sportverein FSV 1924 Bad Schandau erhalten. Eine Firma aus Ohrdruf bei Gotha übergab den Fußballern Spielergarnituren, Fußbälle und eine Geldspende. Die Fußballer können zurzeit die Sportanlagen in Lichtenhain und Ulbersdorf nutzen.

Geldspende für Siedlerverein
Der Siedlerverein Zehista hat gestern eine Geldspende in Höhe von 15 000 Euro aus dem Siegener Land entgegengenommen. Mit dem Geld werden hochwassergeschädigte Mitglieder der Siedlergemeinschaft unterstützt.

10 000 Euro für junges Paar in Pirna
Die Deutsche Lebens-Rettungs-Gesellschaft hat 10 000 Euro aus der eigens ins

Leben gerufenen Flutopfer-Hilfe-Spendenaktion an ein junges Ehepaar aus Pirna gezahlt. Die Familie, die erst kürzlich in eine Erdgeschosswohnung in der Innenstadt gezogen war, verlor während des Hochwassers der Gottleuba und der Elbe ihren gesamten Hausrat.

25. September

5 000 Euro für Dohnaer Flutopfer

Eine Spende in Höhe von 5 000 Euro erhielt jetzt die Stadt Dohna von der Intelligence AG Bielefeld. Diese Gelder sollen schnell und ohne Abzüge an vom Hochwasser betroffene Familien weiter gereicht werden.

Helmstadt-Bargen hilft Struppen

Ein Konvoi mit Hilfsgütern aus Helmstadt-Bargen (Rhein-Neckar-Gebiet) kam kürzlich in Struppen an. Zahlreiche örtliche Betriebe hatten Baumaterial gesponsert, Privatpersonen gaben Haushaltsgeräte und Kleidung ab. Die Aktion wurde von der katholischen Kirchgemeinde unterstützt. Von den insgesamt gespendeten 1 700 Euro wurden Hygieneartikel auf die Reise nach Struppen geschickt.

Bad Dürrheim hat gesammelt

Bei einer Sammlung unter Bürgern aus Bad Dürrheim in Baden-Württemberg kamen 3 300 Euro zusammen. Der ehemalige Pirnaer Harald Bruno Eckholm hatte zu der Spende aufgerufen. Die Kur- und Bäder GmbH Dürrheim stellte ebenfalls 1 350 Euro zur Verfügung. Eckholm machte sich in der zweiten Septemberwoche auf den Weg, um sich bei der Stadtverwaltung über betroffene Familien zu erkundigen. Gemeinsam wurde festgelegt, wer das Geld bekommen sollte.

26. September

Bankgesellschaft spendet Büromöbel

Die Bankgesellschaft Berlin hat der Pirnaer Stadtverwaltung und der Sparkasse Freital-Pirna Büromöbel übergeben. Insbesondere kleine und mittelständische Unternehmen sollen die Möbel erhalten und so bei der Wiederherstellung ihrer Arbeitsfähigkeit unterstützt werden.

Sänger helfen mit 750 Euro

Als sie sich im Mai kennen lernten, versprachen sie, Kontakt zu halten. Dass es dafür einen solchen Grund wie das Hochwasser geben könnte, glaubten weder der Berggießhübler Josef Magas noch die Sängervereinigung Edelweiß aus Steinbach in Franken. Die Sänger sahen die Bilder im Fernsehen von all den Orten, die sie im Frühjahr besucht hatten. Sie sammelten daraufhin 750 Euro, mit denen sie drei Betroffenen helfen wollen.

Spendenübergabe in Bad Schandau

Die städtische Kindereinrichtung Bad Schandau hat eine Geldspende von 700 Euro entgegengenommen. Das Geld war im Rahmen des Görlitzer Altstadtfestes gesammelt worden und dient der Neuanschaffung von Spielzeug und dem Wiederaufbau des Spielplatzes.

12 000 Euro von Troisdorfer Verein

Vier Mitglieder des Städtepartnerschaftsvereins Troisdorf übergaben dem Heidenauer Bürgermeister Michael Jacobs (CDU) eine Spende in von 12 000 Euro. Die Troisdorfer Vereinsmitglieder sammelten in den letzten Tagen in der Heidenauer Partnerstadt das Geld, um es jenen Heidenauern zukommen zu lassen, die vom Hochwasser betroffen sind.

Spende für Handwerker in Not

Die sächsische Krankenkasse IKK startete einen Spendenaufruf für das Handwerk. So kamen bei der Sammlung unter den Mitarbeitern 1 600 Euro zusammen. Vertriebsmitarbeiterin Marion Müller übergab die Spende an eine Handwerkerfamilie in Stadt Wehlen.

27. September

Neustadt überweist Geldspende

Ein Betrag von über 15 000 Euro ging vergangene Woche auf dem Spendenkonto des Landkreises Sächsische Schweiz für Hochwasserfolgen ein. Bürger, Unternehmen und Vereine aus Neustadt hatten das Geld zusammen mit der Partnerstadt Weilheim an der Teck gespendet.

Geldspende aus Saarbrücken

Auf einem Semestertreffen in Saarbrücken ist spontan Geld für geschädigte Geschäfte in Pirnas Altstadt gesammelt worden. Am Ende kamen über 2 000 Euro zusammen, die auf das Spendenkonto „Flutopfer" überwiesen worden sind. Die Spender legen auf eine rasche und unbürokratische Weiterleitung der Gelder wert, was in der Stadtbürokratie nicht immer der Fall ist.

Scheck aus Lübben für Rathens Wehr

Der Ratschef von Lübben, Lothar Bretterbauer, hat dem Rathener Bürgermeister Thomas Richter einen Scheck über 8 224 Euro überreicht. Die Spreewald-Stadt hatte ihre Bürger zu Spenden aufgerufen, um die Not nach dem Hochwasser zu lindern. Ferner fanden Benefizveranstaltungen statt. Das Geld könne man gut gebrauchen, sagte Richter bei der Scheckübergabe. Zum Beispiel für die Feuerwehr, deren Ausrüstung durch die Flut-Einsätze gelitten hat.

30. September

Finanzielle Hilfe von der Donau

Seit Wochen läuft beim Donaukurier Ingolstadt und seinen angeschlossenen Heimatzeitungen eine große Spendenaktion. Aus den gesammelten Geldern wurden bereits jeweils 25 000 Euro an zwei Kindergärten in Pirna und Mühlbach gespendet. Heute brachte Redakteur Christian Fahn nochmals Geld aus Bayern. 10 000 Euro übergab der Mitarbeiter der Schrobenhausener Zeitung an den Kindergarten Bad Schandau. Jeweils 5 000 Euro sind für die Sportvereine in Krippen und Bad Schandau bestimmt.

(Bei dieser Übersicht handelt es sich um eine Auswahl der in der Sächsischen Zeitung vermeldeten Hilfsaktionen.)

Vorhersagen

Die ungewöhnlich ergiebigen Niederschläge, die zu der verheerenden Flutkatastrophe geführt haben, waren nach Expertenmeinung der stärkste Regen seit 500 Jahren.

„Wir messen seit 200 Jahren die Niederschläge und können daraus Rückschlüsse für die 300 Jahre davor ziehen. So gewaltige Niederschläge hat es in den vergangenen 500 Jahren in Mitteleuropa nicht gegeben", meint der Münchner Geowissenschaftler Professor Wolfram Mauser. Der Niederschlagsrekord aus dem Jahr 1954 lag bisher innerhalb von 24 Stunden bei 260 Liter pro Quadratmeter im bayerischen Rosenheim. Am 12. August wurden in der gleichen Zeitspanne im Erzgebirge in Zinnwald-Georgenfeld 312 Liter pro Quadratmeter gemessen.
„Es klingt zwar seltsam, aber wir gehören zu der ausgewählten Gruppe von Menschen, die so ein Naturereignis erlebt haben", sagt Mauser. Auf die vergangenen Jahrhunderte gesehen sei die Flutwelle ein ähnlich herausragendes Naturereignis wie das Erdbeben von Lissabon im Jahr 1755 mit rund 30 000 Toten. Ursache für die Flutkatastrophe war eine so genannte 5b-Wetterlage. Dabei saugt sich ein Tief über dem Mittelmeer wie ein Schwamm voll Wasser und regnet sich in Mitteleuropa ab. Das Pfingsthochwasser von 1999 und das Oderhochwasser von 1997 waren ebenfalls aus 5b-Wetterlagen entstanden.

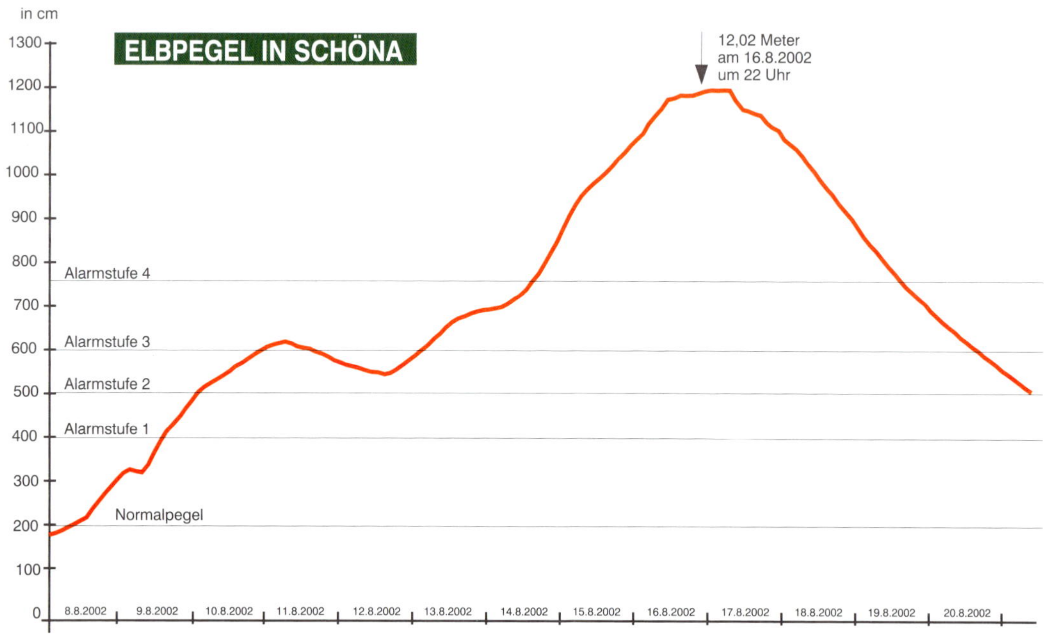

Frühwarnsystem

Die Hochwasser-Vorhersage muss nach Ansicht des Cottbusser Hydrologen Uwe Grünewald in das bundesweite satellitengestützte Frühwarnsystem für Katastrophenfälle integriert werden.

Hochwasserschutz dürfe nicht an der „Kleinkariertheit der Länder scheitern", meint Grünewald. In Deutschland sei die Organisation zur Hochwasserabwehr zwar hervorragend, die konkrete Vorsorge für die Menschen jedoch vielerorts „katastrophal". „In selten von Hochwasser bedrohten Gebieten sind viele Menschen sehr schlecht darauf vorbereitet, im Katastrophenfall die richtige Ausrüstung bereit zu halten", kritisierte der Experte für Hydrologie und Wasserwirtschaft an der Universität Cottbus. Dazu gehöre etwa ein tragbares Radio mit Batterie oder die Kenntnis wichtiger Anlagen und Anschlüsse im eigenen Haus. Vorbildliche Infoblätter der Behörden für Haushalte gebe es etwa in Köln, das regelmäßig vom Rhein-Hochwasser betroffen sei. In anderen Regionen fehle diese Vorbereitung völlig. Für das Deutsche Komitee zur Katastrophenvorsorge e.V. hat Grünewald unter anderem die Auswirkungen des Oderhochwassers 1997 analysiert. In der Rückschau sieht er gravierende Versäumnisse: „Das Katastrophenschutzsystem ist seit der Wende nicht weiter ausgebaut worden. Modernste Rechnerkapazitäten werden zu wenig genutzt."
„Wir machen eine Politik, die die Schäden immer wieder erhöht", sagte Grünewald. Er bemängelte einen zu sehr auf Deichbau ausgerichteten Blick von Kommunen und Ländern. Flüsse brauchten vor allem Überflutungsräume und Entlastungspolder. „Sonst werden – wie an der Oder – die zerstörten Häuser später zwar noch schöner wieder aufgebaut, stehen aber weiter im Gefahrenbereich."

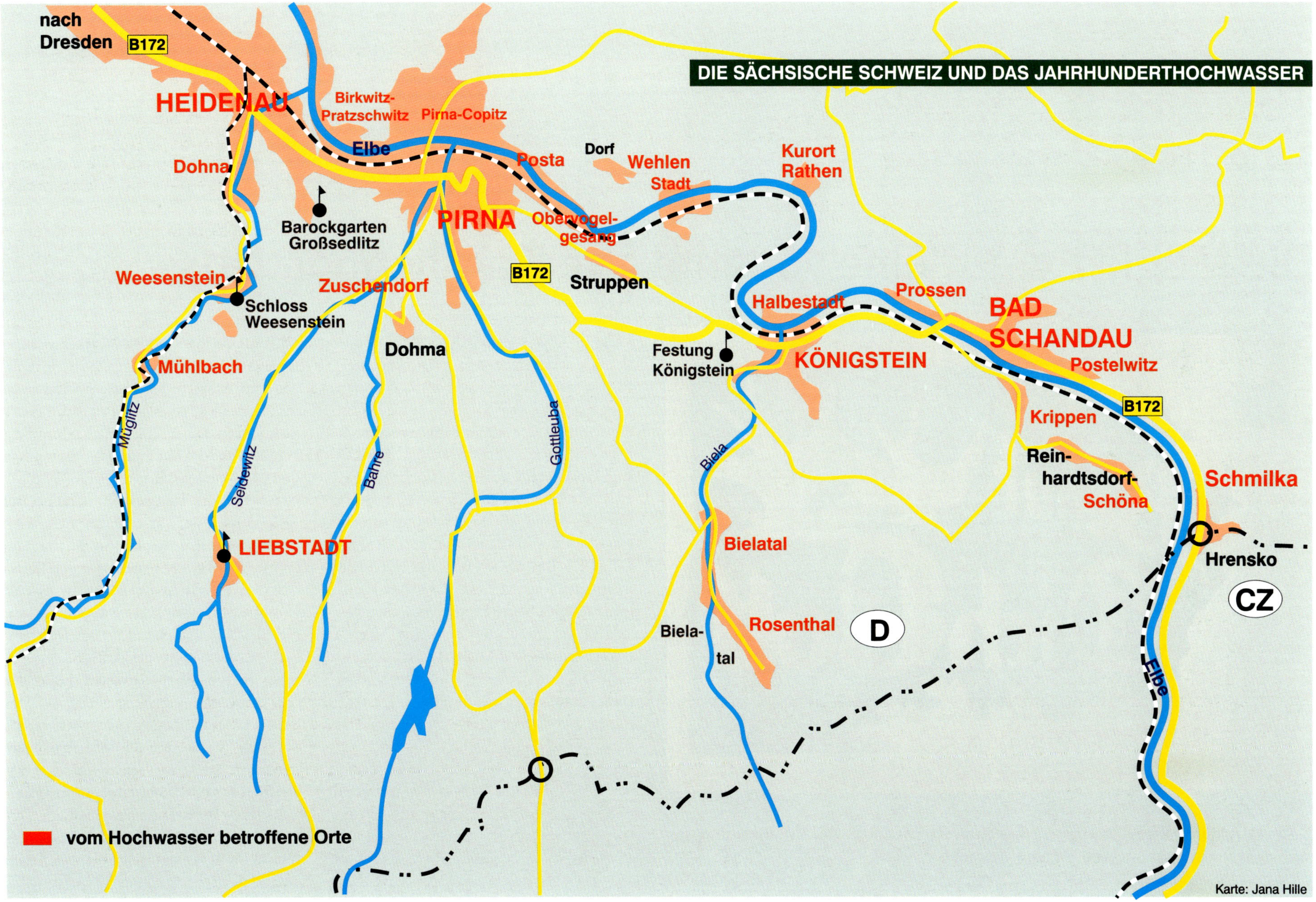

DIE SÄCHSISCHE SCHWEIZ UND DAS JAHRHUNDERTHOCHWASSER
nach Dresden
B172
HEIDENAU
Birkwitz-Pratzschwitz
Pirna-Copitz
Elbe
Dohna
Posta
Dorf Wehlen
Stadt Wehlen
Kurort Rathen
Barockgarten Großsedlitz
PIRNA
Obervogelgesang
Weesenstein
Schloss Weesenstein
Zuschendorf
B172
Struppen
Halbestadt
Prossen
BAD SCHANDAU
Dohma
Festung Königstein
KÖNIGSTEIN
Postelwitz
Mühlbach
B172
Krippen
Müglitz
Seidewitz
Bahre
Gottleuba
Biela
Reinhardtsdorf-Schöna
Schmilka
LIEBSTADT
Bielatal
Hrensko
CZ
Rosenthal
D
Bielatal
Elbe
vom Hochwasser betroffene Orte
Karte: Jana Hille

Die Müglitz gräbt eine 76 Jahre alte Flaschenpost aus

Dieses Kärtchen steckte in einer 76 Jahre alten Flaschenpost. Nur zufällig wurde sie nach dem Hochwasser in Weesenstein entdeckt.

Wenige Tage nachdem die Müglitz den Ort wieder freigegeben hat, macht sich Claus-Dieter Hampel aus Pirna auf den Weg nach Weesenstein. Im Haus und auf dem Grundstück seiner Schwiegermutter liegt eine dicke Schlammschicht. Vor Ort sind schon mehrere Helfer, auch Fremde. „Als wir beim Schaufeln waren, drückte mir ein Mann ein Stück Papier in die Hand“, erzählt Claus Hampel. „Leider kenne ich ihn nicht und kann ihn nicht mehr ausfindig machen.“ Der Unbekannte hatte eine Flaschenpost gefunden. Sie steckte inmitten der Schlammschicht, unbeschädigt. Der Mann nahm an, sein Fund gehöre Hampels Schwiegermutter. Dieser ahnt nicht, was ihm in die schlammigen Hände fiel. „Ich habe mir nichts dabei gedacht und das Kärtchen ins Haus gelegt.“ Die Flasche selbst verschwand bei den Aufräumarbeiten. Als Hampel sich das Fundstück später genau ansieht, fällt ihm die Kinnlade runter. Die Karte ist zwar leicht angegraut, aber sehr gut erhalten. Auf dem dickem Papier steht in lateinischen Buchstaben: „Zur Erinnerung an unseren Neubau ... selbiger ist im Jahre 1926 angebaut. Baumeister wahr unser lieber Vater Max Körnert ... Wir als Kinder wahren mit an diesen Bau detig ... Weesenstein am 3./6. 1926“.

Jetzt will Claus Hampel die Herkunft der geheimnissvollen Flaschenpost aufklären. „Gut möglich, dass sie im Fundament eines Hauses eingemauert war. Ich hoffe, das Gebäude steht noch. Wenn es mir gelingt, den Besitzer ausfindig zu machen, möchte ich das Papier zurückgeben.“ Es hat den Anschein, als ob er nicht mehr lange warten müsste. Bei der Gemeinde Müglitztal, wo Hampel das Kärtchen abgegeben hat, ist man bereits auf eine heiße Spur gestoßen. „Wahrscheinlich hat jener Max Körnert etwas mit der Familie Neutschmann zu tun“, sagt Ulrike Weinhold von der Gemeindeverwaltung. Die allerdings hat im Hochwasser ihr Haus verloren. JAN FRANKE

Historie

Risiko: Wohnen im Tal

Für die Menschen, die im Elbtal und an den Bächen, die aus dem Erzgebirge der Elbe zuströmen, wohnen, gehören Hochwasser zur Schneeschmelze im Frühjahr, bei sommerlichen Gewittern und langen Regenperioden zum Jahresablauf. Die Bewohner in den Tälern leben mit dem Risiko und haben sich im Laufe der Jahrhunderte auf die Gefahren eingestellt und Vorsorge getroffen.

Extreme Wettererscheinungen aber ließen die gewohnten Pegelstände immer wieder übersteigen, gefährdeten Leib und Leben, vernichteten Existenzen und prägten sich als verheerende Katastrophen tief ins Volksbewusstsein ein. Die Pirnaer Region wurde besonders oft von Wassernöten betroffen, vor allem, wie der Chronist meint, „wegen der umherliegenden vielen Berge und Täler, also daß die Gewässer gar leicht mit Haufen zusammenrinnen können und also leider öfters nicht ohne Schaden". Alte Chroniken sind angefüllt mit Nachrichten über Hochwasserkatastrophen durch die Elbe und ihre Nebenflüsse.

Petermanns Pirnische Chronik von 1729 erwähnt als erste überlieferte Hochwasser die von 1412 und 1427. Die Elbe war damals „groß und tat an Häusern, Äckern und Wiesen, beides an der Stadt und auf dem Lande, sehr großen Schaden".

Im Juli 1432 hat sich die Elbe „abermals ergossen", und die Flut stand bis an den Oberteil des Elbtores.

Für den August 1501 verzeichnet die Chronik eine der bisher verheerendsten Elbfluten. Das Pirnaer Rathaus konnte nur noch mit Kähnen erreicht werden, und in der Klosterkirche stand das Wasser „bis an den roten Strich über dem Predigtstuhl". Zu Pfingsten 1537 stieg das Wasser bis an die Schuhbänke auf dem Markt, und man konnte sich nur mit Brühtrögen und Kähnen in der Stadt bewegen, so dass „der Vogel auf der Stange, wie sonst gewöhnlich, nicht hat können abgeschossen werden".

Am 21. Juli 1560 ist das „große Elbwasser ums Rathaus gegangen, hat im Gebirge über 300 Schragen Holz samt großen Häusern und Gebäuden weg geführet und das Getreide, sonderlich im Niederlande, gänzlich überschwemmt". Zur gleichen Zeit verwüstete das „Gottlöber Wasser" viele Gärten. 1564 war das Elbehochwasser so gewaltig, dass es sogar große Mühlsteine mit sich fortführte. Einer Magd kam das Wasser so schnell „auf den Hals", dass sie sich auf eine Weide retten musste und dort „drei Tage ihr Leben salvieret" (gerettet) hat. Bereits ein Jahr später war das Frühjahrshochwasser mit einer starken Eisfahrt verbunden. Aus Raudnitz und Leitmeritz in Böhmen wurde „sehr viel Holz weggeführet und überall sehr großer Schaden getan". Eine Woche soll es gedauert haben, bis sich das Wasser verlaufen hatte. Und wieder ein Jahr später stieg das Wasser der Elbe zu Lichtmess bis auf den Markt, „hatte alle Keller angefüllt, absonderlich des Melzers am Schifftore, über dessen Bierfässern es in die 14 Tage beharrlich gestanden, dem Biere aber gar nicht geschadet, daß es auch hernachmals mit großer Begierde gekaufet und abgeholet worden". Am 13. August 1573 ergossen sich Elbe und „Bachwässer" in die Stadt und „ersäuften in Ranefelds und Ehrlichs Mühle etliche Scheffel Mehl". Die Mühlen an den Bächen wurden „sehr zerrissen", viele Leute „ersäuft", der Kirchhof „ruinieret und viel Körper ausgewaschen, auch viel Gemäuer, Häuser und Epitaphia (Grabsteine) umgerissen".

Das Jahr 1622, das mit seinen Kriegsereignissen an sich dem Land schon viel Unglück beschert hatte, brachte im Juni lang anhaltenden und starken Regen, der die Elbe und die Gebirgsflüsse so anschwellen ließ, „daß sie auf viele Tonnen Goldes Schaden getan, die Brücken zerrissen und hinweggeführet, die Gräserei und Äcker ersäuft" haben. Das Wasser stand bis zur Breiten Gasse und zerstörte die Mügler Brücke. Ein Jahrhunderthochwasser scheint 1655 das Elbtal verwüstet zu haben. Ende Januar fror die Elbe zu, dass beladene Wagen auf dem Eis fahren konnten. Anfang Februar kam Tauwetter, das Eis brach, und das Wasser stieg so stark, „daß man durch alle Gassen der Stadt auf Kähnen fahren konnte". Auf der Elbe trieben „ganze Häuser, Scheunen, Schiffe, unzählig Holz, Kästen und Betten, wie auch ein gefüllter Bier-Bottich, ingleichen ein lebendig Kind in einer Wiegen, so in Dresden von einem Bürger, der ohne Kinder war, aufgefangen, eingenommen und aufgezogen worden". Der Chronist fühlte sich überfordert, im Einzelnen zu schildern, „was in diesem Wasser vor Menschen, Häuser und Gebäude umgekommen und was sonderlich im Niederlande für Schäden sonst an Feldern, Gärten und Wiesen geschehen". Anfang März 1674 gab es einen Wärmeeinbruch, und es „donnerte und wetterte ziemlich hart". Darauf folgte ein Kälterückfall mit gewaltigen Schneemassen. Am 16. März setzte plötzlich Tauwetter ein. Auf dem Hausberg nach Krietzschwitz zu bildete sich ein großer See, dessen Wasser als starker Bach den Hausberg hereinfiel, das Pflaster zerriss, Äcker und Gärten damit überschwemmte. Im Juni des folgenden Jahres brachte wiederum eine Elbflut Not über die Menschen in den Orten am Fluss und „großen Schaden an Menschen, Vieh, Gebäuden, Feldern und Gärten". Die Lange Gasse und der Markt waren wieder nur mit dem Kahn zu erreichen, und das Wasser stand drei Wochen. Schuld an dem Unglück waren nach Meinung des Chronisten die vielen Teiche hinter Prag, „welche ausgerissen und durchgegangen, wie denn nach verlaufenem Wasser viele Zentner Karpfen in der Elbe gefangen worden".

1703 folgte einem prächtigen Frühjahr ein lang anhaltender nasser Sommer, gerade zur Erntezeit, da es denn fast täglich regnete und die Ernte nur schwerlich einzubringen

war. Elbe, Gottleuba, Seidewitz und Müglitz schwollen gewaltig an und rissen alles mit sich. Nach erneutem starken Regen „ergossen sich am 2. August in schneller Eil die Gottlöb und die Seidewitz dermaßen, daß das Wasser über die Bleiche, große Wiese, Brodkorb bis auf die Breite Gasse über und über ging und also die meisten Scheunen ersoffen, worinnen bereits die Bansen schon voller Getreide lagen“, das „gänzlich verderbet wurde“.
In der Nicolaikirche schwammen die Bänke, die Dresdnische Gasse war bis hinauf zum Graben voller Wasser und konnte nur mit Kähnen befahren werden. Diese Wassernot war ungemein. Als das Wasser sich verlaufen hatte, zog man aus den überfluteten Scheunen das Getreide wieder heraus und brachte es auf die Felder zum Trocknen. Diese Wasserflut „hat viel Äcker, Wiesen, Weg und Steg gänzlich verderbet und zerrissen, viel Getreide überschwemmet und in Summa aller Orten unersetzlichen Schaden getan“.
Im Sommer 1715 ging, verbunden mit einem heftigen Gewitter, über der Gegend um Pirna ein gewaltiger Wolkenbruch nieder. Der Regen schlug überall das Getreide in den Feldern völlig nieder, zerstörte viele Häuser, Wege und Stege, hob viele Bäume samt der Wurzel heraus. In den Straßen und Gassen stand abermals so viel Wasser, dass mit Kähnen gefahren werden musste.

Zusammengestellt nach „Petermanns Pirnischer Chronik“ von 1729 von RUDOLF HAJNY

Für die Menschen im Elbtal und an den Nebenflüssen gehörten Hochwasser schon immer zum Leben. In vielen Orten entlang der Elbe gibt es solche Hochwassermarken wie auf dem Marktplatz von Stadt Wehlen.

1784: Frühjahrsflut setzt Elbtal unter Wasser

In allen Elborten erinnern Hochwassermarken an immer wiederkehrende Wassernöte. Man findet sie am Torgewände des Haupteingangs der Bad Schandauer Kirche, in der Stadt Wehlener Kirche, an zahlreichen Stellen Pirnas und am Pillnitzer Wasserpalais oberhalb der Gondeltreppe.

Eine der originellsten Marken ist in Pirna am Haus Steinplatz 20 anzutreffen. Ein Putto, eine nackte Kindergestalt, weist auf einen Strich in Höhe des oberen Randes der Erdgeschossfenster. Die Inschrift lautet: „31. März 1784 ist die Elbe gegangen bis an diesen Strich", der sich etwa zweieinhalb Meter über dem heutigen Bürgersteig befindet.

In der langen Reihe schlimmer Hochwasserkatastrophen im Elbtal war die von 1784 eine der verheerendsten. Nach einem äußerst trockenen Sommer 1783 setzte im Herbst lang anhaltender Regen ein, dem zeitiger, klirrender Frost folgte, der die Elbe wochenlang mit bizarren Eisschollen bedeckte. Ungewöhnlich starke Schneefälle machten die Gefahr einer gewaltigen Frühjahrsflut immer wahrscheinlicher. Und in der Tat setzte Ende März plötzliches, starkes Tauwetter ein, und der Fluss brach auf. In Dresden stieg das Wasser an einem Tag um über dreieinhalb Meter. Ein Zeitgenosse überliefert: „Große, entwurzelte Bäume, Holzstücke, Balken, Bettstellen, Schränke, Teile von Gebäuden, ja ganze Giebel, an 40 Kähne und Schiffe kamen im Wogengedränge, mit den Eisschollen im Kampfe, herangeschwommen." Mit 18 Ellen über normal erreichte die Flut den höchsten Stand seit 200 Jahren. In der höher gelegenen Pfarre in Stadt Wehlen „stand das Wasser in der Pfarrwohnung zweieinhalb Ellen hoch, während bei vielen tiefer stehenden Häusern es ins obere Stockwerk eindrang". Die 1771 neu errichtete Schiffsmühle wurde so beschädigt, dass sie für lange Zeit nicht benutzt werden konnte.

Auch in Schandau stieg das Wasser bis in die obersten Stockwerke der Häuser in Flussnähe. Die Bewohner hatten kaum Zeit, das Vieh, ihre Habseligkeiten und sich selber zu retten. Die Kirche stand bis in Höhe des Altartisches unter Wasser. In Postelwitz, Schmilka, Königstein, Krippen, Rathen und Posta reichten die Fluten in den Häusern bis zu fünf Ellen hoch. In Königstein stürzten durch die Wucht der Eisschollen drei Häuser zusammen. Vielen Bauern gelang es nicht, Pferde, Kühe, Schweine, Schafe und Ziegen zu retten, lediglich mit ihrem Kleinvieh konnten sie auf die Dachböden fliehen. Pirnas Gassen waren nur per Kahn passierbar, die Uferbebauungen waren verwüstet. Auf der Copitzer Seite hatte das Eis Bäume und Sträucher wegrasiert, und Eisschollen türmten sich am Ufer und in den Gärten.

Dass in Pirna keine Menschenleben zu beklagen waren, war vor allem dem schon seit langem bewährten Warndienst zu danken. Oberhalb der Stadt hatten sich am Postaer Ufer Beobachter postiert, die „mit der Minute, als das Eis rückte, zwei Kanonen lösen" mussten. Das war das Zeichen für die Wächter vor dem Schifftor, zweimal, und für die Signalkanone am Schießhaus, das sich damals nahe der Schifftorvorstadt befand, dreimal zu feuern. Schließlich machten fünf Kanonenschüsse vom Sonnenstein die Bürger auf das drohende Unheil aufmerksam. Durch landesherrliche Hilfe und durch Spenden, aber vor allem „durch eine im ganzen Vaterlande verordnete Collecte, welche 40 000 Taler eingetragen, wurde der durch die Überschwemmung angerichtete Schaden und herbeigeführte Verlust teilweise wieder ersetzt". Die einsetzende Hungersnot in den betroffenen Städten und Dörfern wurde dadurch gelindert, dass die Bewohner des „Oberlandes", besonders aber die Städte Sebnitz, Neustadt, Stolpen und die Festung Königstein mit Brot und dem Lebensnotwendigsten halfen. RUDOLF HAJNY

Die Wasserstandsmarke am Steinplatz 20 in Pirna zeigt den Pegel der Elbe am 31. März 1784.

Das so genannte Dornröschenhaus auf der Krippener Kellerstraße hat schon viele Hochwasser erlebt. Es stand in diesem Jahr erneut in den Elbfluten. 1784 trieb die Elbe noch Eisschollen heran. Unter ihrer Wucht stürzten sogar Häuser ein.

1822: Wolkenbruch mit schlimmen Folgen

Der 1. September 1822, ein Sonntag, begann unheilschwanger und brachte für die Sächsische Schweiz eines der schlimmsten Unwetter.

Am Vormittag erhob sich ein gewaltiger Sturm, „hochroth leuchtende Blitze zerrissen die Luft", und über dem Lohmener Wald „löste sich urplötzlich eine Wolke auf". Ein verheerender Wolkenbruch entlud sich über dem Basteigebiet, und die alles niederreißenden Fluten ergossen sich in die Gründe, vor allem in den Uttewalder und den Wehlener Grund, und ließen den ansonsten harmlosen Grundbach zu einem wild reißenden Sturzbach werden. Erde wurde von den Feldern und Hängen weggeschwemmt, Bäume und Felsbrocken stürzten in die Tiefe, wurden von den Wassermassen erfasst, verfingen sich an Hindernissen wie dem Felsentor, ließen das Wasser zu einem See ansteigen und bildeten, wenn die Barrieren brachen, gewaltige Springfluten. In einer Breite von 50 Ellen und einer Höhe von 30 Fuß stürzte das Wasser, „zur äußersten Wildheit gereizt", in das „unbeschirmte Städtchen". Als „Mauerbrecher" zerrissen die mitgeführten Baumstämme „in kurzer Zeit nicht nur den wohlgebauten Weg in dem Wehlener und Uttewalder Grund, sondern zertrümmerten auch zwei steinerne Brücken im Städtchen und zerstörten sämtliche im Graben gelegene Gärtchen". Viele Wehlener, die sich gerade zum Gottesdienst versammelt hatten, wurden durch die „Sturmglocke" aufgefordert zu fliehen. Sie drängten in Panik aus der Kirche ins Freie und konnten sich, da die obere Brücke schon zusammenstürzte, gerade noch über die untere retten. Johanna Eleonore Göbel, die Pirnaer Botenfrau und Mutter von vier Kindern, wurde mit der einstürzenden Brücke von den Fluten fortgerissen und fand den Tod. Unter dem Wehklagen der Menschen und „dumpfem Getöse" brachen Häuser zusammen. Völlig weggerissen wurden die Häuser des Schiffsmüllers, des Weißbäckers Kotte, des Schiffsherrn Hering, des Leinewebers Scharfschuch, des Strumpfwirkers und Barchentmachers Heber, des Meisters Weber und die für alle brauberechtigten Bürger unentbehrliche Malzdarre. Viele Mauern und 17 Gartengrundstücke hatte es „völlig hinweggerissen", und bis zur Flussmitte war ein Berg von Steinbrocken, Schlamm, Baumstämmen, Gebäudeteilen und Hausrat angeschwemmt. Der Uttewalder Grund war so verwüstet, dass er zunächst nicht betreten werden konnte. Doch nicht nur um Stadt Wehlen, auch in der weiteren Umgebung hatte das Unwetter gehaust. In Hinter-Lohmen war das Haus des Gottlob Save durch heranstürzende Wassermassen, die aus einem gebrochenen Kammergutsteich und von den Feldern zur Wesenitz schossen, weggerissen worden. Der Mühlenbesitzer Zenker verlor seine Schneidemühle, sein Holzlager und zwei Brücken. Auch das Wohnhaus war zerstört und das Mühlenwehr mit Horzeln über sechs Ellen hoch überschüttet. Beim Vordermüller Kotte unterm Schloss hatte die Wasserflut die Mahlgänge abgerissen und die neu gebaute Schneidemühle zum Einsturz gebracht. In Rathen führte der Grünbach eine Sturzflut aus dem Amselgrund. Die Mahl- und Schneidemühle sowie das Wohnhaus und die Wirtschaftsgebäude der Familien Grützner und Winkler wurden stark beschädigt. Die Wehre und Mühlteiche waren „gänzlich versandet und mit Steinwacken übersäet". In Königstein riss das Wasser „von dem Thomaßischen Brauhofe unter der Brücke" eine Ecke

weg, beschädigte zwei weitere Häuser und machte die Mühle durch aufgehäuften Schutt unbrauchbar. Besonders schwer betroffen wurde Krippen. Die Dorfstraße war von der Schule aufwärts völlig zerstört und mit großen Felsbrocken bedeckt. „Die Destruction dieser Straße ist um so mehr von Wichtigkeit, da alle Verkaufshölzer auf ihr an die Elbe gebracht werden, „hieß es in einem zeitgenössischen Bericht.
Eine Regierungskommission taxierte die Schäden und rief zu Sammlungen „zur Milderung des Unglücks“ auf. Stadt Wehlens Pfarrer Friedrich Wilhelm Heinse verfasste umgehend einen Bericht über „Die Verheerungen durch einen Wolkenbruch in dem Städtchen Wehlen bei Pirna“, der bereits im Herbst 1822 beim Dresdner Hofdrucker Meinhold erschien. Den Gesamtertrag des Heftchens bestimmte Heinse „für die hilfsbedürftigen Verunglückten“. RUDOLF HAJNY

Die Täler in der Sächsischen Schweiz wurden oft von Unwettern heimgesucht. Gewöhnlich gemütlich vor sich hin plätschernde Flüsschen wie die Wesenitz verwandelten sich in reißende Ströme, so auch hier unterhalb des Schlosses Lohmen.

1845: Zuflucht auf den Dachböden

Der bisher höchste Wasserstand, den die Hochwasser-Marken zwischen Bad Schandau und Pillnitz verzeichnen, geht auf eine Flut vom 31. März 1845 zurück. Es war die größte Wassernot des 19. Jahrhunderts im Elbtal.

In der Schandauer Kirche, so zeigen die Höhenmarken am Haupteingang, standen die Fluten bis an den oberen Rand der Kanzelbrüstung. Schandaus Pfarrer und Chronist A. Glootz berichtet, dass am Markt nur noch drei Häuser im ersten Stockwerk bewohnbar blieben. Viele Gebäude standen bis zum Dach in den Fluten. Sogar auf der höher gelegenen Poststraße musste mit Kähnen gefahren werden. Hungersnot drohte, weil nur noch ein Bäcker, ein Fleischer und ein Lebensmittelhändler weiterarbeiten konnten. Viele Schandauer verließen Hals über Kopf die unterspülten und vom Einsturz bedrohten Häuser. Alte, Kranke und Wöchnerinnen konnten buchstäblich in letzter Minute nur noch durch die Fenster mit Kähnen in Sicherheit gebracht werden. Große Vorräte in den Lagern, vor allem Hopfen und Malz, verdarben. Auch in den anderen Elborten stand das Wasser meterhoch. Auf dem Wehlener Marktplatz reichten die braunen Fluten bis an die Stürze über den Erdgeschossfenstern.

Der Winter 1844/1845 war schneereich und klirrend kalt gewesen. Das Pirnaische Wochenblatt meldete, dass am 18. Februar „das Eis der Elbe bis an die Poste hinauf zum Stehen gekommen“ war. Starker Wind hatte bei starken Schneefällen „auf allen Straßen und Communicationswegen die Bahnen verweht“. Bei Döbra erfror ein Sechzehnjähriger, bei Dippoldiswalde ein „Mechanikus“ auf freier Straße. Die letzten Februartage brachten neue Schneemassen. Auf allen Straßen des Pirnaer Umlandes waren Leute beschäftigt, „den Schnee auszuwerfen, allein alle Arbeit und Mühe ist umsonst, denn ein wieder eingetretenes Schneewetter hat die Straßen wieder so verweht, dass alle nach Dresden fahrenden Personen-Wagen vor Schnee nicht fortkommen konnten“. Die zugefrorene Elbe „erfreute sich einer sehr bedeutenden Frequenz“ durch Eisläufer und Fußgänger, die die Gelegenheit, zu Fuß ans andere Ufer zu gelangen, nutzten. Die Gaststätten auf Copitzer Seite waren überfüllt durch die vielen Gäste aus Pirna. „Möge uns“, schrieb das Pirnaische Wochenblatt mit banger Vorahnung, „nur der Himmel vor einem schnell eintretenden Tauwetter behüten!“

Am 23. März, am Ostersonntag, stand die „Eis“-Brücke nach vier Wochen immer noch. Dann, Ende März, kam der erwartete und zugleich befürchtete Wetterumschwung mit Macht. Die Bäche schwollen blitzartig an, und das Wasser ergoss sich über das Eis der Elbe.

Am 28. März verkündeten die Signalkanonen den bevorstehenden Eisgang. Hunderte standen am Ufer, um den Eisaufbruch abzuwarten, in der Hoffnung, dass die „Eisfahrt“ glücklich vorübergehen möge. Doch dann wurde alles, was die Pirnaer und die Bewohner der anderen Elborte bei früheren Wassernöten an Drangsalen erlebt hatten, übertroffen. Am Sonnabend, dem 29. März 1845, drang das Wasser in den Vormittagsstunden durch die sogenannte Pforte, gegen Mittag durch Elb- und Schifftor in die Stadt. „In wenigen Stunden war die ganze Lange Gasse ein reißender Canal, sodass am Sonnabend Abend schon fast der vierte Teil der Stadt im Wasser stand.“ Rathaus und Kirche waren vom Wasser umflossen. Nur das Kirchgässchen, die Schlossstraße und die Obere Burgstraße waren noch zu begehen. In der Nacht zum 31. März bereiteten sich die Einwohner zur Flucht aus den oberen Etagen in die Dachräume vor. In Ufernähe ragten zahlreiche Häuser nur noch mit den Dächern aus den Fluten.

Hausrat, Vorräte an Heu und Stroh, ganze Strohdächer und Seitenwände von Häusern, Vieh, Balken, Schnittholz und Bäume trieben auf dem Wasser und ließen erahnen, welche Verwüstungen das Hochwasser in den Dörfern und Städten des sächsisch-böhmischen Elbtals verursacht hatte. Als sich das Wasser verzogen hatte, waren Straßen und Wege aufgerissen, die Dämme, zum Schutz vor den Fluten errichtet, verschwunden, das Ackerland weggeschwemmt, Gärten verwüstet, Bäume entwurzelt und Uferbebauungen eingestürzt. In den Dörfern und Städten fehlte es an Lebensmitteln und Brennmaterial.

Von den 22 Bäckern Pirnas konnten nur noch sechs ihre Backstuben benutzen. Doch sofort am 31. März kam Hilfe: Die benachbarten Gemeinden Rottwerndorf, Zehista, Goes und Großsedlitz lieferten uneigennützig Brot, Kartoffeln und Feuerholz in die Stadt. RUDOLF HAJNY

Eckehardt Rose aus Rathmannsdorf betrachtet fassungslos die Hochwassermarken am ehemaligen Spielzeugladen in Bad Schandau. Im März 1845 hatte die Elbe ihren höchsten Stand erreicht. Allerdings stiegen die Fluten im August 2002 noch höher. Am 16. August erreichte der Pegel in Schmilka 12,02 Meter.

„Sintflut" bringt unsägliches Elend

In der zweiten Julihälfte des Jahres 1897 hatte sich ein ausgedehntes Tiefdruckgebiet über Sachsen gelegt und tagelang Landregen gebracht. Der Erdboden war vom Wasser gesättigt, und auf den Feldern begann das Getreide auszuwachsen.

Am 29. und 30. Juli wurde der Dauerregen durch Gewitter und Wolkenbrüche im Erzgebirge und in der Lausitz verstärkt. In Markersbach zum Beispiel fielen in zwei Tagen 183 Liter auf einen Quadratmeter. Innerhalb weniger Stunden führten die Flüsse Hochwasser, die Elbe erreichte in Dresden einen Pegel von 708 Zentimetern, und Gottleuba und Müglitz brachten pro Sekunde 400 Kubikmeter Wasser zu Tal. Doch während man sich in Pirna auf das Elbehochwasser einstellen und in Ruhe Vorsorge treffen konnte, brachen die Fluten der Gottleuba im Handumdrehen in die Stadt. Gegen zehn Uhr alarmierte die Feuerwehr am 30. Juli mit Alarmsignal und Sturmglocke die Bewohner, und bereits zu Mittag standen große Teile der Stadt unter Wasser. Die Gottleuba hatte ihr Bett verlassen, ergoss sich in mehreren Strömen in die Straßen und machte sie zu wild schäumenden Flüssen, die das Pflaster aufrissen, Türen und Schaufenster eindrückten und Wohnungen und Geschäfte überfluteten.
In der Artilleriekaserne konnten die Pferde gerade noch gerettet werden, und in den Sächsischen Emaillierwerken der Gebrüder Gebler, in der Fabrik für ätherische Öle von Heinrich Haensel, in der Niederlassung des Kohlenhändlers Prasser und auf dem Gelände des Baumeisters Kretzschmar hausten die entfesselten Fluten und schwemmten alles mit sich fort. Das Waisenhaus war völlig vom Wasser eingeschlossen, „die Schulbücher der Waisenkinder, Kleidungsstücke und Möbel schwammen auf dem Wasser". Die Kinder hatten sich auf den Trockenboden eines Nebengebäudes geflüchtet. Dem Produktenhändler Kilank riss die Strömung den gesamten Ladeninhalt fort, und er selbst kam nur mit knapper Not mit dem Leben davon. Auf dem Nikolaifriedhof an der Breiten Straße wurde das Unterste zuoberst gekehrt. Besonders schlimm wütete das Hochwasser in Gottleuba, wo sich die Fluten über den Marktplatz und große Teile der Stadt ergossen. Vom Molleschen Haus wurde der Giebel weggerissen und die Eisenwaren aus dem Laden geschwemmt. Das Haus der Witwe Hanisch brach auseinander, die Leglersche Brauerei wurde überflutet und der 22 Zentner schwere Braubottich wie Spielzeug weggerissen. In Berggießhübel waren die Straße zum neuen Strombett und der Park zu einem See geworden. Das Wasser verwüstete die Apotheke, die Geschäfte der Kaufleute Thomas und Astler sowie Schulzes Möbeltischlerei. In Rottwerndorf, so überlieferte Lehrer Vollprecht, „sah man in wenigen Minuten nichts mehr vom Bahndamm und von der Dorfstraße". Die Scheunen und Ställe des Rittergutes standen meterhoch unter Wasser. Pächter und Gesinde versuchten, bis zur Brust im Wasser stehend, das Vieh zu retten.
Im Müglitztal wurde vor allem Weesenstein heimgesucht. Ein breiter Strom von 50 Metern wälzte sich durch den Ort. „Nichts von dem, was Menschenhand geschaffen hatte, blieb unversehrt", schrieb Pfarrer Größel über die „Sommer-Sintflut" von 1897. RUDOLF HAJNY

Quellen: Zeitgenössische Tageszeitungen.
Die große Wassernot in Sachsen 1897 (Augenzeugenberichte).

Die Gottleuba verwüstete bei Hochwasser oft das Tal bis nach Pirna. Wurde im Juli 1897 schon damals das Gasthaus „Sächsisches Haus" in Berggießhübel stark beschädigt, so sah es nach dem Hochwasser 1927 (Foto) noch schlimmer aus. Auch in Pirna wurden 1897 zahlreiche Häuser und Straßen verwüstet.

1927: Gottleuba und Müglitz werden zu reißenden Flüssen

„Unwetterkatastrophe im Osterzgebirge! Schätzungsweise 100 Tote. Mangel an Trinkwasser und Lebensmitteln in den verwüsteten Orten. Ungeheuere Sach- und Feldschäden!", meldeten die Zeitungen am 9. Juli 1927.

Am Vortag und in der Nacht waren schwere Gewitter von Böhmen zwischen Mücken- und Sattelberg über das Gebirge gekommen und hatten ihre Wolkenbrüche mit bis zu 150 Litern je Quadratmeter in die Täler der Gottleuba und Müglitz ergossen. Engstellen und Brücken wurden mit entwurzelten Bäumen und Holz von den Lagerplätzen der Schneidemühlen versetzt. Das angestaute Wasser durchbrach die Hindernisse und stürzte in meterhohen Flutwellen und rasender Geschwindigkeit zu Tale.

In Weesenstein zum Beispiel lagen zwischen der Hochwasserwarnung und der heranstürmenden Woge zwei Minuten. In Berggießhübel, Gottleuba, Neundorf und Weesenstein, wo die Fluten am schlimmsten hausten, hatten die Menschen in den flussnahen Häusern nur wenig Chancen, dem Inferno zu entkommen. Über 150 Opfer waren in den Tälern von Gottleuba und Müglitz zu beklagen.

Aufräumen nach dem Hochwasser im Juli 1927. Damals hatten sich Wolkenbrüche mit bis zu 150 Litern Regen je Quadratmeter in die Täler der Gottleuba und der Müglitz ergossen.

Die Pirnaer wurden nachts halb drei Uhr durch Hornsignale und den Ruf „Hochwaser kommt!" aus dem Schlaf gerissen. In kurzer Zeit stand die Stadt unter Wasser, der Sportplatz an der Weststraße bildete einen See, und am Carolabad rissen die Fluten ein 15 Meter breites und vier Meter tiefes Loch. In den Läden und Lagern verdarben die Waren, weil keine Zeit blieb, sie in Sicherheit zu bringen. In Neundorf überstieg das Wasser die Flut von 1897 um eineinhalb Meter. 240 Gebäude wurden beschädigt oder gar total zerstört. Neun Einwohner kamen in den Fluten um. Am schlimmsten wüteten die Wassermassen in Berggießhübel. Wüst lagen Langholz, Bretter, Bäume, Zäune, Steinblöcke, Gebäudeteile und Hausrat durcheinander. Straßen, Wege und Anlagen waren mit Schutt, Schlamm und Geröll bedeckt, 15 Häuser weggespült und viele beschädigt worden. Alle sieben Brücken hatte das Wasser weggerissen und die Bahnhofsanlagen verwüstet. 88 Berggießhübler, darunter zwölf Kinder, fanden den Tod. Weesenstein, so berichtet der Pirnaer Anzeiger, bot einen trostlosen Anblick. „Die Straßen waren kaum passierbar, Keller und Wohnräume unter Wasser. Nichts ist mehr zu gebrauchen, alles vernichtet. Hinter dem Ort hört jede Verbindung auf, ist die Straße nicht passierbar. Die Eisenbahnschienen hängen in der Luft." Die Talstraßen waren unterspült und aufgerissen, Strom- und Telefonmasten wie Streichhölzer weggeknickt. Polizeikräfte mit Pioniergerät, die Technische Nothilfe und zahlreiche Feuerwehren waren die ersten Helfer im Katastrophengebiet. Ein landesweiter Aufruf appellierte an alle Sachsen, den Unwetteropfern zu helfen. Die evangelische Kirche ordnete eine Sonderkollekte an. Als die Opfer beigesetzt wurden, ertönte von den Kirchtürmen der Region ein einstündiges Trauergeläut, und ganz Sachsen hatte halbmast geflaggt.

Bereits am 9. Juli hatte der Pirnaer Anzeiger die Regierung attackiert, weil „bereits bei vorangegangenen Unwettern der Ruf nach einer Talsperre im Gottleuba-Gebiet" laut geworden war. Immer wieder fehlten dafür die Mittel. „Jetzt, nach dieser so entsetzlichen Katastrophe müssen wir aber den Bau einer solchen Talsperre unbedingt fordern, denn wir haben ebenso gut wie andere Teile des Landes das Recht auf jeden nur möglichen Schutz."

RUDOLF HAJNY

Quellen: Pirnaer Anzeiger und andere zeitgenössische Zeitungen

So sah Weesenstein nach dem Hochwasser am 8./9. Juli 1927 aus. Damals waren in den Tälern der Gottleuba und der Müglitz über 150 Todesopfer zu beklagen.

Nach dem Gottleuba-Hochwasser vom 23. Juli 1957 bringen Helfer in Neundorf die Eisenbahnstrecke Pirna–Gottleuba wieder in Ordnung.

Pirna: Wasser steht zwei Meter hoch

In der Nacht zum 23. Juli 1957 heulten in Pirna gegen ein Uhr die Sirenen: Hochwasseralarm!

Gegen drei Uhr erreichten die Fluten der Gottleuba die Stadt und stauten sich, durch den Bahndamm am Abfluss gehindert, bis zu zwei Meter in den Straßen. Nach einer Hitzeperiode war ein Regengebiet herangezogen und hatte sich im Stau des Erzgebirges mit gewaltigen Gewittern und Wolkenbrüchen entladen. In wenigen Stunden waren aus den harmlosen Gebirgsflüsschen Gottleuba, Bahra, Müglitz, Seidewitz und Biela reißende, alles zerstörende Sturzbäche geworden. Neben der Kreisstadt waren von der Katastrophe vor allem Gottleuba, Berggießhübel, Markersbach, Hellendorf, Langenhennersdorf und Rottwerndorf betroffen. In Pirna hatte die Gewalt des Wassers die Eisenbahnbrücke am Hotel „Dampfschiff" völlig zerstört und den Verkehrsstrom nach dem Süden unterbrochen. Die Eisenbahner errichteten in einem 36-stündigen, beispiellosen Einsatz eine Notbrücke und ermöglichten den eingleisigen Verkehr. Im Gottleubatal waren Dämme und Straßen auf vielen Kilometern verwüstet, die Eisenbahnstrecke unterspült und teilweise weggerissen.

Fünf Häuser und zahlreiche Brücken wurden in Gottleuba zerstört, gefährdete Häuser mussten geräumt und die Bewohner untergebracht und versorgt werden. Mehrere bedrohte Kinderferienlager wurden evakuiert. Soldaten halfen an den Brennpunkten mit Amphibienfahrzeugen und T-34-Panzern. In Neundorf wurden zwei Häuser total und fünf teilweise verwüstet. Die Dorfstraße war völlig aufgewühlt, Steine, Geröll, Bäume und Erdmassen hatten sich aufgetürmt. Das Rottwerndorfer Kittwerk hatten meterhohe Schlammberge verheert. Im Kreis-Konsumlager drohten mehrere Tonnen Butter zu verderben. Die Fahrzeuge des Kraftverkehrs standen innerhalb weniger Minuten im Wasser, die Werkstatthalle war überflutet. In der Frühe herbeigeeilte Mitarbeiter retteten die Busse und schleppten sie mit Traktoren auf den Sonnenstein. Eine erste Bilanz ergab: Zehn Gemeinden waren von der Katastrophe betroffen, 14 Gebäude, 19 Brücken und 18 Kilometer Straßen waren total zerstört. 37 Familien hatten ihr Zuhause verloren.

Lastzüge mit Brot, Kartoffeln, Fleisch, Milch und anderen Lebensmitteln rollten in das Unwettergebiet. Helfer aus dem Kreis fuhren in die verwüsteten Orte und halfen bei Aufräumungsarbeiten. Bei Wochenendeinsätzen halfen zum Beispiel die Copitzer in Rottwerndorf, die Jessener und Mockethaler in Neundorf. Handwerker erklärten sich bereit, die Schäden kurzfristig zu beseitigen, und 36 Elektriker waren tagelang unterwegs, um zerstörte Leitungen zu flicken. Noch unter dem Eindruck der Katastrophe wandten sich Neundorfer Einwohner an Ministerpräsident Grotewohl mit einem Vorschlag, wie künftig solche Tragödien verhindert werden könnten.

Die Regierung reagierte prompt und stellte in einer Einwohnerversammlung Projekte zur Diskussion. Die bereits in Planung befindliche Talsperre Gottleuba wurde forciert und der Bau der Rückhaltebecken Buschbach und Mordgrundbach 1958 begonnen. Für den Unter- und Mittellauf der Gottleuba wurden Bachbetten- und Brückenerweiterungen sowie Uferbefestigungen in Angriff genommen. RUDOLF HAJNY

Quellen: Sächsische Zeitung und andere zeitgenössische Tageszeitungen

Ein wüstes Bild bot die Eisenbahnstrecke hinter dem Volkseigenen Gut Pirna-Rottwerndorf nach dem Gottleubahochwasser 1957. Es dauerte Wochen, bis der Zugverkehr wieder aufgenommen werden konnte. Die Strecke zwischen Pirna und Bad Gottleuba wurde später aus wirtschaftlichen Gründen völlig stillgelegt.

Völlig unter Wasser stand das Zentrum von Pirna bei der Flut von 1957, so auch die Rosa-Luxemburg-Straße. Ein Regengebiet war herangezogen und hatte sich vorm Erzgebirgskamm mit gewaltigen Gewittern entladen.

Auch zwischen den großen Hochwassern, die gewöhnlich alle 30 Jahre kamen, gab es Überflutungen. 1940 stieg die Elbe bedrohlich an. Hier werden Menschen auf einem Kahn über den Copitzer Hauptplatz in Sicherheit gebracht.

Die Eisenbahnbrücke an der unteren Dohnaischen Straße in Pirna wurde 1957 durch die Gottleubafluten völlig zerstört. Die Eisenbahner errichteten in 36 Stunden eine Notbrücke und machten damit die Strecke wieder eingleisig befahrbar.

Auch im August 2002 schossen die Fluten der Gottleuba durch die Eisenbahnbrücke in Pirna. Sie wurde dabei – im Gegensatz zu 1957 – jedoch nicht zerstört. Aufgrund von Schäden musste die Strecke aber wochenlang gesperrt werden.

Impressum

Herausgeber: Dresdner Druck- und Verlagshaus GmbH & Co. KG
Ostra-Allee 20, 01067 Dresden

Herstellung: Pirnaer Redaktions- und Verlagsgesellschaft mbH
Schössergasse 3, 01796 Pirna

Geschäftsführung: Klaus Gertoberens, Christian Redo

Projektleitung: Peter Hilbert

Redaktion: Peter Hilbert, Heidi Körner, Domokos Szabó

Autoren: Hannelore Angermann, Hyun-Ho Cha, Daniel Förster, Magdalen Frank, Jan Franke, Rudolf Hajny, Peter Hilbert, Ute Himmer, Heidi Körner, Oliver Nowak, Heike Sabel, Stefan Schirmer, Julia Schmees, Katja Schreiber, Gabriele Schrul, Domokos Szabó, Frank Tausch, Wolfgang Vogt, Anja Weber

Bildredaktion: Peter Hilbert, Heidi Körner
unter freundlicher Mitarbeit von Daniel Förster

Bildbearbeitung: Frank Malz, Siegfried Preusche

Kartografie/Grafik: Jana Hille

Gestaltung/Layout: Jana Hille, Gert Schulze

Umschlaggestaltung: Ralf Ludewig

Lektorat: Dr. Evelyn Badaljan, Johannes Haferkorn

Druck: Mitteldeutsche Druckanstalt Heidenau GmbH

Auflage: 20 000 Stück

ISBN: 3-9808416-2-6

Bildnachweis

Titelseite: Dirk Zschiedrich

Umschlag hinten: Daniel Förster

Hans-Peter Altmann: 179

Eckhard Brähmig: 111 l., 120 r., 122, 289

Wolfgang Brands: 198

Jochen Breese: 115, 228, 233, 241-242, 257, 279

Bundesgrenzschutz-Präsidium Ost: 87, 104 r., 123, 129, 133, 160 r.

Hyun-Ho Cha: 137

Feuerwehr Pirna: 225 r.

Daniel Förster: 7, 8, 10 l., 15-17, 19, 22-23, 26 r., 27-28, 30, 32, 33-35, 37, 38 r., 39-45, 46 r., 47-49, 55-56, 61-62, 64-69, 72-73, 74 l., 76-77, 80-81, 83, 85, 90 r., 95, 98, 99 l., 100 r., 101-103, 105-110, 111 r., 112-114, 116-117, 121, 124 r., 127, 130, 131, 134-135, 140 r., 145-155, 158, 161, 167, 169, 171, 172 r., 174-178, 182 l., 183, 185, 188, 191, 195, 202, 206, 208-212, 214-215, 216 l., 217, 218 r., 219 r., 221, 223, 226, 230-231, 234-235, 237, 244, 247, 250-251, 260, 263-265, 272-273, 275, 277, 294, 301 r.

Marko Förster: 10 r., 11, 13, 14 l., 20-21, 216 r., 218 l., 224, 225 l., 229, 239, 243, 246, 248-249, 262, 267, 271, 291

Jan Franke: 189

Evelin Fröde: 156 r.

Mike Gerowski: 84, 118, 184

Rudolf Hajny: 288

Peter Hilbert: 138, 172 l., 181, 182 r.

Silke Hohlfeld: 159, 160 l., 164 l.

Jens Hübsch: 162 l., 236, 255

Mike Jäger: 74 r., 91, 142

Sabine Kowalewitz: 156 l., 253-254, 256, 258-259, 270, 292

Karsten Kühne: 29, 38 l.

André Kühnel: 190

Michael Löffler: 18 l., 173

Michael Möbius: 26 l., 70, 139

Udo Müller: 132 r., 213, 245

Karsten Neumann: 128 l., 164 r., 205 r.

Oliver Nowak: 227

Christoph Rütthard: 143

Armin Sabel: 31 l., 58, 60, 63

André Schäfer: 194

Stadtmuseum Pirna: 295-300, 301 l.

Technisches Hilfswerk, Ortsverband Pirna: 201, 219 l., 290

Hans-Ulrich Wachter: 14 r., 59, 89, 128 r., 157

Edgar Wieden: 100 l.

Dirk Zschiedrich: 5, 18 r., 25, 31 r., 46 l., 50-54, 57, 71, 75, 78-79, 86, 88, 90 l., 92-93, 96-97, 99 r., 104 l., 119, 120 l., 124 l., 125, 132 l., 136, 140 l., 141, 162 r., 163, 165-166, 168, 186-187, 193, 196-197, 199, 203-204, 205 l., 238, 252, 261, 266, 268, 269, 287

Besonderen Dank an:

Landratsamt Sächsische Schweiz

Rettungsleitstelle des Landkreises Sächsische Schweiz

Freiwillige Feuerwehr Pirna

Freiwillige Feuerwehr Heidenau

Bundesgrenzschutzamt Krippen

Stadtmuseum Pirna